安徽师范大学2020年度学术著作出版基金项目
“中学教学诊断研究”（项目编号：2020XJ49）资助出版

教学诊断论

尹　达◎著

安徽师范大学出版社
ANHUI NORMAL UNIVERSITY PRESS
·芜湖·

图书在版编目（CIP）数据

教学诊断论 / 尹达著. — 芜湖：安徽师范大学出版社，2021.10
ISBN 978-7-5676-4599-8

Ⅰ. ①教… Ⅱ. ①尹… Ⅲ. ①教育心理诊断 Ⅳ. ①G448

中国版本图书馆CIP数据核字（2021）第018915号

教学诊断论　　　　尹　达◎著

责任编辑：辛新新　　责任校对：李　玲
装帧设计：张　玲　　责任印制：桑国磊
出版发行：安徽师范大学出版社
芜湖市北京东路1号安徽师范大学赭山校区
网　　址：http://www.ahnupress.com/
发 行 部：0553-3883578　5910327　5910310（传真）
印　　刷：江苏凤凰数码印务有限公司
版　　次：2021年10月第1版
印　　次：2021年10月第1次印刷
规　　格：700 mm × 1000 mm　1/16
印　　张：18
字　　数：270千字
书　　号：ISBN 978-7-5676-4599-8
定　　价：56.00元

摘 要

《中共中央关于坚持和完善中国特色社会主义制度 推进国家治理体系和治理能力现代化若干重大问题的决定》要求聚焦办好人民满意的教育，完善立德树人体制机制，培养德智体美劳全面发展的社会主义建设者和接班人，而学校教育是人才培养的重要场所，教学是学校教育的中心工作，教学诊断本质上是教学治理，直接决定着人才培养的质量。本书以新时代“后新课改”为背景，以《教师教育课程标准（试行）》规定的对在职教师教育设置“教学诊断”主题模块课程为政策支持，以循证实践为理论框架与实践策略，立足于学校教学实践，通过解决教学实践中的不平衡不充分问题，实现发展学生核心素养、促进教师专业发展之目的。本书的主体部分包括以下五个方面的内容：

其一，教学诊断的研究基础。教学诊断研究选题来源于新时代“后新课改”的现实需要、发展学生核心素养需要与新时代教师专业发展需要，根植于教学实践，以解决教学不平衡不充分问题为核心。通过考察国内外相关研究文献，发现教学诊断研究缺乏系统性、规范性与实践性。由于教学病理理论、医学诊断理论、教学评价理论和课堂生态理论分别为本研究提供了认识论、方法论、价值论与实践论依据，因而将上述理论作为本研究的理论依据。

其二，教学诊断的理论阐释。通过对教学诊断本体的探讨，理解教学诊断思维，把握教学诊断内涵，强调必须坚持主体协同原则、生态发展原则、问题诊断原则等；通过建构教学诊断干预模型，明确了诸如考试测验法、听课评课法、课堂观察法、临床指导法、现场观察法、问卷调查法、录像分析法、师生访谈法、团体会诊法、五诊合参法等诊断方法，分析教学诊断运行机制，掌握教学诊断技术、理解教学诊断运行节律，分别建构了教学常规诊断、生态诊断与文化诊断模型，并在此基础上研制出相应的教学常规诊断、生态诊断与文化诊断标准，为本研究提供科学的理论指导与正确的技术路线。

其三，教学诊断的实践应用。落实立德树人的根本任务是新时代学校教育教学改革与发展的战略目标，将教学诊断研究转化为循证实践是新时代“后新课改”的必然选择。依据教学疾病的特点，举例说明教学诊断分为常规失范、生态失衡与文化失调等三大类；以YY教师的教学诊断为例开展循证实践，依据诊断学的基本原理，把教学诊断分为抓住病象探求病因、落实病位诠释病理、分清病性阐明病机、详悉病势判病论治等四个步骤；结合具体例子，依据问题解决的基本规律，将教学诊断过程分为资料收集、分析判断、出具处方与验证反馈等四个环节。

其四，教学诊断的深度反思。重视问题存在的正向提醒、引导功能，首先要厘清“三对关系”，即诊断主体与客体的关系、教学诊断与医学诊断的关系、教学实践与教学诊断的关系；其次要做到“三个结合”，即自我诊断与他人诊断的结合、教学诊断与学习诊断的结合、诊断自觉与制度规范的结合；最后要落实“三大关键”，即实施焦点解决发展短期诊疗、研制校本教研会诊规则、提升师生主体诊断学力。

其五，教学诊断的推动方案。以“如何保障研究深入开展”为核心，实施评价促进措施、采行智力支持策略、探索制度保障路径，构建以教学诊断保障体系为核心的长效机制。其实，教学疾病具有深刻的社会背景，总根源是以拜分主义为重要特征的应试教育，直接原因是学校对教师、学生以考试分数为唯一评价机制，重要原因是学校素质教育缺少政府的强力推进、依法办学的规范引导、教育智库的智力支持、社会舆论的严格监督以及素质教育文化引领下的学习革命等。

总之，为了落实《中共中央国务院关于全面深化新时代教师队伍建设改革的意见》《国务院办公厅关于新时代推进普通高中育人方式改革的指导意见》《中共中央国务院关于深化教育教学改革全面提高义务教育质量的意见》《深化新时代教育评价改革总体方案》《中共中央办公厅　国务院办公厅关于进一步减轻义务教育阶段学生作业负担和校外培训负担的意见》等相关文件要求，构建新时代中小学教育教学新形态，本书选题来源于教学实践，以科学的理论为依据，坚持目标、内容与方法相适合的原则，借助合理的理论框架与研究设计，对教学诊断进行了近乎全息性的理论研究与实践应用，针对不同层次的教学诊断需要研制了常规诊断、生态诊断与文化诊断模型与标准，力求实现主题定位创新、理论框架创新、研究思路创新、理实协同创新和诊断技术创新，在守初心担使命中为中国共产党百年华诞献礼。

序

教学是通过教师的引导、启发促进学生觉醒的活动。从造字法来看，“教学”经历了由强制、体罚到启发、诱导的发展过程，而“教学诊断”与“教学”一直形影相随，相依相伴。最早的教学手段是口耳相传和以身示范，学习者的信息反馈、其他人的即时提醒与指导者的自身省察成为最早的教学诊断方式。大教育家孔子所提倡的“视其所以，观其所由，察其所安”（《论语·为政》），其实就是通过从近处“视”、从远处“观”与仔细地“察”的方式来“因材施教”，这是我国历史上有关教学诊断的最早文字记录。但是，长期以来我国一直都没有人专门研究“教学诊断”这一领域，直到1995年王增祥出版了《教学诊断》一书，“教学诊断”才正式进入学界的视野，并逐渐成为教学论领域的热门课题。2019年6月，先后颁发了《国务院办公厅关于新时代推进普通高中育人方式改革的指导意见》和《中共中央　国务院关于深化教育教学改革全面提高义务教育质量的意见》；2020年又先后颁布了《中国高考评价体系》《深化新时代教育评价改革总体方案》等新时代教育评价改革的纲领性文件。为此，作者重新修订博士学位论文，定书名为《教学诊断论》，完善教学诊断理论体系，构建教学诊断实践框架，以助益于新时代深化基础教育教学改革、提高教育教学质量，并进而促进师生与学校的协同发展。

一、新时代教学诊断的本质

教师幸福着教学的幸福，学生快乐着学习的快乐，是教学活动中师生两大主体的理想状态。新时代基础教育教学领域的主要矛盾是广大师生日益增长的美好教育理想与不平衡不充分的教学现实之间的矛盾，由于师生的美好教育理想是刚需，那么就要着重解决不平衡不充分的教学现实问题，这就需要进行教学治理，而教学诊断是新时代基础教育教学治理的新路径。

首先，教学诊断作为教学技能。按照作者对“教学诊断”概念的界定，教学诊断是诊断者运用教学诊断思维，依据现代教育教学价值观，按照一定的诊断标准，通过对教学诸要素及其关系的“诊视”与“判断”，发现特色总结经验或问题解决途径的一种方法与技能。这其实是针对教学诊断本身而言的，教学诊断既然是一种“教学技能”，那就与相关知识密切相关，能够通过训练来掌握，具有后天的习得性与养成性，从属于“教学”并成为“教学”不可分割的一部分。“教学”与“教学诊断”的相依相随，正说明了“教学诊断”能够被教师所掌握，更说明了“教学诊断”是教师能够幸福教学、学生能够快乐学习的一种方法。

落实立德树人的根本任务是新时代学校教育教学改革与发展的战略目标，将教学诊断研究转化为循证实践是新时代“后新课改”的必然选择。本书所研究的教学常规诊断标准、教学生态诊断标准、教学文化诊断标准的各项目相互联结、相互作用，共同构成了一个立体化的教学诊断标准体系，而这三个标准又各自成为一个相对独立的完整体系，既可以进行切片诊断，又可以进行全程诊断；既可以进行自我诊断，又可以进行他者诊断；既可以进行观察诊断，又可以进行文本诊断；既可以进行比较诊断，又可以开展讨论诊断；既可以进行主题诊断，又可以进行综合诊断；既可以定量诊断、定性诊断，又可以量性结合诊断。当然，作为一部教学诊断学术论著，还有必要介绍教学诊断的知识，阐释教学诊断的依据，明确教学诊断的方法，示范教学诊断的案例。令人欣慰的是，作者的这部专著都做到了。但是，把教学诊断仅视为教学技能，还只是对教学诊断最基本的“底线”解读。

其次，教学诊断作为教研活动。教学研究是对“教”与“学”及其相互作用的研究，来源于教学实践，而又对教学实践具有很大的促进作用。中小学、幼儿园教师专业标准强调教师要“坚持实践、反思、再实践、再反思”，《普通高中课程方案（2017年版2020年修订）》要求建立平等互助的教学研究共同体，《教育部关于做好普通高中新课程新教材实施工作的指导意见》强调发挥教学研究对深化课程改革的重要支撑作用，《国务院办公厅关于新时代推进普通高中育人方式改革的指导意见》强调加强教学研究和指导，《中共中央 国务院关于深化教育教学改革全面提高义务教育质量的意见》要求发挥教研的支撑作用，《教育部关于加强新时代教育科学研究工作的意见》鼓励支持中小学教师积极参与教育教学研究活动。特别是2019年11月20日教育部专门发布了《教育部关于加强和改进新时代基础教育教研工作的意见》，强调要充分发挥教研机构在推进区域课程教学改革、教学诊断与改进、课程教学资源建设及培育推广优秀教学成果等方面的重要作用。

作者在这部专著中选取《老王》《我有一个梦想》《蜀道难》《想北平》《烛之武退秦师》等案例和诸多教学片段、图例来解释教学疾病的主要类型，以录像课《老王》为例阐释教学诊病辨证的步骤，以诊断YY老师教学及其执教的《烛之武退秦师》为例说明教学诊断实施的过程，可惜似乎并没有把教学诊断置于校本教研之场域，缺少其他学科教学诊断的实践示例。这也许与一些基础教育学校“重管理轻教研”“重结果轻过程”“重共性轻个性”“重分数轻能力”的组织文化有关，也与作者长达18年主要从事高中语文教学的经历有关。好在作者也清醒地意识到了这一点，尤其从“教学诊断与学习诊断结合”“研制校本教研会诊规则”等“深度反思”中，可以明显地感受到作者对此所做出的种种努力。不过，把教学诊断仅视为教研活动，还只是对教学诊断浅层次的“感性”解读。

最后，教学诊断作为教学治理。“治理”和“管理”一字之差，体现的是系统治理、依规治理、源头治理与综合施策。所谓“教学治理”，是教师、学生和相关人员为实现教学目标，依据一定的教育法规和现代教育价值观，通过一定的制度设计和实践策略进行协商、审议与合作，对教学过程中的诸要素进行共同管理，促进教学质量提升的动态过程。教学治理不仅要体现现代法理精神，更要在法理之外触发“情理”，并遵循教育一般发展规律的“公理”，包含价值基础、规制保证和治理操作三个层面，树立现代教学法治意识，多元主体共同参与教学活动，构建多维度教学评价体系，从而实现发展学生核心素养、促进教师专业发展之目的。

作者以新时代“后新课改”为背景，在全面梳理已有相关文献的基础上，以教学病理理论、医学诊断理论、教学评价理论与课堂生态理论为依据，以文案调查、深入访谈、案例分析为主要研究方法，立足于基础教育教学实践，揭示了当前我国基础教育学校教学中的病症，构建了教学诊断的模型、流程，总结出教学诊断的步骤和环节，阐述了教学诊断的原则和方法，并结合具体课例进行了实践应用和深度反思：厘清诊断主体与客体、教学诊断与医学诊断、教学实践与教学诊断等“三对关系”，做到自我诊断与他人诊断、教学诊断与学习诊断、诊断自觉与制度规范等“三个结合”，做好实施焦点解决发展短期诊疗、研制校本教研会诊规则、提升师生主体诊断学力等“三大关键”。尤其从作者提出的评价促进措施、智力支持策略、制度保障路径等“教学诊断推动方案”，可以感受到作者已经把教学诊断视为教学治理，并且明确指出“教学诊断本质上是教学治理”，并称“教学诊断是以教学治理为核心的有效教学干预行动”，这具有一定的先进性和可操作性，我作为作者的博士生导师颇感欣慰。把教学诊断视为教学治理，才是对教学诊断深层次的“理性”解读！

二、新时代教学诊断的功能

从国内外有关教学诊断研究与实践的历程来看，国外表现出由重视教师教学行为到重视学生学习行为的过程，赋予了教学诊断更多的促进学生健康发展的功能；我国表现出由重视学生学习行为到重视教师教学行为的过程，赋予了教学诊断更多的促进教师专业发展的功能。实际上，上述为教学诊断的"赋能"似乎都有失偏颇。新时代、新变化、新要求，赋予了教学诊断新作为、新担当、新功能。

1.教学诊断促进师生共同发展。国外主要从中小学教师教学行为、学生学习行为和师生互动行为等三个维度开展教学诊断研究与实践，这就决定了国外教学诊断的功能仅限于优化中小学教学品质，提升中小学教学质量，大都是从中小学"学生学习"层面为教学诊断"赋能"；我国教学诊断研究与实践比国外丰富得多，有教学诊断内涵研究，有教学诊断价值研究，也有"由谁做""为谁做""做什么"和"怎么做"的教学诊断研究，还有几乎涉及大中小各学段各学科各专业各课程的教学诊断研究与实践，大都从"教师教学"层面为教学诊断"赋能"。实际上，教学不是"教师教"与"学生学"的简单组合，而是一个复杂的完整系统；教学诊断也不仅仅是对"教"与"学"的诊断，而是对"教"与"学"及其相互作用的诊断。这就决定了教学诊断具有促进师生共同发展的功能。

作者在该著作第一章就明确提出了发展学生核心素养需要、新时代教师发展需要是教学诊断研究的背景，这就明示教学诊断具有发展学生核心素养、提升教师专业发展之功能。那么，教学诊断对教师、学生发展的促进功能到底有没有先后，谁先谁后？我曾就此问题与作者探讨，作者说："教学诊断以发展学生核心素养为直接目的，同时对教师的专业发展具有极大的促进作用。"照此说法，教学诊断对于学生的促进作用是"主产品"，对教师的促进作用就成了"副产品"。实际上，没有教师的发展何谈学生的发展，没有学生的发展何谈教师的作用？既然“教学”中的“教”与“学”不可割裂，那么，教学诊断对于“教师”与“学生”的功能也势必不可分离，更何况“教学相长”！令我欣慰的是，尽管作者分开论述了教学诊断对教师、学生的促进功能，但全书共有16处提到“师生共同发展”，并且强调“师生共同发展才是当代教育教学革新的永恒追求与旨归”。然而，仅看到教学诊断具有促进师生共同发展的功能还远远不够，这仅是教学诊断的“个人”功能。

2. 教学诊断促进学校转型发展。教学诊断具有促进师生共同发展的功能，而师生的共同发展是在“学校”这一特定时空发生的，师生的共同发展离不开学校的发展，需要学校提供相应的发展空间与平台，而师生的共同发展势必引起学校的发展：只有实现教师、学生与学校的协同发展，才能更好地促进师生的共同发展；否则，师生的共同发展就失去了基本保障。从作者开展的教学诊断实践中也可以明显地感受到这一点，故此在该著中作者最后提出了教学诊断“推动方案”。之所以会这样，正如作者指出的，教学诊断实践是“一场自下而上的中小学校本教研革命”。如果所实施的教学诊断实践不是“自下而上”，而是以学校层面为“切入口”，立足于“学校”而不是立足于“个人”，以学校为依托来培训教学诊断技能、开展校本教研活动、实施校本教学治理，那么，可以预见将会是“师生与学校协同发展”的另一番景象！当然，作者当时作为一名中学的普通教师兼教学诊断研究者、实践者，无法启动学校“机器”，对他不可求全责备。但是，如果我们现在的中小学校长能够在全校范围内开展教学诊断，将会是学生之幸，教师之幸，学校之幸，教育之幸！

不可否认，当前基础教育教学改革都是“新高考”背景下的教学革新与学习革命，离开了“新高考”之背景，基础教育教学改革注定会失败，尤其对于处于前沿阵地的普通高中而言更是如此。教学诊断研究与实践也无法回避“新高考”，否则也注定会失败。“新高考”背景下的课程分类设置、教学分类实施、升学就业分类指导，促使学校发展走向个性化；“新高考”改变了学校的教学秩序、管理机制、评价机制，促使学校走向多样化；“新高考”引起了学校创新人才培养热潮、特色管理运行质态、特色教学机制，促进学校走向特色化；“新高考”背景下的体育、美术、飞行员等特殊招生机制，促使学校走向多元化。这就为教学诊断实践在基础教育学校提供了极大的发展空间：通过诊断课程设置、教学实施、学业指导、教学秩序、管理机制、评价机制、培养方案、管理质态、教学机制以及高校“艺体美飞”招生机制等，实现学校的个性化、多样化、特色化、多元化发展，从而促进学校的转型发展。这就是广义上的以学校为单元的教学诊断，教学诊断的巨大贡献和长远魅力也正在于此。当然，作者在该著作中主要论述了教学诊断的“教学转型”与“学习转型”功能，希望作者在此基础上，今后进一步关注并积极开展基于学校的教学诊断。因为仅仅看到教学诊断具有促进学校转型发展的功能还是不够的，这仅仅是教学诊断的“学校”功能。

3.教学诊断促进高考综合改革。从基于“课堂”层面的教学诊断到基于“学校”层面的教学诊断，本质上是由教学诊断的“循证性”决定的，但这种从“小舞台”到“大场地”的转变，并不是教学诊断自发、自动实现的，而是由“人”掌控的，这个“人”就是诊断者，就是决策者，而诊断者与决策者的协同，才能促使教学诊断实践达到“高境界”，发挥更大的功能。“诊断者+决策者”一旦树立了师生与学校协同发展的观念，就会扮演基于学校的教学诊断者的角色，采取相应的行动，促进学校转型发展。这其中对于基础教育最重要的就是：教学诊断研究与实践都必须在“新高考”背景下实施。但教学诊断是否一直受制于“新高考”？对“新高考”有没有影响？有多大的影响？会影响什么？影响的结果怎样？

《中国高考评价体系》确定了“一核四层四翼”的总体要求，将国家和高校的选才需求与素质教育育人目标联通，实现了“招—考—教—学”全流程各环节的无缝衔接与良性互动。在该著作中作者指出，“新高考”推动了“新课程”改革，“新课程”又引发了“新教学”革新，“新教学”

催生“新学习”革命，由此，形成了新时代基础教育改革之“新高考”“新课程”“新教学”“新学习”等4个环环相扣的关键词，并统一于“立德树人”之教育根本任务。这里一定要注意，其思维逻辑是“新高考”→“新课程”→“新教学”→“新学习”。如果采用逆向思维，“新学习”是不是影响“新教学”？“新教学”是不是影响“新课程”？“新课程”是不是影响“新高考”？答案是肯定的。根据教学诊断所具有的促进师生共同发展、学校转型发展之功能，从长远来看，教学诊断不会一直受制于“新高考”，而是对“新高考”有很大的倒逼作用和影响：“新高考”与“新课改”所共有的人本立场决定了学校转型发展会促使“新高考”科目进行重大调整，会推动统一招生走向多元录取，会进一步扩大高校招生自主权利，并在很大程度上助益于素质教育文化的培育。因此，教学诊断具有促进高考综合改革的功能，这正是教学诊断的“社会”功能之所在。

三、新时代教学诊断的价值

基于教学实践需要，通过文献研究作者发现，教学诊断研究与实践日益受到人们的重视，但诊断标准却存在着“模糊化”倾向；教学诊断研究缺乏系统性、实践性与规范性，缺少外在的制度保障与内在的实施动力；对教学诊断的认识尚处于探索期，教学诊断的理论构建与循证实践任重道远。据此，作者依据相关理论构建了教学常规诊断、教学生态诊断、教学文化诊断的模型与标准，并进行了深入的实践应用与深度反思，具有非常重要的理论价值、学术价值与现实意义。

首先，充实教学理论研究，丰富教学诊断理论。教学理论来源于教学实践的“实然”，又指导教学实践从“实然”走向“应然”，因而教学理论的本质是教学实践的理想化或理想化的教学实践。无论是哲学取向的教学理论，还是行为取向的教学理论，抑或认知发展取向的教学理论，以及由认知理论发展起来的发展性教学理论、发现教学理论、范例教学理论等三大新派教学理论，都十分重视“指导学习”的教学实践之真谛。伴随着全球化时代的到来，构建以道路自信、理论自信、制度自信、文化自信为核心的学术自信，成为中国特色社会主义新时代教学理论重构的应然之举。教学诊断本质上属于教学理论范畴，作为教师必备的一项教学技能，作者在书中不仅介绍了考试测试法、听课评课法、课堂观察法、临床指导法、现场观察法、问卷调查法、录像分析法、师生访谈法、电脑化疗法等诊断方法以及“5W1H”、程度坐标、逻辑树、“SWOT”等诊断技术，还独创了团体会诊法、五诊合参法等诊断方法和教学差距坐标系诊断技术，提出了提升师生主体诊断学力的有效策略；教学诊断作为一种教研活动，作者在书中强调了研制校本教研会诊规则的必要性与可行性以及教学诊断智力支持策略；教学诊断作为一种教学治理，作者提出了教学诊断评价促进措施、教学诊断智力支持策略和教学诊断制度保障路径等教学诊断推动方案。

教学诊断是“诊断学”与“教学”相结合的产物。“诊断”是医生为患者“诊视”病情、“判断”病因、给出治疗方案的过程，是医生治病的第一步，也是关键的一步，因而“教学诊断”就相当于为“教学”进行“体检”。那么，按照教学过程，对教学的“体检”可分为教学前的“体检”、教学中的“体检”和教学后的“体检”。教学前的“体检”主要是诊断教学设计，教学中的“体检”主要是诊断课堂教学要素，教学后的“体检”主要是诊断作业及测评：这正是当前诸多教学诊断研究者的“常规思维”。作者以教学病理理论、医学诊断理论、教学评价理论和课堂生态理论为研究依据，建构了教学常规诊断、生态诊断与文化诊断模型，并在此基础上研制出相应的教学常规诊断、生态诊断与文化诊断标准；阐述了教学诊断的实践性、系统性和人本性等特征，强调教学诊断遵循主体协同原则、生态发展原则、问题诊断原则；把教学诊断分为抓住病象探求病因、落实病位诠释病理、分清病性阐明病机、详悉病势判病论治等4个诊病辨证步骤和资料收集、分析判断、出具处方与验证反馈等4个诊断环节；首次提出了“教学诊断思维”的概念，论述了教学诊断思维的本质、价值及其培养策略。这就进一步丰富了教学诊断理论，体现了教学治理现代化与教学质量管理科学化，是教学理论的进一步充实和完善。

其次，落实学生核心素养，实现课程改革目标。发展核心素养是21世纪国际课程改革的焦点、热点与重点问题，关系到国家人才培养战略重大问题，甚至成为世界各国课程改革的核心内容与根本要求。联合国教科文组织、经济合作与发展组织、欧盟、世界银行、亚洲太平洋经济合作组织等国际组织以及美国、加拿大、巴西、英国、法国、芬兰、俄罗斯、澳大利亚、新西兰、韩国、印度、日本等国都非常重视学生核心素养的研究与培养。中国学生发展核心素养以培养“全面发展的人”为核心，包括“三个维度”“六大素养”“十八个基本要点”，是党的教育路线、方针和政策的具体化、细致化、实践化。《普通高中课程方案和语文等学科课程标准（2017年版）》体现了国家教育理念、教育目的在具体教育教学实践中的核心内容与根本要求，是教材编写、课程实施、选课指导、教学改革、考试评价以及课程开发的重要依据，落实立德树人根本任务，提升学生核心素养成为我国新时代课程改革的根本要求。

教学诊断立足于当前教学实践及其诊断现状，以新时代课程改革的需要、发展学生核心素养的需要和新时代教师发展的需要为研究背景，以相关政策法规和教育教学理论为依据，坚持时代性与现实性相统一、理论性与实践性相结合，研制“教学常规诊断标准”“教学生态诊断标准”“教学文化诊断标准”，其核心目的就是在发挥促进师生共同发展、促进学校转型发展、促进高考综合改革功能的同时，提升学生核心素养，实现课程改革目标。教学诊断遵循课程标准的内容与要求，践行课程标准基本理念，通过落实立德树人根本任务，提升学生核心素养，促使学生成为一名有理想、有本领、有担当的新时代接班人，从而帮助落实具有理想信念和社会责任感、具有科学文化素养和终身学习能力、具有自主发展能力和沟通合作能力之人才培养目标。

最后，自我诊断教学总结，助益基础教育发展。本书既是一部教学诊断学术专著，又是一部自我教学诊断经验总结，更是作者对自己21年教学实践与教学诊断的一次“检阅”与“反思”，但愿本书的出版，既能促进作者进一步成长，又能助益于新时代基础教育教学改革。记得2011年11月4日，我收到了作者发给我的第一封邮件，邮件标题就是“田老师，我要报考您的教育博士！”。作者在读博前就已经从事高中语文教学14年，始终把科研与教学工作有机结合，当时已是聊城市骨干教师、县级教学能手。2013年9月，作者考入我们陕西师范大学教育学院课程与教学专业攻读教育博士学位。在学期间，我作为他的导师，平时与他交流非常多，因而对他十分了解。2013年12月26日，作者与我协商并确定了以“高中语文课堂教学诊断”作为博士学位论文选题。在此后的4年里，作者惜时勤奋，刻苦用功，学习成绩优秀。攻读博士学位期间，作者广泛阅读了有关教育学类的经典著作，进一步打下了扎实的专业理论基础、较广阔的教育研究视野与较强的创新能力。其实作者只用了不到三年时间就把博士学位论文写完了，并达到了教育博士毕业的所有要求。

作者尤其喜欢钻研，具有非常强的进取心和良好的合作精神，表现出非常强的研究能力，特别是能够结合自己的中学教育教学实践，迅速捕捉到教育领域的理论前沿和改革热点问题，并夜以继日、废寝忘食地加以研究，往往一个礼拜就能写出一篇高质量的论文，研究成果丰硕。因此，我经常叮咛他的一句话是“不要熬夜”。读博期间，作者在《电化教育研究》《黑龙江高教研究》《当代教育与文化》《现代教育管理》等期刊发表学术论文60多篇；10多篇论文被人大《复印报刊资料》、国研网、中国社会科学网等全文转载；主编或参编基础教育教辅用书60多本，1项教学成果获省级三等奖，20多项教科研成果获省市级奖励。同时，还参与了我主持的国家级、省部级科研项目3项，是课题组第一骨干成员。另外，作者在学期间，获得教育部颁发的博士研究生国家奖学金，这是对他学习成绩、科研能力和教学实践的全面充分肯定，属于博士生的最高荣誉。2017年7月，作者毕业后调到了安徽师范大学工作，与我一直联系密切，经常与我探讨教育教学问题，并与我合作在人民出版社出版了学术著作《高考分类考试与普通高中转型发展研究》。

总之，该书在全面梳理已有相关文献的基础上，以教学病理理论、医学诊断理论、教学评价理论与课堂生态理论为依据，以文案调查、深入访谈、案例分析为主要研究方法，立足于基础教育教学实践，揭示了当前我国基础教育学校教学中的病症，构建了教学诊断的模型、流程，总结出教学诊断的步骤和环节，阐述了教学诊断的原则和方法，并结合具体课例进行了实践应用和深度反思。该研究整个研究过程持续时间长，研究方法恰当，研究思路清晰，研究态度认真扎实；以很大工夫谋篇布局，并反复修改、数易其稿。该书结构合理，条理清楚，三级题目凝练到位，观念鲜明，论据充分，论证有力，资料丰富且运用恰切；语言表达准确，逻辑性强，写作符合学术规范。因此，尽管本书尚存在一些需要进一步完善的地方，但也不失为一次构建教学诊断理论体系的大胆尝试，也不失为一次推行教学诊断实践框架的勇敢试验。期望“教学诊断论”能够尽快成为一门独立的学科，期待各位专家、学者和读者对书中的不足之处给予批评指正。

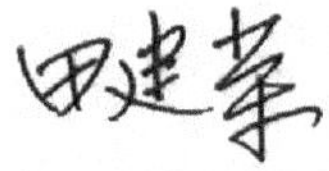

二〇二一年五月三十日

目 录

第一章　教学诊断的研究基础

中国特色社会主义已经进入了新时代，我国社会主要矛盾已经转化为人民日益增长的美好生活需要和不平衡不充分的发展之间的矛盾，在基础教育学校教学领域主要表现为广大师生日益增长的美好教育理想与不平衡不充分的教学现实之间的矛盾，而不平衡不充分的教学现实是主要矛盾的主要方面。因此，为了实现广大师生日益增长的美好教育理想，就必须着力解决教学本身存在的不平衡不充分问题，这就需要对教学进行诊断。《教师教育课程标准（试行）》专门为教师教育设置了“教学诊断”模块课程，《教育部关于加强和改进新时代基础教育教研工作的意见》明确了新时代基础教育教研要服务学校教育教学、服务教师专业成长、服务学生全面发展、服务教育管理决策等4大主要任务，《深化新时代教育改革总体方案》要求改进结果评价、强化过程评价、探索增值评价、健全综合评价，为本书提供了强大的政策依据。

第一节　教学诊断研究背景

教学是各级各类学校教育的核心工作，是实现教育目的的重要途径，而教学诊断是实现教学效果的重要保障。教学诊断研究选题来源于新时代“后新课改”的现实需要、发展学生核心素养的需要与新时代教师专业发展的需要，着力解决不平衡不充分的教学现实，不但有利于解释教育一线教师的困惑，而且旨在促进师生的共同发展。《教育部关于做好普通高中新课程新教材实施工作的指导意见》明确提出至2022年秋季开学，全国各省（区、市）均启动实施新课程新教材的工作目标，尤其是《国务院办公厅关于新时代推进普通高中育人方式改革的指导意见》和《中共中央国务院关于深化教育教学改革全面提高义务教育质量的意见》的颁布，标志着我国第8次基础教育“新课改”走向了新时代的“后新课改”，而“新高考”“新教师”“新学生”成为新时代解决基础教育学校教学主要矛盾的新选择。

一、新时代课程改革的需要

始于2001年的我国第8次基础教育课程改革，在经历了实验、推广、普及等阶段后，深入反思、大力调整、配套改革、保障实效成为今后基础教育课程改革的发展方向与现实诉求。国务院于2014年9月3日发布了《国务院关于深化考试招生制度改革的实施意见》，启动了高考综合改革试点，“新高考”“新课程”“新教学”“新学习”成为新时代基础教育改革的关键词，统一于立德树人之根本任务。

（一）“新高考”推动“新课程”改革

“新高考”改变了基础教育和高等教育的课程设置，引发了“后新课改”。“新高考”是我国21世纪的一场旨在维护、促进个体高等教育选择权利表达与行使的高考革新活动，其本质意蕴在于实现求真、向善、崇美、依规、尚实的有机结合、相互影响与高度统一，基于“人”之差异性的“人”的全面发展是“新高考”的价值取向，而对“人”的重新发现是“新高考”最突出的时代贡献。“新高考”对中小学尤其是普通高中的直接影响是“新课程”改革与“选课走班”，而随着“新高考”的推进，越来越多的大学采用大类招生方式或增加大类招生类别，与此相应，直接引发了基础教育的新一轮课程改革。《教育部关于做好普通高中新课程新教材实施工作的指导意见》要求统筹规划、协同推进普通高中课程改革、高考综合改革和高中阶段教育普及攻坚。

当前，“新高考”正处于“稳步推进高考综合改革”的关键阶段，除了坚守文理不分科、外语一年两考，采用“两依据”“一参考”的多元录取机制之外，河北、辽宁、江苏、福建、湖北、湖南、广东、重庆等作为第三批高考综合改革试点的8个省份，把“3+3”高考模式优化为“3+1+2”高考模式，把“6选3”（浙江“7选3”）高考选考模式优化为“‘2选1’+‘4选2’”模式，高考成绩也由“‘语文、数学、外语等3科统考成绩’+‘考生选考的3科普通高中学业水平考试等级性考试科目成绩’”优化为“‘语文、数学、外语等3科统考成绩’+‘考生选考的1科高中学业水平考试等级性考试科目成绩’+‘考生选考的2科普通高中学业水平考试等级性考试科目成绩’”。

（二）“新课程”引发“新教学”革新

教材是国家意志的体现，从根本上来说是国家事权，体现了社会的主流价值，旨在实现立德树人之根本任务，因而教材建设是国家的一项战略性基础性工程。对于学校教育而言，教材改革是课程改革的重要内容，也是有效实现课程改革目标的重要途径，在很大程度上决定着教学的效率和人才培养质量。《普通高中课程方案（2017年版2020年修订）》确立了具有理想信念和社会责任感、具有科学文化素养和终身学习能力、具有自主发展能力和沟通合作能力的学生培育目标，把普通高中课程分为必修、选择性必修和选修等3类课程。

按照教育部的统一部署，自2017年秋季学期起，教育部统编义务教育教材正式走进课堂，2019年“部编”教材将覆盖整个义务教育阶段所有年级；自2019年秋季学期起，北京、天津、辽宁、上海、山东、海南等6省市率先使用政治、语文、历史三科必修课程“部编”新教材，至2025年普通高中教育阶段实现“部编”新教材全覆盖。2019年6月，国家先后颁布了《国务院办公厅关于新时代推进普通高中育人方式改革的指导意见》《中共中央国务院关于深化教育教学改革全面提高义务教育质量的意见》，成为新时代“后新课改”的纲领性文件。

（三）“新教学”催生“新学习”革命

“新高考”与“新课程”在中国特色社会主义新时代的相逢，必定赋予“新教学”以崭新的形式与内容以及鲜明的时代气息，本质上牵扯到“培养什么人”的问题。正如石中英所言，“培养什么人”的问题是教育的首要问题，决定着教育工作的根本任务和目标方向。“新教学”呼唤“新学习”革命，因为大数据已经进入教育领域，对学习产生了深刻影响。迈尔-舍恩伯格指出，学习的个性化与自主化是21世纪学习的重要特征，然而传统的学校教育依然保持一致步伐，并在同一时间呈现完全一样的内容，迎合的是教师和系统的要求，而不是学生的利益。

因此，充分利用基于大数据的现代教育技术、实现学生的个性化学习是学习革命的主要内容，而“做学习的主人”是学习革命的本质要求，也是学习革命的根本目的。新时代“后新课改”的学习内容除了常规学科之外，还包含适应时代发展要求和自身发展需要的内容，要求学习者具备学习的热情和远见且付诸行动，敢于梦想并勾画出美好的未来图景，设置恰切的目标并有时间限定，准确界定自己的问题，拟定最佳学习结果并设想实现途径，寻找一位热情多智的导师，从所学内容的概貌入手学习，勤于问问题，动用所有感官学习，培养学习兴趣，探知自己的爱好与特长，学会快速浏览以获取需要的信息，善于运用图像和声音强化学习，运用交互技术动手试做，运用思维导图提高学习效率，学习唤回记忆的简便方法，学习放松性警觉艺术（Relaxed Alertness），注重知识的应用，及时复习与回忆，使用关联工具和“记忆钩”，注重学习的趣味性和游戏性，勤于帮助解答别人的问题，将学习内容带入睡眠，等等①。田建荣、尹达指出，自己是自己的雇主，自己才是自己学习的主人，是“新学习”革命的内在意蕴。

---

① 珍妮·特沃斯，戈登·德莱顿.学习的革命——通向21世纪的个人护照[M].修订版.顾瑞荣，陈标，徐静，译.上海：上海三联书店，1998：117-175.

二、发展学生核心素养需要

中国学生发展核心素养以培养“全面发展的人”为核心，分为文化基础、自主发展、社会参与三个方面，是党的教育方针的具体化、细化，是连接宏观教育理念、培养目标与具体教育教学实践的中间环节。2017年版2020年修订的普通高中各科课程标准为了建立核心素养与课程教学的内在联系，充分挖掘了各学科课程教学对全面贯彻党的教育方针、落实立德树人根本任务、发展素质教育的独特育人价值，基于学科本质凝练了本学科的核心素养，明确了学生学习该学科课程后应达到的正确价值观念、必备品格和关键能力。

（一）国际核心素养的中国化选择

核心素养关系到人才培养规格的重大问题，决定了学校的办学方向与教育质量。早在1997年12月，经济合作与发展组织（OECD）就率先启动了“素养的界定与遴选”研究，并从互动地使用工具、异质群体互动、自律自主行动等三个维度提出了“素养”框架图，每个维度又分为三项素养指标；2002年美国研制了“21世纪素养”框架，并在2007年又做了进一步修订与完善，确立了学习与创新技能、信息媒体与技术技能、生活与职业技能等三大素养领域，每个领域又分为若干素养要求；2005年中国台湾地区确立了“界定与选择核心素养”研究计划（DeSeCo计划），将核心素养分为沟通互动力、社会参与力与自主行动力等三个维度，每个维度又分为三项具体要求；2006年12月，欧洲议会（European Parliament）和欧盟理事会（European Council）通过了核心素养建议案，构建了母语、外语、数学与科学技术素养、信息素养、学习能力、公民与社会素养、创业精神以及艺术素养共计八个领域的核心素养群，每个领域均由知识、技能和态度三个维度构成[①]；2010年3月，新加坡也颁布

① 褚宏启，张咏梅，田一.我国学生的核心素养及其培育[J].中小学管理，2015(9)：4-7.

了针对学生的“21世纪素养”框架，提出以自我意识、自我管理、社会意识、人际关系管理、负责任的决策等社交与情绪管理技能为核心；2013年2月，联合国教科文组织发布《走向终身学习——每位儿童应该学什么》报告，将核心素养分为身体健康、社会情绪、文化艺术、文字沟通、学习方法与认知、数字与数学、科学与技术等七个维度，以实现终身学习的“人本性目标”。

2016年9月，北京师范大学发布了研究成果——“中国学生发展核心素养”总体框架，该框架强调核心素养以培养“全面发展的人”为核心，分为文化基础、自主发展、社会参与等三个方面，综合表现为人文底蕴、科学精神、学会学习、健康生活、责任担当、实践创新等六大素养，具体细化为人文底蕴、实践创新等十八个基本要点。石中英指出，学生发展核心素养并不是一种事实性的存在，而是一种价值性的存在，该核心素养框架的提出充分考虑了中国传统教育文化的特点以及中国社会现实性的要求，根本意义在于回答“教育要培养什么样的人”这样一个问题[①]。因此，国际核心素养的中国化选择，是落实立德树人根本任务的重要举措，具有引领课程改革和育人模式变革的重大功能，因而成为教学诊断的重要依据。

（二）中国学生发展核心素养的学科化

中国学生发展核心素养是指中国学生应具备的，能够适应终身发展和社会发展需要的价值观念、必备品格和关键能力。《普通高中课程方案（2017年版2020年修订）》指出，各学科课程标准凝练了学科核心素养，对知识与技能、过程与方法、情感态度与价值观三维目标进行了整合。语文学科核心素养主要包括语言建构与运用、思维发展与提升、审美鉴赏与创造和文化传承与理解；数学学科核心素养主要包括数学抽象、逻辑推理、数学建模、直观想象、数学预算和数据分析；外语（包括英语、德语、日语、俄语、西班牙语、法语等）学科核心素养主要包括语言能

① 石中英.关于中国学生发展核心素养的哲学思考[J].课程·教材·教法，2018，38(9)：36-41.

力、文化意识、思维品质和学习能力；思想政治学科核心素养主要包括政治认同、科学精神、法治意识与公共参与；历史学科核心素养主要包括唯物史观、时空观念、史料实证、历史解释和家国情怀；地理学科核心素养主要包括人地协调观、综合思维、区域认知和地理实践力；物理学科核心素养主要包括物理观念、科学思维、科学探究、科学态度与责任；化学学科核心素养主要包括宏观辨识与微观探析、变化观念与平衡思想、证据推理与模型认知、科学探究与创新意识、科学态度与社会责任；生物学科核心素养主要包括生命观念、科学思维、科学探究和社会责任；音乐学科核心素养主要包括审美感知、艺术表现、文化理解；艺术学科核心素养主要包括艺术感知、创意表达、审美情趣、文化理解；体育与健康学科核心素养主要包括运动能力、健康行为和体育品格；美术学科核心素养主要包括图像识读、美术表现、审美判断、创意实践和文化理解；通用技术学科核心素养主要包括技术意识、工程思维、创新设计、图样表达、物化能力；信息技术学科核心素养主要包括信息意识、计算思维、数字化学习与创新、信息社会责任。因此，学科核心素养不仅是对中国学生发展核心素养的进一步学科化，更是学科立德树人的根本要求、重要内容与集中体现，而学科核心素养的内容与要求，就是教学诊断的重要标准。

（三）学科核心素养的教学化落实

发展学生的学科核心素养，离不开教材媒介、教学活动与学业质量标准。各学科课程标准本着为编写教材服务、为教学服务、为考试评价服务的原则，切实加强对教材编写、教学实施、考试评价的指导，因而成为教材编写、课程实施与考试评价的依据。对于教材而言，依据教育部的通知要求，2019年义务教育阶段所有年级均使用部编新教材，2025年全国普通高中教育阶段均使用部编新教材。对于教学与评价而言，各学科课程标准原则上对每个模块或主题都提出了“内容要求”“教学提示”和“学业要求”，大部分学科增加了教学与评价案例，同时依据学业质量标准细化评价目标，增强了教学和评价的指导性。学科核心素养的教学化落实的本质是“学科核心素养教学”，其根本目的是培养全面发展的人。

由于核心素养的获得是后天的、可教可学的，因而具有发展连续性，也存在发展阶段的敏感性①。因此，学科核心素养的教学化落实必须在教育目的与学生学习结果之间确立教育目的、学科目标、教学目标等层级化的目标②，还必须彰显中国元素，扎根于深厚的中华优秀传统文化之土壤，积极回应时代发展之召唤，以立德树人为根本目标，以学生的个性发展需要为根本目的，尤其要将学科核心素养落实到课程改革、教学革新与学习革命之中，成为中小学教学的方向性目标与核心内容，将学科核心素养落实到教师日常教学活动与学生常态化的学习活动中，从而实现学科核心素养的“软着陆”，这就需要教学诊断活动。

三、新时代教师发展的需要

教师专业发展是学生全面发展的重要前提，也是新时代“后新课改”人才培养质量的重要保证。克里斯顿·纳尔森、吉姆·贝利指出，现代教师应当扮演教室环境打造者、课堂教学管理者、授课过程设计者、教育成果评估者、读写文化倡导者、学生学习指导者、各种关系协调者、外界沟通实践者、终生学习进步者等9个角色。《中共中央国务院关于全面深化新时代教师队伍建设改革的意见》要求建设一支高素质专业化的教师队伍；《教师教育振兴行动计划（2018—2022年）》要求全面提升教师素质能力；《中国教育现代化2035》把“建设高素质专业化创新型教师队伍”作为面向教育现代化重点部署的十大战略任务之一。当然，新时代的教师教育者也势必实现由“身份赋权”转向“素养胜任”，教师教育

① 施久铭.核心素养：为了培养“全面发展的人”[J].人民教育，2014(10)：13-15.

② 崔允漷.追问“核心素养”[J].全球教育展望，2016，45(5)：3-10，20.

者的专业素养成为其合法性存在的依据[①]。

（一）知识理解是教师发展的前提与基础

日本学者野中郁次郎和竹内弘高于1995年提出了著名的SECI知识管理模型，认为知识由隐性知识和显性知识构成，而隐性知识和显性知识的相互转化包括潜移默化（Socialization）、外部明示（Externalization）、汇总组合（Combination）和内部升华（Internalization）等四种基本模式，强调知识转化的过程就是知识创造的过程，而知识转化与知识创造离不开社会交往与知识运用的具体情境。2005年，美国学者科勒和米什拉提出了著名的TPACK教师知识模型，即整合技术的学科教学知识（Technological Pedagogical Content Knowledge），认为TPACK教师知识框架包括学科内容知识（CK）、教学法知识（PK）和技术知识（TK）等三个核心要素和学科教学知识（PCK）、整合技术的学科内容知识（TCK）、整合技术的教学法知识（TPK）、整合技术的学科教学知识（TPACK）等四个复合要素。

将SECI知识管理模型与TPACK教师知识模型相结合，构成了SECI-TPACK教师知识管理模型，揭示了教师对专业知识、技术知识、教育学知识等相关知识的深度理解、灵活运用、有机整合与巧妙转化，这就是"知识理解"的本质内涵。基于SECI-TPACK教师知识管理模型的"知识理解"，为教师专业发展提供了一种全新的理论视角与实践路径，成为教师专业发展的前提与基础，而由于教师的"知识理解"只能在教学实践中得以体现，因而教学诊断成为诊视与判断教师"知识理解"的重要手段。

（二）教学研究是教师发展的关键要素

教学与科研是教师工作的重要组成部分，也是有效促进教师专业化发展的关键因素。教学实践是教学研究的起点与归宿，不但为教学科研

① 王鉴.跨界的能动者:教师教育者专业成长路径探析[J].中国教育学刊,2019(7):84-90.

提供了丰富的研究案例，也为检验教学研究的效果提供了舞台；教学研究是优化教学实践、有效提升教师教育教学能力的途径与方法。《教育部关于加强新时代教育科学研究工作的意见》强调教育研究要解决教育实践问题，鼓励支持中小学教师增强科研意识，积极参与教育教学研究活动，不断深化对教育教学改革的规律性认识，探索适应新时代要求的教书育人有效方式和途径，推进素质教育发展。陈明哲等人指出，在西方，教学与理论研究往往是“同床异梦”，而在东方，学者依循教学和研究“合一”的传统哲学理念，尊崇儒家传统的中国学者并不仅仅投身于西方同僚所关注的“教学和研究—发表”工作，他们的第一要务在于秉持有教无类、关怀社稷的精神，成为一名受人敬重的教师①。

同时，现代信息技术的发展为教学研究的个性化、精准化提供了可能，胡小勇等人依托各种智能技术为教师画像，通过教研数据预处理、教师画像模型建构、教师个体标签体系建立和教师画像质量评估四大环节，为教师画像提供了清晰的框架指引，而教学诊断本身不但是教师教学研究的一种形式，而且是最基本、最有效的形式，不仅有利于提升教学的品质，促进学科研究自身的发展和提高教学科研能力②，还能够促进教师专业化发展的进程。当然，教学研究能力的提升，除了要有较强的教学能力之外，教师还必须具备教学自我诊断能力，因为只有教学自我诊断才能更深入地诊视和判断教学实践活动，才能有效提升教学研究的质量与效果。

（三）教学能力是教师发展的根本要求

不管是教师的知识理解，还是教师的教学研究，都统一于教师的教学能力。指导学生学习是教师的根本责任，也是发挥教师“传道、授业、解惑”功能的重要途径，而教师教学能力的提高只能在教学实践中得以

① 陈明哲.动态竞争的教研“合一”:文化双融整合[J].外国经济与管理,2018,40(12):3-27.

② 栗洪武,秦立霞,龙宝新.教师实用教学技能[M].西安:陕西师范大学出版总社有限公司,2012:210-211.

体现，也只能在教学实践中得以实现。教学诊断以新时代“后新课改”所倡导的教育教学价值观为理论指导，以《普通高中课程方案和语文等学科课程标准（2017 年版）》为基本准则，以《深化新时代教育评价改革总体方案》为根本遵循，适应新时代“后新课改”时代的需要，有效提升教学品质、促进教师专业发展，尤其要遵循教学规律、学习规律与师生实际情况，并研制、构建教学诊断标准体系。教学诊断依赖于教师扎实的学科知识、系统的教学理论、全新的教学理念、丰富的教学经验和科学先进的诊断工具，要求教师具有改革创新的勇气、反思总结的习惯和立志成为教育家的愿望。

教师与学生是教学的两大主体，课堂是教师指导学生学习的场所，更是师生一同成长的舞台，教师与学生在课堂上理应共同演绎生命成长的精彩。立足于教学实践，根据学科特点和教育的客观规律，探索教学的有效性，是当前教学研究的重要内容，也是教学诊断的重要任务。教学的根本目的是提高学生的核心素养，强调挖掘每个学生的自身潜能，促进学生能够得到充分的、自由的个性发展。同时，由于教学诊断研究是诊断学与教学相结合的产物，但教学诊断研究尚处于初始化、碎片化、无序化阶段，缺乏体系性、规范性与长效机制，因而开展教学诊断研究不仅能够提高教师的教学能力，还能够丰富教学理论，优化教学实践，推进教学诊断研究的规范化、科学化进程。

第二节　教学诊断文献述评

为了更好地开展教学诊断研究，必须深入了解国内外相关研究状况，以便把握相关研究的特点与规律。因此，采用“纵”“横”结合、“述”“评”统一的方法，了解国内外教学诊断相关研究的历史与现状，反思总结教学诊断研究存在的问题，把握国内外学者对教学诊断研究的规律与发展趋势并发现存在的问题与不足，从而为教学诊断研究准确定位与定向。

一、国外教学诊断研究状况

自教学诞生之日起就一直存在着教学诊断，因为对教学的改进与优化本质上就是教学诊断的必然结果。根据现有文献资料，早在1905年，法国心理学家比纳与西蒙就编制了“比纳-西蒙量表”（Binet-Simon Scale），该量表是第一个专门诊断异常儿童智力的测验量表。本书通过对国外相关研究文献的梳理与总结，发现国外教学诊断研究的内容主要包括教师教学行为诊断、学生学习行为诊断和师生互动行为诊断等三个方面。

（一）教师教学行为诊断的研究

国外对教师教学行为诊断的研究始于20世纪二三十年代，课堂观察被引进教育领域，为细致地观察课堂教学中教师的行为提供了一种经验主义观察方法，尽管课堂观察缺乏逻辑性与综合性，只是一种纯粹的观察与简单的归纳[①]，但对于规范教师的教学行为起到了一定的作用。尤其是美国课程专家拉尔夫·泰勒于1949年出版了著作《课程与教学的基本原理》，在一定程度上奠定了现代教育教学评价的理论基础，为科学地评价课程与教学提供了一个行之有效的理论框架。拉尔夫·泰勒主张多样化评价与多元化评价，指出“观察”只是众多评价方式中的一种，倡导采用问卷法、观察法、访谈法和样品收集法等多角度地评价教育教学活动，从而推动教学诊断的健康发展。美国学者盖奇于1963年出版了由他主编的《教学研究手册》一书，强调在课堂评价时应当对教师的组织教学、提问方法、探究方式和激励措施等教学行为予以重点关注，为教学诊断提供了大体的诊断指标。美国教育学家戈德哈默于1969年出版的著作《临床指导》，详细地论述了查课与听课的方法、环节与程序，为教学

① 黄江燕，李家鹏，乔刘伟. 课堂观察研究的文献综述[J]. 长江师范学院学报，2012(12)：130-134.

诊断的规范化发展做出了突出贡献。

美国哈佛大学教授布伦达·兰本达于1971年出版的《小学科学教育的“探究-研讨”教学法》一书，十分重视教师在课堂教学中运用一定的教学策略进行有效引导的重要性，认为教师的有效引导是提升学生探究能力的先决条件，而教师的有效引导需要采用一定的技术与方法。1973年，美国学者科根出版了著作《临床指导》，进一步完善与发展了戈德哈默的临床指导技术，将戈德哈默的临床指导的5个阶段发展为8个步骤。1980年，科根、安德森和克拉捷斯基等人一同修订并出版了著作《临床指导》，临床指导技术通过诊断教师教学行为来改进教师教学质量，本质上是一种满足教师与学校共同发展需要的教师行为干预技术，戈德哈默以及临床指导技术的推动者对该项技术充满了期待，提出了临床指导周期（The Clinieal Supervision Cycle）的概念，将临床指导技术的实施过程分为观察前会议—临床观摩—分析与策略—视导会议—会议后分析等5个环节。不可否认，临床指导技术对于提高教学质量、促进教师发展具有较大的作用，但在临床指导技术运用过程中也出现了诸如太耗费时间、临床指导技术难以掌握、执教教师不予配合等问题。

美国学者多伊尔于1983年出版的著作《教学评价》，研制出“教师教学行为特征一览表”和“教师课堂教学行为评价表”并将其作为课堂教学评价的标准和依据。同年，我国学者张国荣以美国学者蒙代尔的时间与动作分析理论为依据研制出“时动分析”技术，将课堂教学评价指标分为“课内功”与“课外功”两部分，构建起较为完善的课堂教学分析与评价体系，具有较高的信度与较强的实践性。例如，对课堂教学“课外功”的评价，分为7个一级指标，每个一级指标又分为3个具体要求，如表1-1所示。

表1-1 课堂教学“课外功”评价体系

一级指标	教学目标设计	教材内容处理	教学方法设计	教学手段选用	教学时间安排	教学场所定位	课堂活动组织
具体要求	合理性	组织性	认同感	必要性	依从性	示意性	数量
	准确度	实际性	参与度	合理性	节奏感	形式美	密度
	可达成度	可接受性	时效性	简约性	灵活性	情意性	质量

资料来源：余林.“时动分析法”评价技术，http://www.pep.com.cn/xgjy/xlyj/xlgj/zhuaiti/pj/201204/t20120418_1119287.htm.

（二）学生学习行为诊断的研究

20世纪70年代，美国教育学家本杰明·布鲁姆首次提出了“诊断性评价”并论述了“形成性评价”的诊断意义，对当时热衷于教师教学行为分析的教育界产生了积极而又深远的影响。布鲁姆十分重视对学情的了解与诊断，认为学情诊断与教学目标、教学过程一同构成了“教学结构”。布鲁姆倡导诊断性评价、形成性评价与终结性评价，十分重视诊断性评价与形成性评价对促进学生学习的重要作用，为诊断学生学习行为提供了新思路与新技术。苏联教育家巴班斯基于1972年出版的著作《教学过程最优化：预防学生学业不良的方法》指出，预防学困生产生的最好办法就是实施教学过程最优化策略，重视调动并凝聚教师、学生、家长等教育教学利益相关者的正能量，强调采用“教育会诊”的办法构建学困生预防体系与转化机制。可以说，教育会诊是巴班斯基的天才创造与智慧发明，直到今天仍然深受我国广大班主任老师的欢迎。钟原指出，教育会诊与医生诊疗疾病类似，是由班主任召集并主持，由教师、家长和校医等人参加的集体鉴定、诊断学生学情的会议，目的是发现学生学业不良的原因并探寻问题解决之道。

日本于1982年对教育诊断客体的界定也指向学生学习行为，如日本筑波大学教研会主编的《现代教育学基础》一书中将教育诊断视为查验、诊疗和矫正学生学习不良症状。考特尼·卡兹登于1988年对学生课堂发言以及文化差异进行了实验研究，试图以学生的发言机会与次数来分析课堂教学，验证了课堂上孩子们寻求的是沟通、交流与探索的教育真谛。史蒂芬·柯维于1989年出版的《高效能人士的七个习惯》，强调自我评价对于问题解决的重要作用，突出问题解决思维方式以原则为中心，对教师诊断学情、职业规划引导具有一定的借鉴价值。威廉姆·斯巴于1994年首次提出“成果为本”的教育理念，强调教育教学遵循“明确结果—组织教学—予以评估”的路径，确保每个学生都能预知结果并在不断努力、不断反馈、不断矫正的过程中一步步地接近结果、实现结果，为现代教学改革提供了新的路线图。

跨入21世纪后，众多教育教学研究者和实践者注重理论与实践的结合，对教学诊断做了很多有益的探索。玛格丽塔·奥拉马斯指出，教学诊断其实就是对学校课程实施的诊断，而学校课程实施离不开教师与学生，教学的本质就是以课程为中介的教师指导学生学习的活动，不管课程内容如何高明，教师教学如何优秀，最终都要通过学生学习的效果来表现，因而对学生学习行为的诊断是学校教学诊断的本质要求。珍妮弗提出了单元学习诊断策略，把教学诊断视为教学实践形影不离的好朋友，为学生提供了结构化自学指南，通过自我学习、自我反馈、自我诊断的良性循环，实现促进自我成长之目的。2012年，教学诊断理论与实践实现了质的飞跃：一是皮尔逊和汤森等人将教学诊断视为一种行动干预技术，并成功用于诊治学习不良的学生和有心理疾病的学生，赋予了教学诊断更多的心理学元素；二是加拿大籍杨丹丹充分运用电脑处理学生的学习情况，并将诊断结果自动反馈给本人，以确定其是否需要指导以及需要指导的内容。

（三）师生互动行为诊断的研究

20世纪50年代，西方科学主义思潮对教育教学领域产生了重要影响。美国学者贝尔思于1950年首次提出了“互动过程分析”理论，并对课堂中12类人际互动行为进行了编码，用以研究课堂小组人际互动过程，开启了课堂人际互动量化研究的序幕，为促使课堂观察走向科学化发展之路做出了突出贡献。10年后，美国学者弗兰德斯又进一步发展了“互动过程分析”理论并提出了“互动分类系统”，即著名的“弗兰德斯互动分析系统”（Flanders Interaction Analysis System，FIAS），是具有现代意义的课堂观察的真正开端。FIAS将课堂互动分为教师语言、学生语言与沉默等3大类，以记录课堂中师生语言的互动与交流状况，分析、改进教学行为。1971年，古德和布洛菲又进一步完善了FIAS，提出了课堂观察双向互动系统（Dyadic Interaction System，DIS）。DIS将课堂师生互动分为学习互动、学生行为互动与师生互动等3大类29个变量，以精细确定课堂中发生的师生互动行为①。

20世纪90年代，教育教学领域掀起了一场标准化测试运动，涌现了一大批以标准化为特征的课堂量化观察工具。例如，莫兰等人研制了旨在精准观察个体学生的课堂观察系统（Individualizing Student Instruction，ISI），曾在美国被大规模推广使用；皮安塔与哈默研制了课堂评分系统（Classroom Scoring System，CLASS），意在为打造“好课堂”而优化课堂结构，提供感情支持与教学支撑；美国明尼达大学也开发了一个课堂观察方案（Classroom Observation Protocol，COP），COP由班级变量描述、课堂活动编码分解记录、课堂及其整体质量判断等四部分组成，为幼儿园到高中课堂观察提供了一个标准参照工具；国际教育成就评价协会启动了一个国际数学与科学趋势研究项目，即国际教育评价援救和评测活动（The Trends in International Mathematics and Science Study，TIMSS），主要测试小学4年级和中学8年级学生的数学与科学成绩达到课程目标的情况，并有效地检测课堂教学的真实状况。值得一提的是，2012年12月，香港地区与台湾地区参与了TIMSS项目并取得了骄人成绩。

21世纪，蒙蒂·尼尔一直倡导并迷信标准化测试，过分重视标准化测试的便捷性与客观性，致使标准化测试走进了死胡同：教育行政部门、

① 夏雪梅.以学习为中心的课堂观察[M].北京:教育科学出版社,2012:5.

学校领导、教师过分热衷于测试的标准化，甚至成为弥漫在校园中挥之不去的“幽灵”，严重阻碍了师生的健康成长。实践证明，在教学诊断研究与实践的道路上，迷信技术注定会失败，因为技术永远只能是“技术”，无法代替“人”的作用；“技术”只有与“人”的主动性相结合，与“人”的“问题”相结合，才能发挥最大功效与最大价值。需要明确的是，美国西德州农工大学（West Texas A&M University）为了培养教育教学管理高级人才专门设置了教育诊断学教育硕士学位，标志着国外教学诊断研究与实践终于迈出了新的步伐，并继续行走在探索与改进的路上。总之，国外教学诊断研究与实践在不断探索中已经走过了一个多世纪，大多以课堂观察为主题，以教师教学行为、学生学习行为与师生互动行为为研究视角，注重诊断工具、技术的研制与开发，但过于追求教学诊断的精确化、标准化与可视化，最终使教学诊断陷入了极端，这也从一个侧面证明了教学诊断的研究与实践是一个不断发展、改进与完善的过程。

二、国内教学诊断研究态势

我国古代很早就产生了教学诊断思想，如孔子“视其所以，观其所由，察其所安”（《论语·为政》），又如《学记》“学者有四失，教者必知之。人之学也，或失则多，或失则寡，或失则易，或失则止……教也者，长善而救其失者也”，这些都是在主张进行教学诊断。东汉王充《论衡·问孔篇》云：“追难孔子，何伤于义？”如果说这带有诊断评价的意思，那么它不失为在这一领域的先河之作。可以说，存在教学的地方就必然存在着教学诊断，但长期以来我国一直都没有人专门研究教学诊断这一领域，直到1995年王增祥在总结我国前人教学诊断经验的基础上出版了《教学诊断》一书，这是我国第一部专门论述教学诊断的著作，王增祥也是我国专门从事教学诊断研究的第一人。文献检索发现，教学诊断研究并未实现常态化、规范化，碎片化现象特别严重，缺乏系统性研究与实践性研究，国内对教学诊断的相关研究主要集中在概念与价值取向以及诊断主体、视角、原则、程序等方面。

（一）教学诊断及其价值研究

教学诊断研究必须探讨“教学诊断是什么”和“教学诊断为什么”的问题，这就要一方面考查人们对教学诊断概念的认识，另一方面还要深入探究人们对教学诊断的价值取向（Value Orientation），而价值取向是指特定主体对一定事物所秉持的情感、态度与价值观。美国教育家克拉克和斯塔尔将教学诊断视为教师发现、分析与解决学生学习问题的活动，强调教学诊断对教学的方向性指导。当前，人们对教学诊断概念的认识并不一致，大体上出现了强调评价判定功能与强调诊视改进功能两个倾向；人们对教学诊断的价值取向集中于促进教师专业发展、改善教学质量、促进学科研究以及评价教学质量等四个方面。

王增祥认为，教学诊断是诊断者依据一定的标准对实际教学过程进行比较和评判的活动。很明显，王增祥直接将教学诊断理解为比较与评判，其中“比较”是手段，“评判”是目的，强调了教学诊断的甄别功能。肖川也认为，教学诊断是教育专家或学校内部对教师教学情况与学生学习基础所作出的评定，这里所说的“学生学习基础”是指学生为实现教学目标所需的知识、技能、态度、情感等。可以看出，肖川将教学诊断的内容确定为教师教学与学生学习两个方面，但其仅将教学诊断视为一种“评定”的做法有待商榷。严先元把教学诊断视为师生为实现教学目标而实施的共同活动，其本质在于问题分析与判断。事实上，师生以实现教学目标为目的的活动是教学活动，而不是教学诊断活动，问题分析与判断也并不是教学诊断的“专利”，它其实贯穿于整个教学活动中。

人们对教学诊断概念的研究与探索并没有止步，随着教育教学理论的发展，人们对教学诊断的概念也赋予了更多的现代元素。张伟指出，教学诊断的目的一是发现教师的教学特色，二是发现并解决教学过程中的问题，强调教学诊断是一种教育科研方法。代天真、李如密则将教学诊断视为一种教育活动，基本手段是看、听、问与思，诊断的客体是教学过程，而诊断的目的是发现教师教学特色和改进教师教学等。刘萌萌指出，教学诊断应以现代教学理论为指导，通过观察与记录教学过程中的现象与信息，或总结经验或发现问题并及时提出改进措施。赵群筠认为教学诊断的目的是促进教师发展，而诊断的依据为教学评价及其标准，诊断的主体为由教学专家、教学同行与执教教师等组成的小组，以观察、座谈等方式来收集教学信息，通过对教学信息的比较、分析与处理，发现教学特点或存在的问题并提出问题解决之道。李炳煌主张要提升教学诊断辅助工作的科学性，期待实现教学诊断的自觉化、普及化和学科化。上述对教学诊断概念的认识，大都以教师的教学活动为客体，都指向教学诊断的诊视与改进功能。

（二）教学诊断相关要素研究

教学诊断相关要素主要包括“由谁做”“给谁做”“做什么”和“怎么做”等四个问题。“由谁做”其实就是要确定教学诊断的主体，大多数学者都认为教学诊断的主体有三种：授课教师，学生，旁听者。“给谁做”其实就是要确定教学诊断的客体，而“做什么”就是要确定教学诊断研究与实践的视角与切入点，教学诊断的客体、视角与切入点在一定程度上决定着诊断所关注的焦点。“怎么做”其实就是要确定教学诊断的原则、程序与方法等，作为实践应用取向的教学诊断“怎么做”问题是教学诊断最关键的内容。

教学诊断由谁做？就现有文献资料来看，刘萌萌等大多数学者都将“他人”作为教学诊断的主体，认为以“他人”为教学诊断的实施者，通过察现象、诊问题、找原因、寻对策等路径与方法，能够确保教学诊断的深刻性、客观性与全面性。张开洲将执教教师作为教学诊断的主体，意在发现学生学习过程中可能出现的问题和真实出现的问题。还有人根据诊断主体将教学诊断分为他人诊断与自我诊断两大类，而他人诊断包括专家诊断、领导诊断与教师同行诊断等。其实，作为教学利益相关者的学生、家长等人也理应成为教学诊断的主体，至少应有参与教学诊断的权利，尤其学生更应成为教学诊断的主体，因为学生作为一个独立的生命个体，并不是空着脑袋进入教室的，而唤醒并发挥学生的主体精神与主体意识是教学的根本旨归。

教学诊断给谁做？纵观现有文献资料，教学诊断的客体仅限于教师、学生与师生关系等三个方面。代天真、李如密明确指出，教学诊断的对象包括教师、学生、师生关系："诊教师"主要是诊断教师的教学目标、内容、方法、结构、技能与教学效果；"诊学生"主要在于诊断学生有效学习的程度，包括学生对教学的参与度和参与效果；"诊师生关系"主要是诊断教学中的师生应答状况。唐美莲也认同教学诊断对象为教师、学生与师生关系的主张，仅在"诊教师"时又对课题导入、情境创设和教学环节等予以了关注。刘萌萌认为，教学诊断的对象主要是教师，包括教师的教学观念、教学技能、教学方法和课堂监控能力等，同时指出对教师的诊断主要是通过观察教师的教学行为与学生对教师教学行为的反应来实现。其实，教学诊断的对象十分广泛，并不仅限于教师、学生与师生关系，如同学之间的关系其实也在很大程度上决定着学生的学习效果。

教学诊断做什么？这是一个十分重要的问题，甚至直接决定着教学诊断的品质。温小允研究指出，教学诊断的视角包括教学法的选用、教学本质的理解、情智教育质量、教学监控能力以及教师专业结构等五个方面。胡庆芳也提出了教学诊断的五个维度，即主体互动、知识呈现、教学环节、课程资源、目标达成，并将教学诊断划分为知识诊断、方法诊断、能力诊断与综合诊断等四大类别。黄厚江以学生、文本、课程、课型以及教学活动等视角对教学诊断做了有益的探索并取得了显著成效，为教学诊断研究与实践积累了宝贵的经验。张开洲则从三维目标的视角构建教师教学诊断能力，指出"知识与技能"是教学诊断的基础，"过程与方法"是教学诊断的方法，"情感、态度与价值观"是教学诊断的动力，以期让执教教师获得真正的教学诊断能力。张运奔对教学中的"典型疑难问题”进行诊断与解决。魏宏聚、申建民则探讨了中小学课堂的教学设计切片诊断。李炳煌主张从教学理念、教学设计、教学策略、教学管理四个方面诊断中小学教学。其实，教学诊断本应是一个具有层次性、立体化的系统，而不仅仅是对“教学要素”的诊断。

教学诊断怎么做？这就触及教学诊断的根本性问题。王鉴指出，在人文社会科学研究方法的探索历程中，主要经历了功能主义的方法论、解释主义的方法论和结构主义的方法论等三种方法论，教学诊断也不例外，一方面受到普遍的人文社会科学研究方法与规则的制约和影响，另一方面又为普遍的人文社会科学研究方法与规则贡献了具体学科的案例研究[①]。

第一，教学诊断应当坚持科学的原则。只有坚持教学诊断的科学原则，才能实现教学诊断的基本目的——促进教师发展、改进教学品质、促进学生成长。杨兰娥在对教学诊断分析之后，提出了教学诊断应当遵守尊重性原则、鼓励性原则、发展性原则、实事求是原则、互动性原则、自主反思性原则等六个原则。黄厚江指出教学诊断应坚守尊重性原则、鼓励性原则、互动性原则、自主反思原则、持续发展原则[②]。学者大都认同教学诊断的尊重性原则、鼓励性原则、发展性原则、互动性原则和反思性原则，但忽视了教学诊断所必须遵循的教育性原则和诊断性原则。

第二，教学诊断应当遵循规范的程序。只有程序规范才能保障教学诊断的效果，实现教学诊断的目的。宋继燕、胡秀威提出了“诊断—处方式教学”理念[③]，尽管只是一种教学方法，但对教学诊断也有一定的助益。胡庆芳对教学诊断的实践程序做了改进，提出了“问题发现—原因分析—实践改进”的诊断程序。蒋海啸受教学程序的启发，将教学诊断分为课前诊断、课中诊断与课后诊断等三大环节，并提出了教学诊断要

① 王鉴.论人文社会科学视野下的课堂研究方法[J].华东师范大学学报(教育科学版),2019,37(4):72-83.

② 黄厚江.语文课堂教学诊断[M].南京:江苏教育出版社,2011:8.

③ 宋继燕,胡秀威.浅析诊断—处方式教学[J].黑龙江教育学院学报,2008(9):70-71.

重视把握时机、目标明确、重点突破、善于激励、重在引导等五个关键问题。黄厚江则对教学诊断程序做了深入的研究，认为教学诊断的程序包括课堂考察、教学分析、矫正建议、实践改进等四个不可倒置的流程，强调教学诊断过程的循环往复与螺旋式演进。黄忠敬认为，教学观察要遵循“3W1H”程序，即观察谁（Who）、为什么观察（Why）、什么时间观察（When）、怎样观察（How）。张少波等人开发了全自动录播技术和网络化辅助评课系统，设立了“初诊—复诊—会诊”递进式操作流程，创设了鉴赏性诊断、探究式诊断、问题性诊断等三种诊断类型，探索出“行政、学术、技术”三位一体的管理模式，可惜教学病理分类标准却处于缺席状态。

第三，教学诊断应该采用适合的方法。秦德林、张伟在论述了课堂诊断及其价值之后，提出了课堂诊断的操作要义：以理论学习为根基，以现实情境为场域，以细节把握为切入，以多向思维为引领，以智慧增长为鹄的。代天真、李如密提出了优化教学诊断实施效果的诸如具备专业理论基础、行为跟进研究和建立良好的诊断机制等策略。黄厚江指出，诊断只是一种手段，而实施教学诊断必须依据教学现场。张伟明针对教学诊断实践中出现的教师诊断能力欠缺等问题，提出了加强培训、加强实践、加强引导与注重组织管理等策略。值得一提的是，王咏雪通过理论探索、课堂观察和教师访谈，提出了“教师教学觉察能力”这一概念。胡庆芳通过对教学诊断的改进与重建，提出了观察式、聆听式、询问式和检测式等四种诊断方式。陈勤、王燕等人以教学录像诊断为例，运用中医诊断学的诊断原理，提出了望、闻、问、切等四诊法，并取得了较好效果。薛继红通过反映真实教学的课例、课例分析、同课异构等内容对教师教学实际存在的问题进行了诊断分析。

（三）学科教学诊断相关研究

学科教学诊断相关研究是教学诊断研究的重要组成部分。就现有文献资料来看，教学诊断研究几乎涉及中小学的各学科以及幼儿园、高职、大学等不同学段，除了期刊论文、硕博士学位论文之外，还出现了一些相关著作，例如世界图书出版社出版了几乎囊括小学、初中各学科的“课堂教学问题诊断与教学技能应用”系列著作，天津教育出版社出版了几乎包含小学、初中各学科的“课堂教学问题诊断与解决”系列著作，吉林大学出版社出版了语文、数学等学科“课堂新问题诊断”系列著作，上海交通大学出版社出版了小学语文、小学数学等学科“教学问题诊断与矫治”系列著作，此外还出现了《语文教学诊断》（黄厚江著）、《语文课堂教学观察与诊断》（张孔义著）、《幼儿园教学诊断技巧与对策58例》（王春燕著）、《新理念化学教学诊断学》（王后雄、王世存著）、《小学生语文学习问题诊断与矫治》（宋秋前、钟玲玲著）、《大学英语写作诊断式教学研究》（郑红苹著）等著作，极大地丰富了教学诊断的内容与形式。

第一，语文、数学、外语学科教学诊断研究。语文课程的基本特点是工具性与人文性统一，2005年黄桂林率先拉开了我国语文学科教学诊断的序幕，2017年博士学位论文《高中语文课堂教学诊断研究》，运用教学病理理论、医学诊断理论、教学评价理论和课堂生态理论尝试构建了常规诊断、生态诊断与文化诊断模型；钟发全、陈松信从文道诊断、教学诊断和学法诊断等三个方面入手，以教学问题诊断研究的方式，针对37个教学常见问题进行了较为深入的诊断；黄厚江将语文学科的基本特征、学习规律、教学规律和课程要求等四项内容作为教学诊断的主要依据。数学课程的特点是科学性、系统性与教育性，1995年奚家成率先探讨了数学教学诊断的理论与方法，2016年徐锦乐的硕士学位论文《中学数学教学诊断现状的调查研究》提出了培养教学诊断意识、满足学生个性需求、诊断师生互动合理性、提倡课后诊断、促进教学诊断的合作等五项诊断策略。英语课程也具有工具性和人文性双重性质，2012年才开始出现英语教学诊断的相关论文，直到2018年才出现了一篇核心期刊论文。陈静勉指出，实施小学英语精准教学诊断的关键路径在于建立合作的科组、构建科组合作的校本教研范式、形成小学英语精准教学诊断的实施效果评价机制。

第二，政治、历史、地理学科教学诊断研究。思想政治课程具有学科内容的综合性、学校德育工作的引领性和课程实施的实践性等特征。任伟波以“课前—课中—课后”的教学过程为研究脉络，将教学诊断内置到思想政治课堂教学各个环节之中，最终形成一种在专业理论指导下的，具有实践性、情境性、学科性和学段性的思想政治教学诊断体系。历史课程承载着历史学的社会功能与教育功能，2009年戴文君的著作《初中历史课堂教学问题诊断与教学技能应用》，围绕着解读和使用教材、课堂教学设计、课堂教学情境创设、课堂教学的组织、指导学生有效学习、现代教育技术的应用、课堂学习评价、课堂教学研究等8个话题阐述了初中历史学科课堂教学问题诊断与教学技能应用；同年，田瑞阳等人对课堂教学相关问题进行了诊断。地理课程内容反映地理学本质，体现地理学的基本思想和方法，具有综合性和区域性等特点，迄今（截至2021年3月21日）出现的6篇硕士学位论文均依据《普通高中地理课程标准（2017年版）》的基本思想展开相关论述。王霖构建了地理“问题解决”教学活动诊断量表和地理“问题解决”教学行为诊断量表，由此组成了地理“问题解决”教学诊断体系；李变变在理论研究的基础上制订课堂观察诊断量表，并对选取的课堂录像进行了课堂观察诊断实践；吴密密则以地理空间素养为视角，探讨了高中地理教师图像教学的相关诊断活动。

第三，物理、化学、生物学科教学诊断研究。物理课程具有基础性、选择性与时代性等特征，刘萌萌提出了以先进的教育理念为指导、全面收集相关信息、分析现象并寻找原因以及教学问题解决等四个教学诊断策略；艾静等人建构了基于物理学科核心素养的诊断性评价量表。化学课程具有基础性和时代性等特征，自1992年王祖浩率先探讨了化学教学诊断的理论与方法之后，石秋杰等人把教学目标的达成度作为化学教学诊断的标准，邝雪琴针对化学学科重教轻学、重结果轻过程、重操作轻体验、重书本轻联系的现状提出了相应的改进建议，丁弘正等人对中学化学教师教学诊断能力进行了调查研究，冯莹等人发现高中化学教师教学诊断能力主要受诊断意识、教学经验、职业倦怠等内部因素与师资力量、教学诊断氛围、学生等外部因素影响，周改英以“纯碱纯度测定”教学的鉴赏性诊断分析为例探讨了面向事实、基于证据的化学教学诊断。在王后雄、李佳、郑柳萍等硕士生导师的指导下，出现了9篇相关硕士学位论文[①]（截至2021年3月21日）。生物课程具有很强的实践性特征，其精要在于展示生物学的基本内容，反映自然科学的本质，仅有徐红梅一人基于网上阅卷数据分析探讨了高中生物教学诊断（截至2021年3月21日）。

三、国内外相关研究总结

通过对国内外教学诊断研究相关文献的梳理，发现国外更为注重教学诊断实践工具的标准化，而国内更为注重教学诊断的理论探讨。任何事物的发展都有一个过程，国外教学诊断研究与实践经历了一个由注重教师教学行为到注重学生学习行为的过程，而我国教学诊断研究与实践却经历了一个由注重学生学习行为到注重教师教学行为的过程。国外教学诊断研究与实践的最大优点在于追求诊断技术、诊断工具的科学化与标准化，但过于追求诊断工具的标准化倾向最终导致教学诊断走进了死胡同；我国教学诊断研究与实践的最大优点在于理论探讨，出现了表面上“百家争鸣”的繁荣局面，实际上却缺少系统化、规范化、学科化与实践化的教学诊断研究，尤其是教学诊断研究亟需丰富和完善。通过对教学诊断研究相关文献的梳理，得出如下结论：

① 这9篇硕士学位论文分别是：吴密密《地理空间素养视角下高中地理教师图像教学诊断研究》（陕西师范大学，2019），施燕璐《基于“素养为本”的高中化学课堂教学诊断性评价研究》（华中师范大学，2019），曹淑敏《中学化学教师课堂教学诊断能力调查研究》（华中师范大学，2019），徐红梅《基于网上阅卷数据分析的高中生物课堂教学诊断研究》（黄冈师范学院，2018），冯莹《公开课对高中青年化学教师教学诊断能力的影响研究》（华中师范大学2018），张子越《基于RTOP量表的化学课堂教学诊断研究》（福建师范大学，2018），阮秀云《基于学生解题失误视角的高中化学教师教学诊断能力现状调查及对策研究》（华中师范大学，2017），李婷婷《高中化学教师PCK对教师教学诊断能力的影响研究》（华中师范大学，2016），陈元《高中化学教师教学诊断能力的质性研究》（华中师范大学，2015）。

第一，教学诊断研究与实践日益受到人们的重视，但诊断标准却存在着模糊化倾向。通过对国内外教学诊断研究足迹的考察发现，教学诊断研究经历了一个长久的过去，但教学诊断实践并没有取得丰硕的成果。尽管如此，可喜的是人们对教学诊断的认识越来越理性、越来越完善。时至今日，众多学者都将教学诊断视为教师专业发展的核心能力、促进学生健康发展的有效路径，而优化教学结构是实现上述目标的重要保障。国内外对教学诊断标准的模糊化倾向主要表现在两个方面：一是过于看重教学诊断的评价功能，甚至将教学诊断与教学评价混为一谈，严重影响了教学诊断的健康发展；二是过于迷信技术手段的运用，所谓标准化测量严重制约了教学诊断功能的发挥。

第二，教学诊断研究缺乏系统性、实践性与规范性，缺少外在的制度保障与内在的实施动力。国外教学诊断研究大都是基于班级授课，以有效教学为指导，以自上而下的社会项目革新实验与自下而上的主动个体探究发现等“双向”交替并轨实施为基本运行质态，一线教师参与的积极性、主动性与创造性较高；我国教学诊断研究大多都是自上而下的理论研究，缺少国家课题项目的支持与一线教师的主动参与。国内外教学诊断研究都缺乏系统整合性与实践发现性，教学诊断的长效机制与规范化发展受到严重制约，尤其是我国教学诊断研究与实践处于“遍地开花、一盘散沙”的局面。

第三，对教学诊断的认识尚处于探索期，教学诊断的理论构建与循证实践任重道远。尽管教学诊断与教学实践同在，但人们对教学诊断的研究相对较晚，导致教学诊断研究大都泛泛而谈、实践大都虎头蛇尾，尤其新时代“后新课改”的到来，赋予了我国教学诊断研究与实践崭新的时代内容与历史责任，但我国教学诊断研究与实践的理论建设、循证实践与个性化建设才刚刚起步，尚处于“襁褓期”，尽管笔者与李传伟、姜义、黄桂林、王后雄、张开洲、王燕妮等人对教学诊断研究与实践做了许多有益的理论研究与实践探索，但迄今尚未出现以立体化诊断模型统整中小学教学的诊断研究与实践，这也为本研究留下了充足的研究空间。

第三节　教学诊断理论依据

教学诊断研究立足于教学实践，综合应用教育学、心理学、医学等基本理论，紧密结合课程特点与规律，旨在发现教学实践中的宝贵经验，解决教学实践中的实际问题。而教学实践是一个开放而又复杂的系统，是教师、学生及其环境之间形成的坚强而有力的互动情景，是一个有多种结构的功能体[①]，同时，教学实践还包含实然状态和应然状态两个层面，教学病理理论、医学诊断理论、教学评价理论和课堂生态理论可为本研究提供启发和借鉴。

一、认识论：教学病理理论

（一）教学病理理论概述

教师被认为是人类灵魂的工程师，教师所从事的教学应当最神圣。然而，正如石鸥所言，教学自产生之日起，就一直遭受着疾病的侵袭，理想的教学论无法面对现实的教学，教学未必全都神圣[②]。成书于战国时期的《礼记·学记》就批判了当时教学上存在的诸如死记硬背、满堂灌输、硬性推进、不顾学生兴趣与不因材施教等五种教学疾病，这虽然是2000多年以前的教学弊病，但谁敢保证今天已经完全治愈了？教学实践其实是一个高度有序的开放而又复杂的系统，这就决定了教学实践具有“患病”的可能性与必然性。面对教学疾病，很有必要拿起教学病理的听

① 陈时见.课堂管理:意义与变革[J].教育科学研究,2003(6):5-8.

② 石鸥.教学病理学基础[M].济南:山东人民出版社,2006:3.

诊器，把病理学的方法引进教学领域①，深入研究教学疾病发生和发展的过程和原理，探寻诊治教学疾病的有效处方，这就需要依据教学病理理论去扫描与透视。

教学疾病是指教学系统存在的不正常状态，而教学疾病的病源一般是教学结构的异常与教学功能的变异，在内外因的联合作用下产生了不良影响或消极作用②。教学疾病主要涉及两大范畴：一是教学结构、功能的不正常；二是教学活动违背、破坏了教学规范。教学病理理论是在教育病理学基础上发展起来的。1890年，德国莱比锡大学哲学教授、教育学家兼心理学家鲁道夫·司托里音伯耳首先提出了教育病理学概念，20世纪初传播到日本。教育病理学是以心理学和精神病理学为理论依据的教育学的一个分支学科，又被视为治疗教育学的一部分③。19世纪80年代后期，教育病理学开始在中国得到快速传播与发展④：1989年，瞿葆奎、张人杰分别译介了日本学者新崛通也和大桥薰的有关教育病理的研究成果。新崛通也把教育病理分为教育浪费、教育冲突、教育滞后和教育差别等四大类；大桥薰把教育病理现象视为教育过程中出现的偏移和失调状态。1991年，郑钢指出了教育疾病的六种类型，即教育经费短缺、教育效率低下、教育增长失调、教师报酬低下、学生厌学辍学严重以及教育管理武断⑤。1999年，石鸥出版著作《教学病理学》，标志着我国教学病理学研究进入了独立建构阶段。

2001年，周润智指出教育病理是一种普遍存在的客观现实，对教育病理的关注是人类社会发展的自向性和自觉性的必然反映。教育病理的

① 孙凯，张增田．教学病理初探——教学系统运行规律的反向研究[J]．商丘师范学院学报，2001(3)：102-104.

② 周艳，李新．教学病理学视角下对“对话教学”实践的审视[J]．安徽广播电视大学学报，2009(4)：59-61，65.

③ 张德伟．日本基于心理学和精神病理学的教育病理学探析[J]．教育理论与实践，2008，28(25)：57-61.

④ 卢真金．教育病理学在中国的传播与发展[J]．浙江社会科学，2007(6)：104-111.

⑤ 郑钢．论病理学方法与教育科学研究[J]．湖南师范大学社会科学学报，1991(3)：34-38.

诊断指标是建构教育病理理论的核心所在，其要义在于发现和整合与教育病理相依托的社会内在的规定性[①]。2002年，刘尧、孙凯、张增田、刘大宇等人对教学疾病的症状、类型、后果以及诊治策略进行了较为深入的研究，促进了教学病理理论的进一步完善。2004年，张倩运用教学病理理论对我国网络教学存在的问题进行了分析，并提出了防治网络教学疾病的原则与对策。2008年，胡英对多媒体教学病理的分类与诊断做了价值判断，指出是否有益于学生身心和谐、充分发展是判断教学病理应用价值的终极标准。2009年，易凡、禹宽平翻译出版了R.M.尼斯和G.C.威廉斯的《我们为什么生病：达尔文医学新观念》，认为达尔文医学消解了传统科学造成的人文与科学的对立，指出疾病不是随意发生的，而是过去自然选择的结果。2012年，杨帆指出教学病理学研究不只在于发现教学所存在的各种不正常状态，更要提供教学病理的诊断标准和防治手段与对策，提出了增强学生信心、丰富教学方法、筛选教学内容、创设愉悦氛围等四点预防和诊疗措施。

特别强调的是，2006年石鸥对《教学病理学》进行了修改，重新出版了《教学病理学基础》，标志着教学病理理论的进一步完善，促成了教学病理学成为一门独立的学科。《教学病理学基础》分为理论篇和实践篇两部分。在“理论篇”部分，石鸥详细介绍并分析了教学病理学的理论基础、学术渊源、分类学基础和诊断学基础：指出教学病理学是在医学病理学、社会病理学、教育病理学基础上发展起来的一门学科；认为教育危机论、教育负效应论、教育浪费论、教育无用论和教育失误论是教学病理学的学术渊源；从性质、范围、主体、原因、程度等五个方面对教学疾病进行了科学分类。在“实践篇”部分，石鸥详细解读并分析了当前教学疾病的致病因素和预防措施等，指出教学失衡、教学专制、教学偏见和教学阻隔是当前教学疾病的四种主要类型，强调主体性因素、规范性因素、理论性因素、社会性因素、家庭性因素是当前教学疾病的

① 周润智.教育病理学的视域及其理论架构[J].沈阳师范学院学报(社会科学版),2001(4):57-63.

主要致病因素，提出了完善规范机制、提高教师素质、营造良好环境是防治教学疾病的重要措施。

（二）教学病理理论应用与启示

教学未必全都神圣！石鸥的论断应该成为一线教师的晨钟暮鼓。教学自诞生的那一天起，就一直与疾病相伴，这是事实。今天的教育与教学，担负了诸如升学、就业、致富、当官以及成名等过多的社会压力，这些压力又以升学考试为途径转嫁到了校长、师生和家长身上①，并形成了恶性循环。理想的教学论无法解决教学实践的现实问题，而重视教学论新范式研究、追求教学论的科学化、开放教学论研究边界、回归教学实践是当今教学研究与发展的必由之路②。当然，教学的“病”与“非病”是相对的，绝对健康的教学是不存在的。不可否认，一线教师在漫长的教学实践中积累了很多宝贵的经验。教学诊断研究立足于教学实践，通过有效的诊断手段和方式，总结教学经验，及时发现教学疾病，依据教学病理理论分析教学疾病的病因、病理和病位，为治疗教学疾病探寻有效处方。如果说教学实践是本研究的根基，那么，教学病理理论就是指导本研究深入开展的关键因素，能够借此认识教学系统不良运行质态，从而为教学诊断研究提供认识论依据。

二、方法论：医学诊断理论

（一）医学诊断理论概述

“诊断”作为医生治病救人的重要一环，具有悠久的历史和丰富的内容，已经发展为一门独立的学科——诊断学。在远古时期，人类的医疗

① 林格.教育是没有用的：回归教育的本质[J].教师版（中等教育），2011（2）：80.

② 石鸥.新世纪拒斥这样的教学论——主流教学论困境的根源及其走出[J].湖南师范大学教育科学学报，2002（1）：32-36.

活动并没有文字记载，后人只是根据传说记载在史书之中，如伏羲氏利用“八卦”阐释疾病发生的机理、燧人氏钻木取火教导人们吃熟食以避免胃肠疾病、神农氏为寻药物遍尝草药、黄帝探求病理阐明针灸学的原理等，都反映了我国远古人民为中医诊断学的发展而做出的积极努力。相传在夏代我国发明了酿酒，医生用酒治病；殷商时期确定了以发病部位为疾病命名的方法；据《山海经》记载，西周时期记录了38种疾病和120种药物。这一时期，在医学知识积累的过程中，与中医学密切相关的阴阳学说、五行学说也在孕育之中：伏羲氏研制了“八卦”，周文王推演为“六十四卦”，阐明了相反相成、对立统一的客观规律。

春秋时期，人们逐步将“阴阳”拓展至带有普遍意义的抽象概念，“一阴一阳即为道”指的就是将阴阳作为自然界发展的普遍规律，而阴阳交感就是事物发展的根本原因，尤其将阴阳失衡用来解释异常现象，为我国中医学理论体系的形成做了充分的准备。战国时期，阴阳学说得到了进一步发展，人们用阴阳的对立统一关系、阴阳的运动变化规律和阴阳平衡来解释自然现象；五行学说也得到了进一步发展，建立了“五行生克”的基本模式；精气学说也被引入医学领域，老子认为“道”是世界的核心，庄子将“道”解释为“气”，荀子进一步肯定了精神是形体的产物。战国时期的邹衍将阴阳学说、五行学说与精气学说加以系统化，形成了独立的理论体系——阴阳五行学说，从而奠定了中医学的理论基础。

《黄帝内经》的成书，第一，确立了“气——一元论”思想，将“气”视为人与自然界统一的物质基础；第二，确立了整体观念，整体观念包括“天人一体观”和人的整体性原则，“天人一体观”将人看作自然界的一部分，提出了“天人相应”和“天人同理”的主张，反映了人与自然的关系；第三，确立了阴阳五行学说的指导地位，以阴阳平衡和五行相生、相克、相乘与相侮的观念来认识疾病，并指导临床辨证与治疗；第四，创立了脏象学说，确立了以五脏为核心、以心为主导的生理学结构；第五，创立了病因学和病机学理论，强调外因为条件、内因为主导的发病机理；第六，确立了诊断学和治疗学的基本原则，按照阴阳、脏腑、经脉、气血和病因辨证疾病，用阴阳、四时、五脏、五色、无声、脉象等辨认病症；第七，确立了养生学的基本原则，提出了顺应自然、不违天时、虚怀若谷和扶正祛邪等基本疗法。《伤寒杂病论》确立了中医临床医学理论体系，创立了理法方药的辨证论治体系，即以六经辨证论治伤寒、以脏腑辨证论治杂症、以三因分类病因。《神农本草经》确立了中药学理论体系。《黄帝内经》《伤寒杂病论》和《神农本草经》的成书，代表了我国春秋至秦汉古典医学的成就，标志着中医学理论体系的确立①。疾病的病情变化极其错综复杂，医生在判病论治过程中，要遵循中医诊断的基本原则②：审察内外、整体察病，辨证求因、审因论治，四诊（望、闻、问、切）合参、从病辨证。

随着生命科学、分子生物学以及其他新兴科学不断向西医学渗透，西医已在逐步注重整体观念。西医在科学的微观基础上形成的疾病整体观将是对中医传统疾病整体观的有力挑战。因此，中西医诊断相结合，有助于及早发现疾病并进行早期防治；有助于增强治疗的针对性，提高临床疗效；有助于诊疗水平的提高，准确判断疾病的转归与预后；有利于中医诊断现代化③。近年来，基于医学现代化的中西医诊断的结合越来越密切，开发了“疾病自我诊断系统V6.6”软件，成为家庭、办公室和个体医生必备的诊断工具，界面豪华、资料正规、功能丰富，对疾病具有诊断功能，内置微软rushmore技术，能够识别所有常见疾病的症状，并把症状进行有条理的分类，选择症状非常方便。只要稍微懂得电脑，选择症状，即可用专业水准诊断疾病。另外，该诊断软件还有疾病查询、就医指南、常见食物成分表、家庭急救、化验值意义、婴幼儿生长发育检测表、密码日记本等，方便实用。

---

① 内蒙古医学院中医系.阴阳五行学说[M].天津:天津科学技术出版社,1987:6-25.

② 李灿东,吴承玉.中医诊断学[M].北京:中国中医药出版社,2012:1-5.

③ 刘克林.试论中西医双重诊断的必要性[J].四川中医,2007,25(9):11-12.

（二）医学诊断理论应用与启示

教学患病，就需要医治。诊断是医生医治疾病最关键的一步。医学诊断理论不但为本研究提供了诊断教学疾病的技术、方法和思路，更为本研究提供了一种崭新的思维方式——教学诊断思维。医学诊断理论的审察内外、整体察病原理，为本研究提供了掌握病情、透视病理的基本方法；医学诊断理论的辨证求因、审因论治策略，为本研究提供了抓病象探病因、定病位释病理、辨病性明病机、悉病势判论治的原则与技术；医学诊断理论的四诊合参、从病辨证思路，为本研究提供了多视角、多样化、多元化的诊病判症方法；医学诊断理论的整体和谐观与动态平衡观，为本研究提供了系统的、生态的、顺应自然的诊疗方针与路径。尤其是由医学诊断理论中的诊断思维而生发的教学诊断思维，更为本研究提供了一种审视、分析、推理与判断的思维方式。诊断思维又称为临床思维，是收集资料、分析资料、做出推理、得出判断的病情推理过程[①]，而教学诊断思维特指诊断者（包括他人或执教教师甚至学生）在教学实践与教学诊断中运用的一系列分析、推理、判断等思维活动。教学诊断思维贯穿于教学实践和教学诊断的始终并在很大程度上决定教学效果与教学诊断效果，是教师专业核心能力发展的最关键因素。教学诊断思维有间接性、概括性、能动性、目的性、教育性、发展性、合作性、实践性等特征。由此可见，医学诊断理论为教学诊断研究与实践提供了诊病辨证技术，成为教学诊断研究与实践的方法论依据。

三、价值论：教学评价理论

（一）教学评价理论概述

教学评价与课堂教学评价在某些时候往往被视为同一个概念，但严格

① 万学红，卢雪峰．诊断学［M］．北京：人民卫生出版社，2013：579.

说来，课堂教学评价是伴随着17世纪班级授课制的产生而出现的，教学评价则有一个悠久的历史。从根本上来说，教学评价起源于我国古代孔子的授徒传学，但不可否认孔子在授徒传学中对学生的评价是随机的；伴随着隋唐时期科举制的设立以及后世不断发展与完善，科举制在选拔官吏的过程中，成为对我国古代学校教育教学内容、效果的一种事实上的评价。19世纪初，受德国赫尔巴特教学形式阶段论的影响，教学评价的内容主要为教学设计（教师编写的教案）；直到19世纪末，美国教育学家杜威提出了以学生、经验与活动为中心的教学理论，教学评价才转向了对学生学习、活动的评价。20世纪初，凯洛夫创立了“五环教学法”（组织教学、复习旧课、讲解新课、小结课堂、布置作业），教学评价又转向评价教师的知识教学。20世纪50年代，我国受凯洛夫教育教学理论的影响，终于建立起自己的教学评价体系，但主要还是对教师知识理解、知识掌握与知识应用的评价。美国布鲁姆于20世纪50年代末提出了教育目标分类学、掌握学习以及教育评价理论，教育目标包括认知、情感与动作技能三大领域，这种教育目标实质上也是学生学习的结果；1976年布鲁姆为了解决个体差异问题提出，教学评价的重点更加关注学生对知识的掌握情况；布鲁姆把对目标教学的评价分为诊断性评价、形成性评价与终结性评价，诊断性评价旨在了解学情，形成性评价用来评定学生的学习效果，而终结性评价用来评定学生的学业成绩。20世纪80年代，李秉德认为教学评价要关注教学目标、教学内容、教学方法与教学过程等多个方面。

20世纪90年代至今，我国教学评价理论出现了“百花齐放”的局面，实现了由注重学生发展到注重教师专业发展又到力推师生共同发展的价值取向转变，尤其是构建教学评价标准成为诸多研究者的热门课题。1991年，范晓玲指出要以系统观来构建教学评价指标体系，宜采用定量、定性相结合的方法，建立适用于各层次评价者和各类学校的客观评价指标体系；1999年，刘志军强调以主体论为指导来构建教学评价标准，提出在构建教学评价标准时要处理好教学目标与学生主体性发展、课堂氛围与学生主体性发挥、定量与定性标准的关系。2002年，张春莉基于建构主义理论深入研究了课堂教学评价，提出了“好课”的标准在于学生主动学习、人际交往有效互动、保障课程与学习时空、学生形成知识理解、学生具有自我监控能力、学生获得积极体验等。2003年，北京教科院课题组以教学目标、学习条件、学习指导、学生活动、课堂氛围以及教学特色等为评价指标，制定了中小学课堂教学评价方案；同年，黄大龙以新课程理念为引导，从知识与技能、过程与方法、情感与态度、效果与价值等四个维度构建了新课程课堂教学评价标准。2008年，吴颖民在新课改背景下提出了以学生、教师、教学内容与教学环境为内容的教学评价体系。2010年，吴钢则以计算机操作平台为依托，实现评价标准与评价主体的有效联结，从而打造立体评价网络。2012年，卢立涛等人针对教学评价“一直挣扎在传统与后现代的博弈中”的现实，力主摆脱评价“去情景化”、采用技术支持性评价、重视师生自我评价的策略。2013年，张文强也提出了建立教学评价体系、促进学生发展的主张；同年，刘华则针对教学评价体系的缺陷与不足，提出了以教学目标为线索、以师生教与学为内容来构建教学评价体系的设想；同年，谢忠新等人进行了移动终端的教学评价设计，将教学设计、目标达成、学生倾听、师生互动、学生操作、学生行为、学生思维、学生情绪等纳入评价指标，并进行了卓有成效的实践验证。

（二）教学评价理论应用与启示

尽管教学诊断与教学评价、诊断性评价具有一定的区别，但也有相同之处，即都是基于广义“教学”的一种干预行为，尤其是教学评价历经成百上千年的发展与改进，至今已经成为一套较为系统的理论体系，发挥教学评价的诊断功能已经成为当今教学评价的必由之路。同时，“教学评价—分析问题—诊断病情—开具处方”也不失为一种较为合理的教学诊断路径。基于此，本研究也将教学评价作为重要的理论依据之一，因为当今教学评价已经由只关注教师的教、学生的学演变为更为合理的内容项目，教学评价的主体、客体、方法、效果等已能够为本研究提供一定的借鉴。由于教学诊断既有总结教师经验、发现教学特色的功能，又有发现问题、判病论治的功能，这就决定了本研究也具有一定的价值取向，因而教学评价理论为教学诊断研究提供了价值论依据。

四、实践论：课堂生态理论

（一）课堂生态理论概述

“生态学”（Ecology）来源于希腊文“oikoslogos”，由“oikos”和“logos”两个词根组成，最早由索罗于1858年提出。“oikos”意为住所或栖息地，“logos”表示学科，因而生态学本义是指研究生物栖息环境的科学。1932年，美国教育社会学家沃勒在著作《教育社会学》中首次使用了“课堂生态学”（Ecology of Classroom）概念，研究了课堂内学生座位对学生的影响。直到1975年，被称为课堂生态学家的多伊尔从研究范式的角度确定了课堂生态的研究定位①。近年来，西方课堂生态学研究特别注重研究课堂生态系统内部不同生态因子之间的关系，特别是那些在原先教学研究中被忽略或轻视的课堂生态因子与学生发展之间的关系②。尽管生态学已成为教学研究的一个新的学科视角，但大陆对课堂生态的研究起步较晚，台湾地区对课堂生态的研究比大陆早得多。1975年，台湾学者方炳林出版了著作《生态环境与教育》，阐释了生态环境与教育的关系；1989年，李聪明出版了著作《教育生态学导论》，指出人类思考方式需要从“发展经济”转换到“注重生态”。大陆直到1990年才开始对教学生态进行研究，如吴鼎富、任凯等人、范国睿分别于1990年、1992年、2000年出版了著作《教育生态学》。但上述研究都是从宏观上研究教育生态与生态教育，国内真正对课堂生态的研究始于2001年汪霞发表的《一种后现代课堂观：关注课堂生态》一文。此后，国内对教学生态的研

① 孙芙蓉.课堂生态研究[M].杭州:浙江大学出版社,2013:11.

② 范国睿等.共生与和谐——生态学视野下的学校发展[M].北京:教育科学出版社,2011:10.

究逐渐成为研究热点，发表的大量有关教学生态研究的学术论文，多角度、多层面地向我们展现了课堂生态研究的成果。

值得一提的是，国内还陆续出版了一大批教学生态研究与应用专著，例如：金春平《走向数学生态课堂——特级教师詹明道数学教育思想研究》(2008)，冯如希《课堂生态教学论》(2008)，李森等《课堂生态——论和谐与创造》(2010)，张慧慧《构建生态课堂，彰显教育智慧》(2010)，范国睿等《共生与和谐——生态学视野下的学校发展》(2011)，于永昌《生态化教学》(2012)，杜亚丽《生态课堂的理论建构与实践探索——基于中小学课堂教学现状引发的思考》(2012)，张征《多模态读写能力：课堂生态环境下的发展研究》(2013)，张必忠《互动·和谐·共生——中学生态课堂建设的实践研究》(2013)，孙芙蓉《课堂生态研究》(2013)，林跃文《人本生态的教学德育》(2013)，盛新凤《盛新凤：生态文明烛照下的和美教学》(2013)，杨树岳《课改突围——构建学校生态化教学体系》(2015)，林黎华《基于教育生态学理论的高中思想政治课生态教学》(2015)，陈茜《大学英语教学生态系统简论》(2015)，李凌《生态体育的理论及评价指标体系的实证研究》(2016年)，徐淑娟《大学英语生态教学模式建构研究》(2016)，沈月琴、梅亚明《践行生态教育理念创新协同育人模式——浙江农林大学教学研究改革成果文集》(2017)，宁云中《生态、空间与英语教育教学研究》(2018)，杨洋《高校本科教学的生态系统构建研究》(2018)，范胜武《重构学校文化》(2018)，储朝晖《大厦书系·重建教育生态》(2018)，杨德华《生态语文视野下的识字与阅读教学》(2019)，李国娟、范亚凤《我的小学数学教学生态》(2019)，扈玉婷《大学英语生态化写作教学研究》(2019)，温剑文《构建理想的班级生态》(2019)，温剑文《构建理想的班级生态》(2020)，厉天宝等《沉浸式研训：高中英语研训生态探索与实践》(2020)，马万成《森林里的学校：五育并举构建和融课程生态体系》(2021)，王牧华等《基于学校文化生态的学校改进实证研究》(2021)，赵永军《评价改变生态：中小学教育评价体系构建研究与实践》(2021)，包明《核心素养视域下的互动生态教学》(2021),谈永康《生态作文教学》(2021)极大地丰富了课堂生态理论。

汪霞从生态学的视角分析了当今学校课堂中存在的种种问题,并从师生关系、教学内容、教学方法与教学环境等方面给出了构建生态课堂的措施。朱开炎认为,生本教育观念指导下的教学模式是教师、知识、学生生命在生态课堂环境中的共振共生、整体提升,其基本流程必须经历“领受—领悟—提升”三个阶段。闫蒙钢等人则从创设良好的生本学习环境、树立教师先进教学理念、建立和谐师生关系、丰富化学课程内容、综合运用教学方法、开展绿色化学实验、实施激励性教学评价等方面提出了构建生态课堂的合理化建议。朱国伟等人研究发现,高中地理生态课堂构建的目的是使其课堂生态系统向良性的方向发展,即结构趋于合理,功能趋于完善,它是在教育生态学和现代教育理论的基础上,通过注重建立和谐的师生关系、地理教学的有机整体性、师生交互、动态生成、创设积极的课堂生态环境和提高教师生态主体的专业素养这几个方面来达到构建目的。杜亚丽等人从马克思主义生态理论、科学发展观理论、生态心理学理论、环境哲学理论等多维视域中挖掘生态课堂理论产生的渊源。朱治国提出,与其他课堂相比,生态课堂中教师的领导力具有明显不同的特点而且更显价值,具体表现在教师的“虫瞰”与“鸟瞰”、“智取”与“德化”以及“有为”和“无知”等几组相辅相成的能力层面。罗丹强调,生态课堂的创建是提高学生自主性,促进教师专业发展的途径。创建生态课堂的环境,营造学生自主学习的氛围,建立有效的教学框架,形成多元评价体系,是实现生态课堂的有效途径。笔者、田建荣对课堂生态系统动态平衡的运行机制做了较为深入的研究,强调了课堂结构相对稳定、要素功能协调一致对于维持课堂生态平衡的重要性。

需要特别强调的是,李森等人于2010年出版的《课堂生态论——和谐与创造》和孙芙蓉于2013年出版的《课堂生态研究》两部著作,诠释并发展了课堂生态理论。李森等人以课堂生态的要素分析为基础,以课堂生态的理论构建为手段,以课堂生态的实践探索为目的,构建了课堂生态的理论框架：寻求发展的课堂教学目标，开放与创生的课程与教材，动态生成的教学过程，和谐共生的师生关系，系统化、多样化的教学评价。孙芙蓉以课堂生态的基础理论研究为中心任务，从以生态学知识解决课堂实际问题逐步推进到以课堂生态知识解决课堂实际问题，确定课堂生态研究的基本功能单位是课堂生态系统，而课堂生态系统分析的重点是课堂生态中生物和生物环境之间的关系，即师生关系和生生关系，并由此构建了课堂生态系统整体模型。本书中有关教学生态诊断的理论与实践在很大程度上吸收了孙芙蓉的相关研究成果。

（二）课堂生态理论应用与启示

课堂生态理论本质上是生态学与教育学联姻的结果，而在发展完善的过程中也融入了诸如哲学、社会学、文化学、心理学以及系统论、协同学等相关理论，铸就了课堂生态理论的科学性、实践性与发展性。课堂生态理论承认课堂生态的和谐共生性与动态发展性，强调课堂生态主体之间、生态主体与环境之间的相互联结与相互作用，重视课堂生态的要素协调与整体功能。运用课堂生态理论，就是要通过分析课堂生态来实现构建生态课堂之目的，从而推动师生的共同发展。随着新时代“后新课改”的到来，各种教育教学理论与教学实践的有机融合将构成基础教育教学新景观，而教学目标的动态化、教学内容的多样化、教学策略的多元化、教学过程的个性化以及教学效果的持久性已经成为新时期教学的新貌与常态，因材施教的教育原则将会得以真正实现。课堂生态理论的核心理念是尊重、人本、民主与发展，而创新是构建生态课堂的重要手段，其基本特征在于平等交往、和谐共生、开放民主与个性发展。不可否认，正是由于教学未必全都神圣，才需要运用教学病理理论去认识，才需要使用医学诊断理论去分析，才需要采用教学评价理论去判断，才需要利用课堂生态理论去解决。课堂生态理论为本研究提供了构建生态课堂的脚手架，为教学提供了健康运行质态标准，更为实现教学由“实然”转向“应然”提供了路径与方向，成为教学诊断研究的实践论依据。

第二章　教学诊断的理论阐释

通过对当前教学诊断现状的调查、现场观察及访谈，笔者发现存在着教学诊断形式单一、内容模糊、规范缺失等问题，究其原因，并非学校领导与教师不重视教学诊断，而是因为教学诊断思维单调、诊断能力不足、诊断体系缺失。本书的“教学”主要是指在“课堂”时空中发生的教学主体之间以动态目标为导向、以交往互动为手段、以问题解决为核心、以主体唤醒为关键的智慧生成与促进发展的过程。其中“‘课堂’时空”一方面突出了“课堂”的空间性，即教室内；另一方面也指“课堂”的时间性，包括师生在课前为了教与学而做的预先准备和课后为了巩固教与学而做的巩固措施。对教学诊断的理论阐释，主要包括理解教学诊断的本质内涵、掌握教学诊断的方法策略、建构教学诊断的标准体系等三个方面的内容。

第一节　教学诊断本质内涵

国外教学诊断起源于19世纪40年代美国泰勒提出的教育目标的控制和检评问题，后来日本、澳大利亚等国也开展了此项工作，但这种检评只是从教育的宏观层面进行的，如办学规模、教育质量等，直到1969年美国戈德哈默《临床指导》一书出版，国外教学诊断才涉及教育教学的微观领域。我国的教学诊断研究起步很早，但研究进展十分缓慢，近年来对教学诊断的研究明显分为两条路线：一是对教育诊断的研究，解决教育领域的宏观问题；二是对教学诊断的研究，解决教育领域的微观问题。早在1995年，王增祥将教学诊断视为学校内部对教师的教学情况和学生的学习情况的全面检查和考核活动，对教学过程包括备课、试讲、讲课和辅导等环节进行检视与评价，似乎没有突出教学诊断的诊察与判断之“教学诊断思维”意蕴。

一、教学诊断思维培育

培育教学诊断思维是开展教学诊断的先决条件，是教学诊断的内在要求，直接决定教师的教学诊断学力，而教学本身的易患病性决定了教学诊断的必要性。治病的关键，首重“诊断”，而要诊断则必须具备诊断思维。只有教师能够近乎本能地自觉对自己的教学活动进行诊断，教学诊断才会发挥更大的功效，才有更大的意义和价值。

（一）教学诊断思维的本质

“诊断思维”本属医学术语，是指运用医学科学、自然科学、人文社会科学和行为科学的知识，以病人为中心，通过充分沟通与交流，进行病史采集、体格检查和必要的实验室检查，得到第一手资料，借助所有可利用的最佳证据和信息，结合病人的家庭与人文背景，将多方面信息进行批判性分析、综合、类比、判断和鉴别诊断，形成集诊断、治疗、康复和预防于一体的个性化方案并予以执行和修正的思维活动过程①。由此可见，诊断思维是医生从全面分析临床资料到疾病诊断的思维过程，是运用感觉、知觉和表象等感性认识经过思考、判断、推理上升到理性认识的过程，其直接目的是指导治疗。作为教师专业发展基本能力的教学实践和作为教师专业发展核心能力的教学诊断，都需要运用诊断思维以实现从感性认识到理性认识的升华，这种由教师依据教师专业标准、课程标准、教学规律、学科特点、学习规律及学生身心发展状况在教学

① 曾勇，王国民，蔡映云，等.临床思维的理解与培养[J].复旦教育论坛，2005(1)：90-93.

实践和教学诊断过程中调查研究、分析综合、判断推理、做出决策的思维，就叫作“教学诊断思维”。

教学诊断思维贯穿于教学实践和教学诊断的始终并在很大程度上决定教学效果，是促进教师专业核心能力发展的关键因素。任何内容都是由一定的形式来呈现的，教学诊断思维是由教学诊断思维的形式来呈现的。教学诊断思维的形式是教学诊断思维活的灵魂，在教学诊断思维活动中起着始发性作用。因此，掌握教学诊断思维的形式，有利于教师积累诊断经验，提高诊断思维能力。

教学诊断思维的形式包括一般形式和特殊形式两大类。教学诊断思维的一般形式主要包括以下几种：教学概念，是教学诊断思维最基本的形式之一；教学诊视，对教学过程中的各要素及其关系的观察即为教学诊视；教学判断，通过对教学过程各要素及其关系的观察依据一定的标准做出判断，或总结经验，或发现问题；诊断推理，通过诊断推理形成初步的诊断假设；诊断假设，是根据一定的知识经验对所观察到的现象进行推理后做出的初步设想；诊断经验，即已有经历或知识，是教师在教学诊断和教学实践过程中逐步积累形成的知识、技能或方法；诊断直觉，诊断直觉的前提是具有丰富的教学实践经验和教学诊断经验；诊断想象，想象是创造性思维的主要形式。教学诊断思维的特殊形式主要包括诊断灵感和诊断机遇两种，之所以称其“特殊”，是因为诊断灵感和诊断机遇是可遇不可求的，但二者都需要丰富的诊断经验、明确的诊断方向和强烈的诊断意愿。

教学诊断思维除了思维所具有的间接性、概括性和能动性之外，还具有如下特征：目的性，教学诊断思维的目的是优化教学实践，提高教师专业发展水平，促进学生健康发展；教育性，教学诊断思维的目的性决定了其必然具有教育性，医学领域的诊断思维与教育教学领域的有效整合也决定了教学诊断思维的教育性；发展性，教学诊断思维是一个动态发展的过程，是不断反思、判断、推理和实践的过程；合作性，教学诊断思维离不开与学生的合作与互动，离开了学生的参与，教师的一切活动将会失去现实意义；实践性，教学诊断思维只有付诸实践活动，才能验证诊断效果，促进诊断的完善与提高，实现诊断思维在教学诊断过程中的意义与价值。

（二）教学诊断思维的价值

教学诊断思维的目的性、教育性、发展性、合作性、实践性，决定了其在教学诊断活动中的重要地位，有利于诊断者改善思维品质、优化思维方法、拓展思维空间，从而提高教师教学诊断能力。具体来说，教学诊断思维的价值主要包括以下三个方面。

第一，改善思维品质，提升教师岗位思考力。诊断思维包括诊断实践和科学思维，诊断思维的正确与否直接关系到诊疗的成败①，是诊断过程中必需的认识活动和思维方法。教学诊断思维贯穿于教学诊断的始终，也贯穿于整个教学实践。教学诊断思维是教师理论学习、案例反思与教学实践、教学诊断相结合的产物，具有鲜明的个性色彩。教师通过诊断思维来诊视教学现象、发现教学问题、推断问题根源、提出改进措施的过程，本身就是理论与实践相结合的过程，也是改善思维品质的过程，从而有效提升教师岗位思考力。所谓岗位思考力，是指一个人为完成本职工作必须具备相应的职业道德、文化素养和岗位技能，并在此基础上达到岗位竞争所需要的思维深度、思维高度、思维广度和思维速度。判断一个人的岗位思考力水平高低的主要标准是目标是否合理、方法是否可行、组织是否有效和资源配置是否科学②。教育部于2012年2月针对幼儿园、小学和中学教师颁布了专业标准，从专业理念与师德、专业知识、专业能力等三个方面提出了合格教师专业素养的基本要求与基本规范，是引领教师专业发展的基本准则，也是教师岗位思考力的集中体现。

第二，优化思维方法，提升教师专业创造力。教学诊断思维在教学诊断与教学实践中不断发展完善，融合了教师自身的个性特征与喜好特

① 杨满玲.临床思维与临床药师[J].内蒙古中医药，2012(22)：118-119.

② 王庆华.护理专业教师岗位胜任力指标体系的构建与思考[J].护理研究，2013(3)：204-206.

长，具有动态发展的特性，有利于整合、优化教师的思维方法。教学诊断思维促使教师对本职工作的性质、特点和要求进行深入思考，从教师教学态度、教学目标、教学内容、教学方式、教学反馈和教学效果来反观与思考学生学习态度、学习目标、学习内容、学习方式、学习反馈和学习效果，以保持教师教学活动与学生学习活动的高度啮合与动态平衡发展，从而提升教师的自我规划力、标准设定力、职位行动力、过程调控力、结果评估力和岗位胜任力[①]。教师思维方法的优化，会产生更多的思维火花；教师岗位胜任力的提升，会让教师有更大的信心去探索创造。教师一旦把已知的经验重新结合，产生具有新价值的东西即为创造[②]。因此，教学诊断思维是提升教师专业创造力的思想保障与前提条件。《国家中长期教育改革和发展规划纲要（2010—2020年）》也明确指出，应激发教师的积极性和创造性，鼓励教师在实践中大胆探索，创新教育思想、教育模式和教育方法，造就一批教育家。

第三，拓展思维空间，提升师生发展凝聚力。教学诊断思维的发展与完善，实现了由感性认识到理性认识的飞跃，实现了认识事物、发现问题、推理判断、准确诊断的目的，从而为思维的发展提供了更为广阔的天地。教师思维空间的拓展和教学自我诊断能力的提高，有效地促进了教师岗位竞争力的发展。教学是教师教与学生学的双边互动，要维持教学生态系统的动态平衡发展，就要激活教师与学生两大活力，优化包括师生、生生关系在内的组织结构，增强教学生态系统的恢复力。教师的思维空间得到有效拓展后，就会把教学诊断视为一种自觉行为，并将教学诊断与教学实践融为一体，将促进学生的发展视为教育教学活动的唯一标准；同时，教学的本质是主体间的指导学习[③]，师生只有协商性共生合作才能更好地激发系统活力、优化系统组织结构、增强系统恢复力。教学诊断思维有利于构建和谐师生关系。教师自我发展的目的是促进学

① 杨庆先.关于提高员工执行力的思考[J].商场现代化，2005(15):156-157.

② 恩田彰.创造性心理学[M].陆祖昆，译.石家庄:河北人民出版社，2000:72.

③ 郝文武.教育哲学研究[M].北京:教育科学出版社，2009:45-48.

生的发展，教师在促进学生发展的同时也实现了自我发展，从而提升了师生发展的凝聚力。

（三）教学诊断思维的策略

所谓策略是指为了实现某个目标而根据现实情境制订的行动方针与计划方案，包括原则、方法与步骤等。原则是指说话或行事所依据的法则或标准。为了保证教学诊断的科学性和教学实践的有效性，教学诊断思维应坚持以下原则：第一是遵循焦点诊断原则，简化思维程序，抓主要问题，分清主次和轻重急缓，优先解决急迫而又重要的问题。教学中常见的疾病有教学失衡、教学专制、教学偏见和教学阻隔等。在教学过程中，由于教师处于主导地位、发挥主导作用，因此，教学诊断适宜从教师的教学行为入手来查找病因。第二是遵循发展诊断原则，即要求教师用发展变化的观点看待问题，在教学实践中检验教学诊断，在教学诊断中完善教学实践，对教学实践进行动态的行为跟进，以保持教学生态系统活力要素、组织结构要素、恢复力要素及其关系的动态平衡发展。第三是坚守具体诊断原则，在教学诊断过程中，要具体问题具体分析。医生进行疾病诊断的最高原则是依据病人的具体情况进行诊断，教师对教学诊断的最高原则也是具体问题具体分析。第四是遵循整合诊断原则。整合诊断原则有三层含义：诊断应全面、完整；充分利用多个诊断方法，并进行有效的整合实施；充分利用有效资源，教师在坚持自我诊断的同时，要结合学情调查、专家指导和同行建议等进行教学诊断和教学实践。另外，还要应用循证医学（Evidence-Based Medicine）的基本原理，对各种相关资料进行系统性评估与可靠性分析，有助于科学决策，提高诊断水平。

教学诊断思维方法是教学诊断思维形式的重要载体，也是发展教学诊断思维最重要的途径。教师掌握了诊断思维方法也就从根本上掌握了诊断思维。教学诊断思维方法包括一般方法和特殊方法。教学诊断思维的一般方法包括三类：一是认识论方法，如分析与综合方法、抽象与具体方法、历史与逻辑相统一的方法、形象思维与逻辑思想相统一的方法等；二是逻辑方法，如定义法、比较法、分类法、类比法、归纳法、演绎法等；三是现代科学方法，如统计方法、数学方法、系统方法等。教学诊断思维的特殊方法主要包括以下三种：排除诊断法，首先根据教学症候提出几种初步诊断，再根据诊断标准与教学症候依次排除，最后确定诊断；诊疗实验法，即把诊断与治疗相结合，以治疗的方式达到诊断的目的，把治疗中的诊断与诊断中的治疗结合起来，体现了诊断与治疗的辩证统一；会诊择优法，采用头脑风暴的形式，对教学现象或问题进行教学会诊，选取最优诊断方案，这种方法在教学诊断中已被广泛应用。

中医诊断学认为，当人体这个整体内在失调或自然界的变化超过了限度，人体不能维持正常的生理功能时便产生疾病①，并将“审察内外”作为诊断疾病的重要原则之一。现代诊断学把诊断分为搜集临床资料、分析评价资料、提出初步诊断、验证或修正诊断四个步骤，强调临床经验、专家观点、医学知识和循证医学在诊断过程中的重要作用②。郭吉刚等人提出了“3W”法：“Where”——“在哪里”，即定位，首先确定哪里出了问题；“What”——“什么”，即定性，确定是哪类性质的问题；“Who”——“谁”，确定出现问题的责任人是谁。

尽管医学领域的诊断思维策略具有一定的借鉴意义，但教学诊断思维与医学领域诊断思维的最大区别在于前者具有教育性。教学诊断思维策略包括以下几点：第一，拓宽知识面，具有扎实的专业知识、教育学和心理学知识；第二，坚持在教学实践与教学诊断中发展教学诊断思维，并在实践中验证与修正诊断；第三，坚持教学实践与教学诊断的有效性，当某种诊断无效时就要考虑重新诊断，并继续进行行为跟进；第四，坚持教学诊断的自觉性，提倡教师对自己的教学实践进行自我诊断，并在教学实践与教学诊断中自觉运用和发展教学诊断思维；第五，以教师专业标准、学科基本特征、教学规律、学习规律、课程标准以及学生身心

① 邓铁涛.中医诊断学[M].上海：上海科学技术出版社，2006：5.

② 万学红，卢雪峰.诊断学[M].北京：人民卫生出版社，2013：579-581.

发展特点为诊断标准并设定解决导向目标；第六，坚持教学诊断思维的原则，掌握教学诊断思维的特点、形式与方法，切实提高教学诊断思维力；第七，熟悉教学诊断思维的程序，即“是什么”—“为什么”—“怎么办”—“会怎样”，并根据具体情况灵活变通；第八，树立正确的教学观与学生观，注重从观察师生对话活动、学生的学习活动和教师的教学行为中采集相关的诊断信息[①]。

《中共中央关于全面深化改革若干重大问题的决定》强调指出，全面贯彻党的教育方针，深化教育领域综合改革，标本兼治减轻学生课业负担，增强学生的社会责任感、创新精神、实践能力。实现上述目标的关键在于提高教师的自我学习能力和自我发展能力。教学诊断思维是提高教师专业核心能力的关键因素，将教学诊断思维贯穿于教学实践与教学诊断的全过程，有利于改善思维品质，优化思维方法，拓展思维空间，提升教师岗位思考力、专业创造力和师生发展凝聚力，从而提高教师的专业化发展水平和整体素质。

二、教学诊断内涵特征

教学诊断是执教教师或他人运用教学诊断思维，依据现代教育教学价值观，按照一定的标准通过对教学诸要素及其关系的诊视与判断，发现并总结经验，分析存在的问题并提出改进措施的一种方法和技能，本质上是教学治理。教学诊断必须遵循循证医学的基本原理，所谓循证医学就是基于问题（临床关注的问题或重大的科学问题）的研究，参考当前最好的证据决策，关注实践的效果，后效评价，止于至善。最佳证据、医生临床经验与技能、患者需要选择等是循证医学的三大要素，而“证据要分级、推荐有级别”与“证据要不断地‘与时俱进’（Updating）”是循证医学的两大核心。教学诊断实践性的核心问题是谁诊断、诊断什么、为什么诊断、怎么诊断以及诊断结果如何处理等，但诊视、判断、

① 孙国春.基于教师专业标准的课堂诊断策略[J].教育科学研究，2012(9)：68-71.

改进与验证是教学诊断的基本规律，表现出强烈的实践性、系统性和人本性等基本特征。

（一）教学诊断具有强烈的实践性

实践性是教学诊断的首要特征，而教学诊断的实践性要求必须采取多元化主体协同诊断策略，发展学生的核心素养。当前教学诊断都将专家、教师同行、执教教师本人作为诊断主体，其实还忽略了一个重要的教学利益直接相关者——学生。教师的指导以学生的主动为前提条件，失去了学生的主动也就意味着教师的指导丧失了对象，因而教学诊断的主体不仅指执教教师，也指学生。专家诊断、同行诊断都要内化为执教教师本人的自我诊断学力，才能切实优化教学品质；教师的教学诊断只有落实到学生的学习实践中，促成学生对自身学习的自我诊断，才能切实促进学生的智慧生成与个性发展。由于当前教学诊断内容的随意性是导致诊断效率不高、效果不佳、效益不大的重要因素，因而教学诊断研究不但要明确教学诊断对教学实践干预行动的作用方式与过程，而且要揭示不同层次、不同主体的诊断对应的不同内容。可由专家向学校领导、教师、学生以及教学管理人员阐明教学诊断的理论意义与实践价值并作出示范，尤其要积极争取学校领导的支持，研发教学诊断模型与诊断标准。不同类别、不同科目、不同主体的教学诊断应依据不同的诊断模型与标准，推行教学诊断校本教研常态化。学校应以学科教研组为单位积极开展学科校本教研，建章立制，将教学诊断作为学校学科教研的一项重要活动，确保教学诊断校本教研的常态化。

教学诊断的本质是教学利益相关者旨在发展学生核心素养的教学实践干预行动，既是师生在专家引领、指导下必须掌握的一种优化教学品质、提升教学效率的技能与方法，又是在师生积极参与下的一种促进师生与学校共同发展的专业实践活动。教学实践是教师专业成长的重要途径，教师只有在教学实践与诊断中才能促进自我发展；学习实践是学生健康成长的重要渠道，学生只有在学习实践与诊断中才能提升自我慧能。

教学诊断以专家引领、同行帮助为前提条件，通过师生的自我反思提升师生教学诊断学力，其基本运行节律为封闭与开放并存、独立与联结相间、客体随主体变化、立足教学实践、着眼当前发展等，采取多元化主体协同诊断策略、明确教学诊断内容、研发教学诊断模型与诊断标准、推行教学诊断校本教研常态化、基于证据处理诊断结果、坚持理论与实践相结合的原则、加大对师生教学诊断培训力度等保障措施，尤其要推进学校教育利益相关者角色再造工程[①]，聚合学校、师生、家长以及社会等教育教学利益相关者正能量，进而构建学校学习共同体，是确保教学诊断有效性、实现师生与学校共同发展的必然选择与时代诉求。

（二）教学诊断具有完整的系统性

英文中的“系统”（system）来源于古希腊文（systεmα），意思是由部分组成的整体，正如贝塔朗菲所言，系统是相互联系、相互作用的诸元素的综合体，强调系统各元素间的相互作用以及系统对各元素的整合作用，一般符合两个条件，即至少包含两个要素，两个要素之间相互联系[②]。有序是指事物诸要素之间的相互联系，通过人事系统的组成要素、相互联系、结构功能和演变规律，可以促使系统从无序走向有序。根据熵理论原则，一个封闭的系统总是随着时间的变化而由有序转化为无序，由规则转化为混乱，封闭系统的熵总是不可逆转地增加，当熵为最大值时系统最为混乱和无序。根据耗散结构论思想，当一个开放的系统不断地与外界交换信息与能量，在外界条件变化到一定程度，系统内部的某个参量过渡到一个临界值时，系统就会由混乱状态转变为一种在时空上或功能上的有序状态[③]。

① 游旭群，杨睿娟．高等教育治理中利益相关者的角色再造[J]．重庆高教研究，2015，3(2)：28–34.

② 冯·贝塔朗菲．一般系统论：基础、发展和应用[M]．林康义，魏宏森，译．北京：清华大学出版社，1987：6.

③ 王薇．基于熵理论的学校教育系统有序度评价解释模型的建立及应用[J]．教育科学研究，2012(10)：28–30.

学校教育是一个有序、开放的系统，它不可能无序化，更不可能独立于社会，总是与家庭、社会相联系，吸收着各方面的信息，以特有的运转规则运行着。课堂生态由生物成分（教师与学生）与非生物环境（教室环境）构成[①]，两者之间构成了教师、学生与环境的关系以及师生、生生之间的关系。在课堂生态中，教师与学生是课堂生态系统两大动力要素，师生关系、生生关系构成了课堂生态系统的组织结构要素，而维持上述动力要素与组织结构要素处于动态平衡发展状态是课堂生态系统恢复力要素的重要指标。教师与学生是系统中最为活跃的两大因素。需要是教师与学生合作的基点，信任是教师与学生合作的前提，平衡是教师与学生合作的关键，共赢是教师与学生合作的目标。师生通过以需要为基点、以信任为前提、以平衡为关键的协商性共生合作，实现师生自我成长的共赢目标。

教学本身就是一个有序、开放、复杂的系统，这就要求必须明确系统动力要素，发挥师生主体协同效应。作为教学生态系统动力要素的师生，教师是教学活动的主体，但必须以学生为核心；学生是学习活动的主体，但必须以教师为指导。这就要求在教学实践中，首先，教师要以学生为学习者设计、实施、评价教学活动，学生也要以教师为指导者设计、实施、评价学习活动。其次，要优化教学系统的组织结构，遵循系统要素之间的相生相克规律，尤其要重视系统要素之间的相乘相侮现象，维持教学体系的动态平衡发展。教师与教学观念、教学目标、教学内容、教学策略、教学评价构成了教学系统的阴性，学生与学习态度、教学目标、学习内容、学习方法、学习评价构成了教学系统的阳性，二者的互生、互根、互限与互用决定了教师的教与学生的学是一个整体，因而提升教师的教育教学专业能力，引导学生自主学习、主动学习，确保师生的主体性适合发展，是现代教育教学促进师生共同发展的客观诉求；更新教学观念，采用问题导向发展性教学目标，构建可供学生选择的多元

① 范国睿，等.共生与和谐：生态学视野下的学校发展［M］.北京：教育科学出版社，2011：235-288.

化、个性化的课程体系，确保教学内容的科学化、生活化、实用化与现代性，充分利用现代教育技术优化教学策略与教学方法，推行发展性教学评价，是现代教育促进有效教学、提升教学质量的现实需要。最后，还要营造良好的教学氛围与学习环境，重视环境对促进学生学习的重要作用，构建民主、文明、公平、和谐的学校学习共同体，是现代社会对学校教育教学的新要求，也是各级各类学校特色发展的内在要求。

教学的系统性决定了教学诊断也是一个复杂完整的系统。教学诊断是基于教学实践的干预行为。教学本质上是师生主体采用一定的方法处理教学内容的过程，教师教学、学生学习、学教内容与学教方法一同构成了教学过程的四大要素。教师教学活动与学生学习活动构成了教学系统相互联结、相互作用、相互影响的两大能量输入源泉，失去了任何一方的支持与合作都将意味着教学系统的解体；教师采用一定的教学策略对教学内容予以选择、加工、整合与优化，学生采用一定的学习方法对学习内容予以选择、消化、吸收与运用；教师对教学内容的选择是基于学科课程标准、教材特点、自身特长、学生需要以及教学条件等因素而进行的教学设计活动；学生对学习内容的选择要简单得多，一般都是基于教师要求与自我判断而对教学内容的“自我理解”；教师对教学策略的选择是基于教学目标、教学内容、自身特点和学生实际的需要，学生对学习方法的选择一般都是基于教师的指导与自己以往经验的积累；学生对教学内容的“自我理解”质量决定了学生学习内容选择的范围、重点与盲点，学生对学习方法的选择质量决定了学生对学习内容的理解、掌握与运用程度：这就需要对教师的教学与学生的学习予以行为干预，而这种行为干预就是教学诊断。教学诊断的系统性特征，决定了教学诊断必须考虑到教学专家（教学诊断师）、执教教师本人、教师同行、学生、家长等多元化诊断主体，并力求形成并发挥多元主体的协同效应。

（三）教学诊断具有浓重的人本性

教学的本质是唤醒、引领与指导，而每个学生都是世界上独一无二的生命个体，都有自己独特的思维方式和行事风格，学生的自我唤醒、自我引领与自我指导是教育的最高境界和永恒追求。以往的教学实践忽视了学生的个性差异，强行“齐步走”整体推进，将学生打磨成统一规格的“产品”，严重抹杀了学生的“棱角”，阻碍了学生创新思维和创新意识的发展，摧残了学生的想象力，严重戕害了学生的身心健康发展。以往的教学活动都是将教师视为教育者和指导者，将学生视为受教育者和接受指导者，严重忽视了学生的主体意识与主体精神，忽视了学生背后家长的教育力量。其实，一切教学都是一种以“人”为中心的师生间主体存在、发现、唤醒、指导与发展的特殊社会活动。“主体性”是人的根本属性，也是教学的根本特征，其中“主体存在”是教学的前提条件，“主体发现”是教学的重要基点，“主体唤醒”是教学的重要手段，“主体指导”是教学的有效策略，而“主体发展”是教学的根本目的。

应试教育文化背景下的教学实践，忽视了教学中“人”的存在，将“分数”作为教学的唯一追求；过分强调教师在教学活动中的“主导性”，严重忽视学生在学习活动中的“主体性”；过分强调教师在教学活动中的组织、管控、权威与包办作用，严重忽视学生在学习活动中的自我存在、自我发现、自我唤醒、自我指导与自我发展功能，更没有看到师生的对立、互根、消长与转化的关系和教学活动各要素之间的五行相生相克与相乘相侮的基本规律。

教学诊断的人本性决定了在诊断过程中必须坚持人本原则，这就要求在重视教师、学生主体地位的同时，还要看到每个学生的背后都有一个试图让孩子去“改变世界”的家庭梦想，而每个家庭都有各自的运行规则和教育指导思想及理念，每个学生的身上都留有其父母的影子，坚持教学诊断的人本性必须重视家长的主体功能和积极作用。因此，尊重学生的自主发展需要，协同并凝聚教师、学生、家长的教育力量，是以人为本的精髓，也是教学诊断的根本特征。实施素质教育的实质就是“一切为了学生的发展”，而从根本上来说，“发展”是学生自己的事情，具有不可替代性，因为学生是学习的主体，教师的作用是唤醒、引领与指导。教师作为学生学习的重要组织者、指导者、合作者和领路人，必须切实提高教育教学能力。只有高水平的教师才能“教”出高水平的学生，而教师的职业素质和专业能力在一定程度上决定了教师的指导水平。以往创新人才培养只强调学生的发展、只强调将学生作为创新人才予以培养的思想是片面的，不利于师生的共同发展。实践证明，学生的发展必须以教师的发展为前提，没有教师的发展就没有学生的发展。

三、教学诊断主要视角

在教学实践中，由于教学疾病就像一张无形的网，束缚着人类的教学活动，以其特有的方式侵蚀着教育肌体，危害着教学的发展，压抑着学生个性的完善，理想的教学论无法面对不理想的教学①，这就决定了教学诊断必须具有明确的诊断客体。调查与访谈结果显示，绝大多数师生都将教师及其教学活动、学生及其学习活动以及师生互动关系视为教学诊断的重要内容。教学常规诊断重点关注教师及教学活动，教学生态诊断重点关注教师教学活动、学生学习活动和人际互动关系，而教学文化诊断的关注点在于课堂教学文化，因为在教室内发生的一切行为都受一定的教学文化的影响，且对教学文化具有一定的反作用。

（一）教学常规诊断视角

教学常规诊断主要是由执教教师作为教学诊断师最基本的教学诊断形式。教学常规诊断主要依据教学设计诊断标准对教学实践中的教学目标、教学内容、教学策略与教学效果的自我诊视与自我判断，本质上是师生主体自觉提高的反省过程。教学常规诊断以教学自我诊断为表现形式，以教学实践为基础，以教学设计诊断标准为依据，以教学实施现状为参照，既是教学诊断的起点，也是教学诊断的归宿。代天真、李如密认为，教学自我诊断是教学诊断的灵魂所在，因为教学诊断只有“内化”

① 石鸥.教学病理学基础[M].济南:山东人民出版社,2006:3-4.

为执教教师本人的一种自觉理念与自觉行为，教学诊断才能真正发挥功效。教学设计的落实与实施就是教学实践，教学设计本质上是一种教学理想，而教学理想与教学实践总会产生一定程度的“差距”，而对这种“差距”的测量正是教学常规诊断的要义。当然，对于教学设计也需要予以诊断，现有的教育价值观是教学设计的重要诊断标准。

教学常规诊断的关键是寻找教学理想与教学实践的“差距”。教学理想与教学实践的“差距”具体表现在教学目标的设置、教学内容的选择、教学策略的选用、教学效果的达成等四个方面，这四个方面构成了教学常规诊断的主要内容。

按照课程标准的要求，教学目标的设置其实就是为教学实施定向，也是学生学习的目标结果，更是评价教学效果的核心标准。教学目标要体现本学科核心素养所蕴含的正确的价值观念、必备品格和关键能力，而学科核心素养在教学目标上的反映就是知识能力、思维方法与价值观念等三个方面，可称之为“三体目标”。由“新课改”时代的知识与能力、过程与方法、情感态度与价值观的“三维目标”到“后新课改”时代的知识能力、思维方法与价值观念的“三体目标”，仅一字之差，却体现了对思维能力、思维品质、思维策略的重视，蕴含了新时代发展学生核心素养的根本要求。

教学内容的选择本身体现了教师处理教材的能力，更体现了教师的教学智慧与教育教学理念。教学内容的选择尤其要注重对师生主体性的挖掘与尊重，将教师与学生视为重要的教学内容是“互联网+”时代对教学内容选择的必然要求。在“互联网+”时代，教师逐渐丧失了知识权威、能力化身的角色，多样化的学习内容、多元化的学习渠道、个性化的学习方式使学生并不是“空着脑袋”走进教室的，更何况学生作为发展中的“人”具有独特的主体性与个性化的思维。教学策略的正确选用是教师专业成熟的重要标志之一，教师所采用的教学策略往往直接决定了教学的有效性、教学目标的实现与教学效果的达成。

教学策略的选用受制于教学目标和教学内容，更受制于教学条件和师生特点。教学的过程其实就是将教学设计付诸实践的过程，教学设计所特有的理想化与期待性决定了在实施过程中产生“差距”的必然性，即完全健康的教学是不存在的，但教学常规诊断会减少或杜绝出现严重的“差距”，从而更好地实现教学目标。胡咏梅等人研究指出，学习策略和教学策略对于学生的学业成绩具有重要影响，而中国家庭教育与资源投入、良好的办学条件和师资质量、学生个体的学习意志力以及有效的学习策略是中国学生学业成绩整体表现优良的四个要素。

教学效果是检验教学目标是否恰当、教学内容是否合适、教学策略是否有效的重要标准。实践证明，以动态发展性目标为导向、以动态生成性内容为重点、以动态适合性方法为关键、以动态升值性过程为依托、依据教学设计而不拘泥于教学设计的教学实践，往往会收到良好的教学效果。同时，教师只有将教学目标、教学内容、教学策略转化为学生的学习目标、学习内容、学习方法，才能实现学习效果向教学效果的转型，才能真正提高教学效益，促进师生共同发展，而教学效果的提高与师生共同发展的促进，必须以师生的自觉主动为前提条件。

（二）教学生态诊断视角

教学生态诊断是教师作为教学诊断师最核心的教学诊断形式。教学生态诊断依据课堂生态诊断标准对教学实践中的执教教师、学生、师生关系、生生关系与环境进行“诊视”“判断”，其本质上是师生主体共同发展的实践活动。教学生态诊断以教师同行诊断为主要表现形式，以课堂观察与调研为基础，是教学诊断的较高级形态。教师同行诊断是指同行教师在观察任课教师教学表现的基础上，根据已有的教学经验，结合任课教师的教学特点给予适当的诊断，分析任课教师在教学上的得失[①]，是优化教学品质、促进师生主体共同发展的实践活动。教师同行诊断的前提假设是同学科的教师是专业领域内的专家或内行，能够对教师的教

① 唐美莲.研究型课堂教学诊断策略的研究[J].基础教育研究,2013(13):30-31,33.

学实践提供专业化的分析和建议，否则诊断容易停留在表面和浅层次[①]，这就要求教师必须掌握教学诊断的技能与方法。教学生态诊断必须考查教学组织结构，且将课堂生态诊断标准与教学组织现状作为诊断教学的两大维度，其首要任务就是将课堂生态诊断标准与教学组织现状进行比较，找出二者的“差距”。由此可见，课堂生态诊断标准与教学组织现状的“差距”正是教学生态诊断发现问题的切入点，也是教学实践问题发生之所在，更是一种短程焦点解决问题发展的导向。

课堂生态理论不仅将教学视为一个开放的组织，还将教学看作一个开放而又复杂的生态系统。教师、学生共同构成了课堂生态系统的活力要素，向课堂生态系统输入能量，具有激发功能；师生关系、生生关系构成了组织结构要素，具有协调功能；教师、学生、师生关系以及生生关系共同构成了恢复力要素，具有调控功能，而师生关系、生生关系构成了教学最基本的环境：上述各要素都存在于一定的教学与学习环境之中，环境具有承载与感化功能。因此，教师、学生、师生关系、生生关系是教学生态诊断的四项重要指标。

孙芙蓉研究发现，教师的教学活动包括备课、课堂教学与教师帮助等三个方面，时间量与积极性决定了备课、课堂教学、教师帮助的效果，而自主性、主动性、专注度与关注面决定了教师积极性的发挥；学生的学习活动包括课堂学习、求助教师与同伴互助等三个方面，时间量与积极性也决定了课堂学习、求助教师和同伴互助的效果，而主动性、专注度决定了课堂学习、求助教师的积极性，主动性、专注度和自主性决定了同伴互助的积极性的发挥；师生关系主要是一种教与学的关系，在诸种关系中无疑是最主要、最根本的一种关系，它贯穿于教育的全过程，并渗透于各种教育方法之中[②]，课堂教学与课堂学习、教师帮助与学生求助构成了师生教与学的活动，而目的、内容、方式与态度的适合度决定了师生教与学的效果；生生关系是一种学与学的关系，课堂学习与课堂

① 潘玉霞，汪颖，张露丹.真实性课堂远程诊断系统的构建[J].中国远程教育，2011(21)：84-88.

② 王啸.教育人学：当代教育学的人学路向[M].南京：江苏教育出版社，2003：397.

学习、同伴帮助与学生求助构成了生生学与学的活动，而目的、内容、方式与态度的适合度决定了生生之间学习的效果①。但对于教师的教学活动与学生的学习活动而言，还有一个不容忽视的问题，即教学效率与学习效率问题。

实践证明，充分发挥师生的功能，激发和调动师生的积极性、主动性与自主性是提高教学效果的前提；构建和谐的师生关系、生生关系是促进师生共同发展的有效保障；提高师生教与学的适合度是促进教学生态系统健康发展的关键因素；教师的教学诊断学力、学生的课堂学习诊断学力是实现教学生态诊断有效性的重要推动力。以往只重视教师专业发展或只重视学生发展的言行是片面的，因为学生的发展依赖于教师的发展，教师的发展以促进学生的发展为目的，师生共同发展才是当代教育教学革新的永恒追求与旨归。

（三）教学文化诊断视角

教学文化诊断是由教育专家为主要诊断者对教学中的文化现象予以观察、诊视与判断的诊断形式，本质上是师生主体品位提升的智慧技术。教学文化诊断以教育专家诊断为表现形式，以教学文化诊断标准为依据，以教学文化现状为参照，以发现教学文化诊断标准与教学文化现状之间的“差距”为诊断焦点，是教学诊断的高级形态。事实上，引入教育专家诊断主要是为了避免课堂诊断囿于同水平的反复②。教学文化诊断作为教学诊断的高级形态，是实现学校特色发展的催化剂，其诊断主体是教育专家、教研员或校内骨干教师。学校应该将教育专家、教研员或校内骨干教师组团开展教学诊断活动常态化，而教学环境因素、主体行为因素、主体价值观因素和制度环境因素是教学文化建设的影响因素③。

教学文化诊断必须以课堂文化为核心，而教师的文化自觉在一定程

① 孙芙蓉.课堂生态研究[M].杭州:浙江大学出版社,2013:112-171.

② 汪颖.基于专家的“农远”课堂教学反思[J].现代教育技术,2011,21(9):84-87.

③ 卢长彬.大学课堂文化建设的影响因素及策略[J].教育探索,2014(10):82-83.

度上决定了课堂文化的发展方向。严先元以对立价值理论为基础研制开发了组织文化评估工具，将文化类型分为等级森严式文化、市场为先式文化、部落式文化和临时体制式文化，认为主导型文化类型和管理者风格、管理角色、人力资源管理、质量管理和效率管理之间的匹配，可以大大提升整个组织的表现，教学文化类型也与之有相似之处，而教学文化主要包括课堂物质文化、课堂制度文化、课堂行为文化和课堂精神文化等四个方面或层次。

课堂物质文化是课堂文化的载体，对课堂教学的实施提供了物质支撑，并以特殊的运行质态对课堂教学发挥着教育功能。当前课堂物质文化面临的最大问题是班级规模“密集型 + 暴涨化”、座位编排“秧田式 + 固定化”、教室环境布置“工具性 + 规训化”。压缩班级规模、改善课堂环境、优化人际质量、提升文化氛围是构建课堂和谐生态物质文化的重要途径。课堂制度文化是指师生在长期的课堂教学实践活动中形成的，被师生所共同认可的规范和准则，包括师生习惯、规章制度和课堂组织机构运转状况等三个方面。课堂行为文化包括教师行为文化与学生行为文化两个方面，教师行为文化对学生行为具有引领与促进作用，课堂行为文化建设的终端是学生。

依据奎因组织文化三层次论，课堂组织文化可以分为人为饰物、信奉的价值观和基本潜在假设三个层次，这就决定了课堂组织文化现状考查的主要内容。应当指出的是，组织文化的本质就是观念文化，即精神文化，因而课堂组织文化又叫作课堂精神文化。师生的自觉反省与共同发展是在特定文化引领下的改进与提升，教学文化诊断作为教育教学改革的重要手段，必然以提升师生的文化品位为己任，这也是师生可持续发展的根本要求。

四、教学诊断基本原则

教学诊断通过优化教学质量、促进教师发展，最终为发展学生核心素养服务，在促进师生发展的同时，实现与学校的共同发展。只有坚持科学的原则才能更好地实现教学诊断的目的。教学诊断坚持人本主义教育发展观，一定要遵循主体协同原则、生态发展原则、问题诊断原则、人本教育原则。

（一）主体协同原则

教育作为人类自我改造的一种活动，以人为特定的对象，是人所特有的促进自身再生产和再创造的手段，教育的本质特征是创新主体协同建构的实践活动，具有时代性、实践性和主体性①，教学的本质是主体间的指导学习，然而在教学实践中，并没有发挥教师教学的主体功能，也没有尊重学生学习的主体地位，更没有充分重视家长在推动孩子成长过程中的主体导向，造成了师生与家长“主体协同”联动互补促进建构机制的缺失，致使教学的效率不高、效果不好、效益不大。实际上，教学是教师、学生、家长等主体相互作用的系统整体，多元化主体的协同会产生联动效应，并形成整个教学系统的整体功能和联动作用，从而使对学生的整体教育达到最优化②。“主体协同”中的“主体”是指与教学有密切关系的具有独立生命意识的个体，包括教师、学生和家长等；“主体协同”中的“协同”主要包括家校协同、家家协同、校内协同等三大部分。坚持主体协同原则，将教学诊断视为一个复杂而又开放的系统。“人”是系统中最活跃的要素，教师、家长与学生是教学诊断活动的主体，教师与教师、教师与学生、学生与学生、教师与家长、家长与学生彼此在和谐有序的“协同”状态下去发现问题、解决问题、实现目标。

教学诊断坚持主体协同原则，第一要采行主体互补选择策略。主体互补选择策略的本质是发挥教师、学生和家长三位一体的互补功能，整合教师、学生与家长等主体教育力量，充分相信学生具有自我教育能力和自我发展动机，从而形成“主动配合、积极合作、支撑互补、形成合

① 李蓓春.教育:创新主体协同建构的实践活动[J].教育导刊,2000(11):1-4.

② 王薇.学校主体协同评价解释模型的建立及应用[J].教育科学研究,2013(6):50-56.

力”的局面。第二要采行动态目标问题导向策略。教学诊断应该有明确的目标指向，且以问题发现、问题分析、问题解决的方式来逐步接近、实现目标。教学诊断活动以教学实践为基点，以教师的教学诊断能力为前提，以提升师生协同的适合度为关键，引导家长积极参与，将教学诊断的目标问题化、导向化、动态化、发展化和学生化，促使目标问题导向科学化。第三要采行个体联动协调策略。教学诊断通过优化组合教与学的主体，围绕目标问题导向，实现学生自我提升的目的，促使学生担负起问题解决的重任。个体联动协调策略的根本目的是在保持参与主体独立性的同时，加强多元化教育力量的协同性，为实现教学诊断目标服务。第四要采行自我改进策略。实现自我改进是采取一切外部措施的根本目的，更是自我反思、自我发展的结果。因此，坚持主体协同原则，就是要将教学诊断视为以多元主体积极参与、协同联动的探索之旅，视为以合作诊断为方式、以促进发展为目的的学习过程。

（二）生态发展原则

坦斯利把生态系统视为特定地段全部生物（即生物群落）和物理环境相互作用的统一体，并且在系统内部能量的流动形成一定的营养结构、生物多样性和物质循环（即生物和非生物之间的物质交换）[①]。在教学生态中，生物与非生物的关系表现为教师或学生与教室环境的关系，生物与生物环境之间的关系表现为师生之间、生生之间的关系，课堂生态研究的对象是教师或学生同教室环境之间的关系和师生之间、生生之间的关系[②]。拉帕特指出，生态系统健康（Ecosystem Health）是一个生态系统所具有的稳定性与可持续性，即在时间上具有维持其组织结构、自我调节与对威胁的恢复能力[③]，而一个系统是否健康的标准是活力要素、组织

---

① 奥德姆.生态学基础[M].孙儒泳，钱国桢，译.北京：人民教育出版社，1981：8.

② 孙芙蓉.课堂生态研究[M].杭州：浙江大学出版社，2013：44.

③ RAPPORT D J.What constitutes ecosystem health?[J].Perspectives in Biology and Medicine，1989(2)：120-132.

结构要素和恢复力要素是否处于动态平衡状态，其中“动态”是前提，“平衡”是关键，而“发展”是目的。

教学诊断研究的理论依据之一就是课堂生态理论，这就决定了教学诊断也要遵循整体关联、和谐平衡、相互联结、动态发展、遵循规律、师法自然的课堂生态要求，而统一性、完整性与自我调适性是课堂生态系统的基本特征。教学诊断的主体是多元化的，教师、教师同行、学生、教育教学专家、家长等，都可作为诊断主体实施诊断活动，客体是教学系统诸要素及其关系，坚持生态发展原则的本质就是坚持教学诊断的生态性、平衡性与发展性，通过教学诊断的生态化来促进师生的共同发展。当然，在教学诊断实践中，还要以现代教育教学价值观为指导，而从根本上说，一切教育教学都意味着启蒙人、解放人与发展人。从这个基本点出发，教学诊断所要秉承的教育教学价值观应当是呵护自由、培育兴趣、掌握知识、启迪智慧、树立诚信、享受快乐①。同时，在教学诊断过程中，还体现了诸如目标控制、系统评价、优选决策、反馈评价等原理②，而生态性发展才是其根本出发点与归宿。

教学诊断坚持生态发展原则，第一要采行生态平衡策略，分析教学系统诸要素及其关系，明确教学系统动态平衡的原理。第二要坚持“人的发展”策略。实施素质教育的实质就是“一切为了学生的发展”。坚持“人的发展”策略，就要在教学诊断实践中把促进学生的发展作为优先考虑的目标，从根本上来说，发展是学生自己的事情，具有不可替代性，但也不可忽视教师的唤醒、引领与指导等作用。第三要促进教师的专业发展，从根本上来说，教师是提高教育教学质量、培养高素质人才的关键因素。只有高水平的教师才能“教”出高水平的学生，而教师的职业素质和专业能力在一定程度上决定了教师的指导水平。第四还要促进家长的发展，因为只有教师与学生的发展，而家长却不思进取，势必会影响学生发展的步伐，甚至会阻碍学生的发展。实现教师与学生以及家长

① 刘道玉.中国必须创新教育价值观[N].人民日报,2013-10-15(05).

② 欧阳芬,赵卫胜.农村课堂教学诊断[M].长春:吉林大学出版社,2006:210-211.

的共同发展，是中小学创新人才培养中坚持“以发展为先”原则的最高理想，也是教学诊断所遵循的生态发展原则应有之义。

（三）问题诊断原则

“问题诊断”即在教学诊断过程中，要以“问题”为核心，以是否有问题、有何问题为先导，以发现问题、解决问题为重点。问题发现本质上是一个人的认知发展过程，可分为信息搜寻、现状表征、寻求目标、建立联系、提出问题、评价与修正问题等6个阶段①，而其过程的复杂性、结果的开放性、评价的主观性和实验模拟的难度②，决定了教学诊断必须坚持问题诊断原则。树立问题意识是发现问题、解决问题的前提条件。所谓问题意识是指人们在认识活动中意识到一些难以解决或疑惑的实际问题及理论问题，并产生一种怀疑、困惑、焦虑、探索的心理状态，这种心理又驱使个体积极思维，不断提出问题和解决问题③。

目前在职教师最突出的问题就是缺少问题意识，具体表现为缺乏发现问题、生成问题和解决问题的意识④。“问题”是教师教学的中心，也是学生学习的中心，更是教学诊断的中心。只有大力培养诊断者的问题意识，才能发现教师在日常教学实践与教学诊断活动中的问题。在问题发现时，还要注重问题发现的过程，教学实践与教学诊断活动必须充分展现师生个体的思维过程，必须充分体现师生相互联结、相互作用的参与过程，实现知、情、意、行的有效衔接，从而促进师生的共同发展，意在促使教师在日常教学实践与教学诊断活动中注重“过程性”，在“过程中”搜寻有价值的信息，通过分析“过程中”的现象来确立与教学活动、教学诊断活动相关联的“问题”，进而运用教学诊断思维判断这种在“过程中”发现的“问题”是否为“真问题”，为教学诊断活动提供动态

① 刘旭东.问题意识与教师教学智慧的生成[J].教育研究与评论:中学教育教学,2018(8):92.
② 陈丽君.问题发现研究:范式、困境与突破[J].科技管理研究,2012(13):257-262.
③ 刘旭东.问题意识与教师教学智慧的生成[J].教育研究与评论:中学教育教学,2018(8):92.
④ 庄可.关于教师教学问题意识的思考[J].教育探索,2014(5):103-105.

性的以问题为导向的诊治目标，从而培养教师问题发现学力，实现提升教学品质、促进学生发展和提升教学自我诊断能力的目标。

教学实践与教学诊断的根本任务就是问题解决，因此，问题解决的过程其实就是教学实践与教学诊断的过程。教师在教学实践和教学诊断活动中需要解决的“问题”大多都是结构不良问题和非常规性问题，因而教师问题解决学力的培养必须充分发挥教师本人知识经验的作用，充分提升教师本人的自我效能感。教师的教学行为不仅是教育教学理念的集中体现，还直接影响教学效果，因而教学行为成为教师教学诊断的焦点问题。对教学行为的诊断，主要观测点包括教学环节、问题呈现、师生互动、指导学习和教学机制等五个方面。解决学生的学习问题是教师教学的根本任务，而指导学生自我解决学习问题是教师教学的理想标准，也是教学实践与教学诊断的最高要求。此外，还要注意并积累那些“同构问题”（Problem Isomorphs），注重灵感、顿悟在问题解决中的作用。目前国内中小学普遍采用的是年级组管理模式，淡化了学科教研组的功能。建立教师互助互惠联盟、促进教师积极参与教研活动具有紧迫性和现实意义，不但有助于教师之间开展教学问题解决活动，更有助于促进教师团队专业能力的长效发展。

（四）人本教育原则

百年大计，教育为本；教育大计，教师为本；教师大计，教学为本；教学大计，学生为本。教师与学生在教学实践活动与教学诊断活动中的主体地位，决定了主体教学诊断学力的培养必须突出“人”的地位。马克思主义人学原理强调“人”在社会实践活动中的主体性。教学要重视“人”的地位，挖掘并发扬“人”的主体精神。教学病理理论认为，教学疾病的产生大多是由“人”的行为引发的。课堂生态理论将教学中的“人”视为活力要素，人与人之间构成了组织机构，而人与人、人与环境的互动与联结形成了系统恢复力。突出“人”的地位的目的就是彰显“人”的功能，而正确认识“人”的功能是彰显“人”的功能的前提条件。马克思主义人学原理特别强调“人”的功能，指出实践性是人的本质规定性，而这种“实践”是“人”的实践；这种“人”的“实践”本身就在证明着“人”的存在，也彰显着“人”的功能：改造自我，改造世界，创造未来。

由此可见，实践活动是彰显“人”的功能的实现途径。教师是教学的主体，教师在教学实践中学会教学；学生是学习的主体，学生在学习实践中学会学习。教师学会教学的过程就是彰显教师功能的过程，学生学会学习的过程也是彰显学生功能的过程。当然，“人”的功能既有正功能，也有负功能，正如石鸥所言，教学既是开启通往明亮天堂之大门的钥匙，也是开启进入黑暗地域之大门的钥匙。教学疾病主要是由教师的思想认识和行为状态引发的，因而彰显“人”的功能就要运用教学病理学、中医诊断学和课堂生态学等基本原理，开展教学诊断，培养师生的教学诊断思维，提升教学主体的教学诊断学力。

如果说教学大计，学生为本；那么学生大计，教师为本。发展“人”的价值，对教学实践活动和教学诊断活动而言，主要是发展师生的价值。以往教学论往往只重视学生的发展，却忽视甚至无视教师的发展，“原地踏步走”的教师会成为学生发展的绊脚石，“教师与学生一同成长”是现代教育教学发展的重要特点，更是师生自身发展的本质要求。课堂生态理论的核心内容是要求课堂生态系统各要素内部及各要素之间处于一种动态平衡发展的状态，师生之间、生生之间、师师之间动态平衡发展，而作为动力要素的师生是维持教学系统健康发展的重要保证。

教师与学生作为教学实践活动的主体，学生的价值发展取决于教师的价值发展，而教师价值发展的实现主要靠学生价值发展来体现。遵循发展“人”的价值原则，必须一方面促成师生教学实践与教学诊断的有机结合，另一方面要实现师生价值发展的机会平等。因此，要以民主、开放与平等的心态，全方位提升主体的教学诊断学力。Z理论①非常重视“挖掘每个人正直的品质，发挥每个人良好的作用”，强调在整体上关注人，建立个人与组织的全面整体关系，以坦白、开放、沟通作为基本原则打造团队运行质态，客观上最大限度地发展了“人”的价值。

第二节　教学诊断方法策略

教学诊断作为一种干预行为，其动力不仅来自专家的有效引领与教师的协同帮助，更来自教学利益直接相关者的教师、学生与家长。当前，教学诊断研究与实践仍然在不断发展与完善之中，其突出问题是对教学诊断方法策略认识不够、理解不深刻、掌握不牢固，严重影响了教学诊断的常态化、规范化与科学化发展。因此，有必要掌握教学诊断的方法、运行机制，并在此基础上建构教学诊断模型，以助益教学诊断目标的实现。

一、教学诊断主要方法

教学诊断必须遵循循证医学基本原理，最佳证据、医生临床经验与技能、患者需要选择是循证医学的三大要素，一证据要分级、推荐有级别，二证据要不断地“与时俱进”，是循证医学的两大核心②。现实中的教学诊断不容乐观。调研发现，教学疾病依然持续蔓延，越是教学质量高的学校越重视教学诊断活动，越是教学质量上乘学校的高学历、高职称教师越经常开展教学诊断活动。因此，在深入理解教学诊断思维、内

① Z理论(Theory Z)是美国日裔学者威廉·大内在1981年出版的《Z理论》一书中提出来的，其研究的内容为人与企业、人与工作的关系。Z理论认为，一切企业的成功都离不开信任、敏感与亲密，因此主张以坦白、开放、沟通作为基本原则来实行“民主管理”。

② 曾宪涛，邝心颖，孙燕，等．什么是循证医学?[J].湖北医药学院学报，2013，32(1)：1-5.

涵与原则的基础上，还必须掌握教学诊断方法。从根本上说，运用教学诊断方法是搜集材料与汇集信息的过程。

（一）考试测验法

考试测验法是教学诊断最常用、最基本的方法之一，是指运用考试的方式测验学生在知识、技能或心理等方面存在的问题，通过分析与诊断，查清原因并寻求解决之道的方法，其功能在于诊断，而不在于选拔，本质上是诊断性测试与形成性测试的统一。尽管人们对考试颇有微词，但考试不失为适合当前我国国情的最有效方式。应试教育与素质教育的根本区别不在于是否存在考试，不可否认，“采行考试是历史的选择，在没有或想不出更好的办法之前，考试是不可废的”[①]。然而考试测验不同于日常所说的考试，而是通过测验获得学生信息反馈并促使教师与学生按照需要不断地改进教学与学习，及时弥补不足，并让教学成为一个自觉的纠正系统，使教学与学习在不断测评、反馈、修正或改进过程中趋于完善，从而接近或实现教学目标。正如王后雄所言，诊断性测验与总结性测验、形成性测验不同，总结性测验侧重对已完成教学效果的评估，是“回顾式”的；形成性测验侧重教学的改进与不断完善，是“前瞻式”的；诊断性测验是侧重发现和诊断问题，为改进教学提供科学依据，是“改进式”的，并兼有“前瞻式”的特点。需要说明的是，王后雄仅将诊断性测验应用于教学诊断，本书所指的考试测验法主要包括形成性测验和诊断性测验，但考试测验法一般不单独使用，而是与其他方法相互补充使用。

（二）听课评课法

听课评课法也是教学诊断最常用、最基本的方法之一，是指由诊断者有目的、有计划地选择听课对象，在征得授课教师同意后在其上课前就坐在教室后面或角落里观看、倾听并记录师生的语言、行为等内容，

① 田建荣.采行考试是历史的选择[J].湖北招生考试,2005(8):9-11.

而在听课后再与授课教师一同探讨教学特色或存在问题并寻求问题解决之道的方法，是目前最常用的校本教研方式之一。在听课过程中需要关注的内容很多，包括教师的教学行为、学生的学习行为以及师生互动关系等，但重点关注的内容是教学目标、教学内容、教学基本功、教学策略和学习效果，而师生的适合度是关注的焦点。调研发现，当前听评课存在的最大问题是“重听轻评”，而最严重的问题是听课自觉性不强、听课质量不高、评课流于形式。究其原因，一是由于听评课活动掺入了更多的“微观政治”元素，即听评课活动大都是由年级组自行安排并强制要求的，而选择授课教师大都是基于考试分数之上的，导致一线教师对习以为常的听评课活动极为反感。需要指出的是，听评课作为教学诊断的基本方法之一，今后应当从形式到内容进行大力革新，否则或会被现代教学诊断所淘汰。

（三）课堂观察法

课堂观察是近年来比较流行的一种超越传统听评课的方法，也是教学诊断经常用到的方法之一。课堂观察的具体方法很多，埃里奥特、温特、麦克纳等人都研究并介绍过很多课堂观察的具体方法。埃里奥特提出了诸如备忘录分析、日记、档案文献、照片记录、音响记录、观察、访谈、项目对照清单、暗中观察、问卷、轶事分析、三角分析、个案分析等方法；温特介绍过日记日志、文献收集、观察、问卷、访谈、暗中观察、音响记录、协商及记录、照相、三角测试等；麦克纳则列举出了陈述数据收集、参与性观察、轶事记录、简单个案报告、分析性备忘录、个案研究、日记日志、现场记录、暗中行为记录、照片记录、音响记录、检查表、个人行动记录、交互行动分析、定量分析评定等方法；张孔义将课堂观察分为定性观察和定量观察两种，定性观察包括经常用到的课堂实录、课堂描述、课堂叙事等，定量观察包括使用频率较高的三角形观察法、弗兰德斯的师生互动观察法、师生认知活动观察法、行为检评表以及创设情境观察法等[①]。

沈毅、崔允漷等人则将课堂观察定义为通过观察课堂的运行状况进行记录、分析和研究，并在此基础上谋求学生课堂学习的改善、促进教师发展的专业活动，并提出了课堂观察LICC范式，即课堂的核心是学生学习（Learning），而影响学生学习的三大关键因素是教师教学（Instruction）、课程性质（Curriculum）和课堂文化（Culture），又将上述4个要素分解为5个视角，每个视角又分解成3～5个可供选择的观察点，由此形成了“4要素20视角68个观察点”的课堂观察体系。

（四）临床指导法

临床指导（Clinical Supervision）是指导者（教学研究人员、督学、专业理论工作者、专家型教师、骨干教师等）深入课堂，做现场观察，记录、分析教学行为，提供关于教学过程的反馈信息，帮助教师自我分析与反思，以增进“践之知”的一种专业引导策略[②]。临床指导强调深入教学现场，对教师进行一对一（或几对一）、面对面的高度个性化灵活视导，通过系统观察，建立及时有效的反馈系统，重点诊断教师的教学行为，以便澄清教学问题的症结所在，注重教学过程的自我反思。由此可见，临床指导法与传统的听评课活动的组织形式都是一对一或多对一的关系，但也存在着明显的不同：临床指导的目的是促进教师专业发展，听评课活动主要用于教师考评；临床指导中指导者与授课教师的关系是服务与被服务的关系，而听评课活动中听评课者与授课教师往往是监督与被监督的关系或学习与被学习的关系；指导者在临床指导前会与授课教师共同商讨教学策略，听评课活动在听课前如事先通知教师，教师会反复准备、试教，不能反映真实情况，而事前不通知教师，教师又会十分反感；临床指导在听课时只以教师教学活动中的某一方面为重点进行系统观察，而听评课往往要求全面观测记录；临床指导在听课后会提供

① 高文.现代教学的模式化研究[M].济南：山东教育出版社，2000：68-69.

② 柳夕浪.课堂教学临床指导[M].3版.北京：人民教育出版社，2011：52.

反馈，而听评课活动在听课后往往会做出综合评定。柳夕浪强调教学临床指导以课堂教学与观察为中心，将教学临床指导的周期分为定向与计划、教学与观察、分析与改进三个阶段，且三个阶段先后相继，周而复始[①]。

（五）现场观察法

现场观察法是观察者利用自己的感觉器官或借助观察工具能动地了解处于自然状态下的社会现象的方法，又叫实地观察法。在教育教学研究中，研究者可以根据不同的目的、需要和问题特征进行多种途径的现场观察，如参观学校、听课、参加学校的各种活动、家访等，但这些途径不是孤立的，而是相互配合、补充的，从多方面、多角度观察人、事、物等情况。根据观察者的角色，现场观察分为参与观察和非参与观察；根据观察的内容和要求，现场观察分为有结构观察和无结构观察；根据观察对象的状况，现场观察分为直接观察和间接观察。不管哪种现场观察，都要遵循客观性原则、全面性原则、深入性原则、持久性原则以及法律和道德原则。

现场观察前应当做好充分的准备，包括确定观察问题、制订观察计划、设计观察提纲等，其中设计的观察提纲一般都要涉及“谁”“什么”“何时”“何地”“如何”“为什么”等内容。观察的实施过程分为全方位的开放式观察、逐渐聚焦、选择性观察等三个阶段。观察的同时要做好记录，记录的过程也是研究者厘清思路、对事件进行初步分析的过程，可采用描述记录法、取样记录法、行为核对表等进行记录。观察者记录的语言要具体、清楚、实在，命名要准确。现场观察后要对记录的资料进行分析、整理与归纳。应当明确的是，现场观察可以掌握第一手资料，但容易给观察对象造成压力，影响观察效果。因而在现场观察的时候，要选好观察对象和环境，选准观察时间和场合，灵活安排观察程序，与观察对象建立良好的人际关系，尤其要将思考贯穿整个现场观察的始终，

① 柳夕浪.课堂教学临床指导[M].3版.北京:人民教育出版社,2011:25-52.

并及时做好观察记录，制作观察记录工具，努力减少观察误差。

（六）问卷调查法

问卷调查法也是教学诊断常用的方法之一，是研究者通过问卷的形式，来收集研究对象关于教育教学问题或教育教学现象信息的方法[①]。问卷调查法一般包括设计前的探索、设计问卷结构、设计问卷初稿、试用和修改问卷、发放和回收问卷、分析调查结果等6个步骤。问卷调查法在教学诊断中也不可单独使用，而是作为其他方法的补充，通过对师生的问卷调查，可以了解发生在教学活动中的一些更深刻的信息，尤其可以适当设计一些开放性的题目，留给被调查师生更多的话语表达权，会收到更好的效果。

（七）录像分析法

录像分析法是利用现有的多媒体教学监控系统，通过观看教学录像发现教学成功的亮点或教学特色，并查找问题、探寻原因、指导改进，从而不断优化与完善教学行为的一种方法[②]。录像分析法与传统的听课观课活动相比，具有减少对师生的干扰、不受时空限制的优势，研究者通过反复观看教学现场，能够捕捉到较真实的课堂常态，从而为研究者提供第一手可靠的资料[③]。录像分析包括录像准备、教学过程录像、教师访谈和录像分析等4个基本步骤，教师访谈的主要目的是了解教师的教学设计、教学目的以及教学背景资料，录像分析则要通过教学结构分析、制作教学记录表来对录像课进行定量、定性分析并做出判断。录像分析法具有其他诊断方法不可比拟的优点，使对复杂过程的研究和诊断成为可能，提高了诊断者之间的可信度，可以根据变化了的标准进行重新诊

① 杨小微.教育研究方法[M].北京:人民教育出版社,2005:79.

② NIU W, STEINBERG R J. Contemporary studies on the concept of creativity: the east and the west [J].Journal of Creative Behavior,2002,36(4):269-288.

③ RUNCO M A. JOHNSON D J. Parents' and teachers' implicit theories of children's creativity: a cross cultural perspective [J].Creativity Research Journal,2002,14(3/4):427-438.

断，有利于反馈诊断结果，为教师改进教学提供了大量的新思想[①]。尤其是随着录像机、电脑以及网络平台的普及，录像分析法在教学诊断中得到广泛应用。

（八）师生访谈法

访谈法是研究者通过与被调查者面对面地交谈，以口头问答的形式来了解相关信息的一种调查研究方法[②]，是教学诊断常用的方法之一。师生访谈法是诊断者采用交谈方式与师生面对面进行的口头直接调查，也是诊断者与师生双向交流的互动式调查，需要较高的访谈技巧。按标准化程度，师生访谈分为结构化访谈和非结构化访谈；按一次访谈的人数，师生访谈分为个别访谈和集体访谈。师生访谈包括访谈题目、访谈对象、访谈准备、实施访谈以及资料分析等要素。需要强调的是，师生访谈时要做好记录，在必要的时候可以借助录音设备；访谈后要及时整理记录，做好定性或定量分析并得出研究结论。

（九）团体会诊法

团体会诊法来源于教育会诊制，其本质是合力诊断，包括会诊主体、会诊对象和会诊形式三大要素，而会诊形式包括班内会诊、班间会诊、校内会诊、校外会诊等。但是教育会诊制的对象仅仅是问题学生，而团体会诊法作为教学诊断的重要方法之一，会诊的对象是教学活动，具体来说既包括教师及其教学活动、学生及其学习活动，又包括师生互动合作质量。团体会诊的主体是由教学专家、执教教师、教师同行、学生、家长以及社会专业人员所组成的教学诊断团队，与教育会诊制有明显的不同。

团体会诊也与教学会诊具有明显的差别。所谓教学会诊就像医生看病一样，由班主任和任课老师对一些学生在情感抱负、认知特点、学业

① 王后雄.化学教学诊断学[M].武汉:华中师范大学出版社,2002:27-28.

② 杨小微.教育研究方法[M].北京:人民教育出版社,2005:103.

成绩、策略方法、习惯特长等方面进行会诊，先由学生自述，谈自己对学习各方面的认识与评价，说出自己的学习缺陷与困惑、学习期望与抱负，然后由参加会诊的老师对这些学生的情况进行分析与评价，判明学生知识与技能策略的掌握程度和能力、品格的形成状况，分析学生在学习上的成败原因，诊断其是非智力因素的原因还是学习策略上的原因，是认知上的原因还是学习风格上的原因，然后有针对性地提出改善措施和具体要求，在双方取得基本一致意见的前提下订立具有可行性、可操作的学习契约。团体会诊法主要用来解决教学中的“难题”，如果单凭诊断者个人无法解决遇到的问题，就要组织进行团体会诊，通过多元化主体协同解决疑难问题。

（十）五诊合参法

诊法是中医诊查收集病情的基本方法，包括望、闻、问、切四诊，但中医诊断往往都不只用一个诊法，而是将望、闻、问、切四诊结合起来诊断疾病，这种四诊并用或四诊并重的做法在中医诊断学上被称为“四诊合参”。实际上，在教学诊断过程中，借用中医诊断学的四诊合参法来诊断教学疾病，还应加上一个“思”，因为只有“思”才能充分利用诊断思维对收集到的材料进行筛选、分析，探求问题解决之道。如此，“望”是指诊断者用眼睛观察教学的情状，“闻”是指诊断者用耳朵倾听教学的声音，“问”是指诊断者用口询问教学的症状，“切”是指诊断者用大脑为教学把脉、探因，“思”是指诊断者用心思考问题解决之途。因而，教学诊断中所用的五诊合参法是指诊断者依据一定的标准运用望、闻、问、切、思等手段对教学过程进行诊视与判断，发现教学特色及存在的现实问题并提出改进措施，优化教学品质，促进师生共同发展的方法。运用望、闻、问、切、思五诊合参法诊断教学，各诊法的任务不同，但都服务于教学疾病的诊断与治疗。五诊合参法中“五诊”的任务及具体项目如表2-1所示。

表 2-1　五诊合参法中“五诊”的任务及具体项目

五诊	任务	具体项目
望	望其状	教师教学行为、学生学习行为、师生互动状态、课堂整体氛围
闻	闻其声	教师讲解提问、学生发言交流、师生互动质态、课堂流程安排
问	问其症	询问教师设想、询问学生所得、询问自己所感、询问学情教情
切	切其因	分析学生问题、分析教师问题、反思教学问题、总结教学特色
思	思其解	解决学生问题、解决教师问题、解决教学问题、解决其他问题

（十一）电脑化疗法

随着“互联网+”时代的到来和医学诊断技术的不断进步，电脑化疗技术日益成熟，教学诊断方法也迈进了现代化时代。电脑化疗法作为教学诊断的重要方法，有益于教学诊断目标与任务的实现。电脑化疗法以录像分析法为基础，充分利用多媒体教学监控系统和远程教育平台，基于云计算与云服务技术，利用先进的电脑技术、设备对教学活动进行实时录像、分析、诊断，是信息技术与课程、教学的深度整合与有效衔接。电脑化疗法遵循“教学结构分析—交互行为分析—教师行为分析—教师反思—教师行动研究”技术路线。电脑化疗分为两个阶段，第一阶段是教学流程信息的处理，呈现方式是课堂记录表；第二阶段是教师教学行为分析，应用课堂交互分析框架和量表对教师行为进行提炼和分析，呈现方式是教师的讨论和反思。

学校诊断与改进平台系统的开通，为教学诊断提供了极大的便利，通过对学校课程、学生、制度、文化、教师和校长等的全面科学诊断，帮助城乡各层次、不同发展水平的学校解决制约学校发展的瓶颈问题，制定学校发展长远规划，促进学校快速发展，打造一批区域甚至全国名校；通过专家报告、观课评课、示范观摩、案例研讨、走进名师课堂等形式，开展教学变革，感受专家、名师的教学魅力，提高教师教学水平与艺术，让课堂真正成为学生喜欢的地方；通过名师专题报告、构建虚拟名师工作室等形式，深入研究和实施导师制，构建新型的和谐师生关系，让每位教师真正发挥“人生指导、心理疏导和学业指导”作用，成为学生成长的导师。值得一提的是，该平台系统由资深专家为学校教学诊断出具详尽的诊断报告书，可以进行实地调研并出具针对存在问题的解决方案，也可以带队进行实地改进服务，教学诊断将走向专业化、社会化、市场化之路。

二、教学诊断运行机制

“机制”泛指一个工作系统的组织或部分之间相互作用的过程和方式，教学诊断运行机制是指教学实践与教学诊断干预行动之间相互作用的过程与方式。教学诊断作为一种干预行为，其动力除了来自专家的有效引领与教师的协同帮助外，更来自教学利益直接相关者的教师与学生，而崇尚简约之简单哲学、可行之可操作程序是普及教学诊断活动、发挥教学诊断效用的重要条件。当前，教学诊断研究与实践仍然在不断发展与完善之中，其突出问题是师生对教学诊断的干预行动认识模糊、对教学诊断运行节律理解肤浅、对教学诊断保障措施认识不足。因此，深入研究教学诊断操作技术、理解教学诊断干预行动、探索教学诊断运行规律，成为教学诊断研究与实践的现实诉求。

（一）教学诊断操作技术

教学诊断依赖于教师扎实的学科知识、系统的教学理论、全新的教学理念、丰富的教学经验和科学先进的诊断工具（如教学诊断标准体系和录音机、摄像机、采访机等先进的诊断设备）[①]，要求教师具有改革创新的勇气、反思总结的习惯和立志成为教育家的愿望，从表到里、从现象到本质，实现认识的飞跃与理解的深化。教学诊断操作技术是当前教师的一个“短板”。教学诊断操作技术是实现诊断目的和效果的重要保

① 欧阳芬，赵卫胜．农村课堂教学诊断[M]．长春：吉林大学出版社，2006：211.

障，也是教学诊断研究与实践的难点问题。

最好的操作技术是以现代教育教学观为指导，在遵循规范化的操作过程、依据科学化的操作模型的前提下，能够有效地“诊视”教学理想与教学实践之间的“偏差”，并依据这种“偏差”准确地做出相应的“判断”，从而探寻出问题解决之道的策略、路线与方法。教育是以人为中心的事业，教育意味着启蒙人、解放人，这也是教学诊断的永恒追求。由于选择研究方法和工具的主要根据是课题研究的目的、内容、对象和研究者自身的情况等因素①，教学诊断适宜采用三角分析技术、教学差距图技术、“5W1H”技术、程度坐标技术、逻辑树技术和“SWOT”技术以及现代教育诊断技术等。

三角分析技术的基本思路是要准确确定某一点的位置，依靠其他两个不同点的位置②，广泛准确地搜集资料，减少甚至杜绝因只听取一方的意见而导致的误诊误判。广泛准确地搜集资料是教学自我诊断的首要步骤。

教学差距图技术就是将教师的教学活动与学生的学习活动的关键问题、教学设计与教学实践的关键问题分别通过量化评分而标示出的差异图，以便从中发现问题。运用教学差距图技术很容易就能发现教师的教学活动与学生的学习活动的“偏差”、教学设计与教学实践的“偏差”，从而清晰地找出问题、分析问题，因而成为教学诊断最关键的技术之一。

“5W1H”是指“Who”（谁）、“What”（什么）、“Where”（哪里）、“When”（时间）、“Why”（为什么）、“How”（怎样），通过全方位地询问、探寻特定的人、事件、时间、地点、原因、问题的程度等情况来全方位地确定、澄清问题所在。

程度坐标技术就是将事情的轻重缓急用坐标的形式标示出来，先确定既重要又紧迫的问题，再确定既紧要又可控的问题，而“紧要 + 可控”的问题正是确定短程诊断与治疗的对象，亦是优先解决的问题。

① 杨小微.教育研究方法[M].北京：人民教育出版社，2005：11-21.

② 班建武.学校德育问题诊断的策略[M].上海：华东师范大学出版社，2014：1-23.

逻辑树技术包括逻辑树法和关联图法，是绘制问题及其原因关系图的方法①，本质上是把问题结构化的一种追究问题发生原因的技术。

"SWOT"是指"Strength"（优势）、"Weakness"（劣势）、"Opportunity"（机遇）和"Threat"（威胁），是指导诊断目前成功的因素（优势），以及可能影响成功的内部情况（劣势）和外部发展（威胁），迈克尔·I.哈里森认为"SWOT"技术是简单而有效模型的较好代表。

在教学诊断过程中，还可以灵活地运用诸如临床指导技术、时动分析技术、教育会诊技术、弗兰德斯互动分析系统、课堂观察双向互动系统、课堂评分系统、课堂观察方案等现代化标准化诊断技术。另外，课堂志作为教学研究的方法论与方法，也不失为一种教学诊断技术，其核心是深描，旨在通过深描揭示教学现象背后的文化意义②。

（二）教学诊断干预行为

教学诊断依据诊断主体的不同被分为自我诊断、同行诊断与专家诊断，但由于对各自的诊断客体并没有进行深入探讨与研究，导致教学诊断由于干预机制的缺失而大大削弱了诊断效果。本书将教学诊断分为常规诊断、生态诊断与文化诊断三个不同类型。常规诊断的主体主要为执教教师，生态诊断的主体主要为教师同行，而文化诊断的主体主要是教学专家。多元主体协同诊断是教学诊断的精髓，本质上都是以教师的教学活动为切入点，以学生的学习活动为落脚点的教学干预行为。

教学自我诊断主要是执教教师依据现代教育教学价值观对教学常规活动的诊视与判断。教学同行诊断主要是由教师同行依据现代教育教学价值观对教学生态状况的诊视与判断，应当强调的是，教学同行诊断的前提是教师同行已经具备教学诊断学力，并且教师群体尤其是同一学科组的教师群体已经组成了作为教学利益相关者的学习共同体。教学专家诊断主要是由教育教学专家依据现代教育教学价值观对教学文化质态的

---

① 林云.学校诊断与发展基础教程[M].桂林：广西师范大学出版社，2009：35-38.

② 王鉴.课堂志：作为教学研究的方法论与方法[J].教育研究，2018，39(9)：122-132.

诊视与判断。由于教育教学专家在教学诊断活动中主要发挥引领与指导作用，因而教学专家诊断应当在教师已经具备教学自我诊断学力和足以胜任诊断同行教学的基础上，通过对课堂文化的诊断来提升教学中的师生适合度（指教学生态系统中两个个体发生直接相互作用时各自活动符合对方需要的程度[①]），而课堂文化集中体现在课堂思维力度、课堂民主氛围、课堂创新维度、课堂生成状况、课堂关爱宽度以及教学特色等几个方面。教学专家诊断以其引领性、指导性与权威性来影响同行诊断与自我诊断，从而促成师生的自我回顾性反思、信息提示性反思、同行诊断性反思、榜样对比性反思[②]。教学诊断干预行为如图2-1所示。

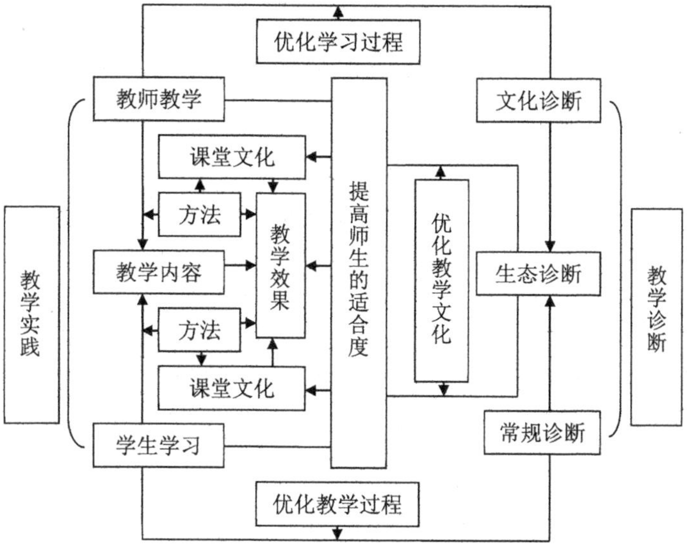

图2-1　教学诊断干预行动

（三）教学诊断运行节律

节律是物体运动的节奏和规律，教学诊断运行节律是指教学诊断作为一个完整的动态开放系统的各要素内部以及各要素之间的运行规律。

① 孙芙蓉.健康课堂生态系统研究刍论[J].教育研究,2012(12):77-83.

② 张泽科.叩问教育的“天道”——探访宜宾市翠屏区义务教育的本质发展路径[J].四川教育,2008(5):4-10.

教学系统主要由相互联系、相互作用的教师、学生、教学内容、教学策略等要素组成，而任何系统都具有整体性、层次性、动态性与开放性等特征：系统的整体性决定了组成教学系统的诸要素是以有机结合的整体存在而发挥作用的，确保整体功能大于要素功能之和；系统的层次性决定了教学系统可以分解为不同层次的子系统，从而助力系统功能的实现；系统的动态性决定了教学系统的诸要素内部和诸要素的变化发展，从而引起整个系统的动态发展；系统的开放性决定了教学系统总是在特定的环境中并与环境相互作用、相互影响且进行着能量的交换，从而维持系统的动态发展过程。

教学诊断也与教学实践一样是一个动态发展的开放系统。教学诊断系统由诊断主体、诊断客体、诊断方法等要素构成，依据诊断主体的不同可大体分为自我诊断、同行诊断与专家诊断，依据诊断层次的不同可分为常规诊断、生态诊断与文化诊断，依据诊断系统构成的特点可分为要素诊断、结构诊断与功能诊断。通过对不同类型、不同层次教学诊断的分析发现，教学诊断运行节律具有以下特点：

第一，教学常规诊断、生态诊断与文化诊断是教学诊断由低到高的三个不同层面，且常规诊断、生态诊断与文化诊断是一个相互作用、相互协调的整体，其诊断对象分别为教学过程、课堂生态与课堂文化，而常规诊断、生态诊断分别隶属于自我诊断与同行诊断，但都指向教学效果。

第二，教学自我诊断、同行诊断与专家诊断是教学诊断由低到高的三个不同层级，也是一个相互影响、相互协同的整体，其诊断客体分别为教学过程、课堂生态与师生适合度。

第三，教学要素诊断、结构诊断与功能诊断也是教学诊断的三个不同层面，但其作用机制是“要素—结构—功能”单行流动，因而教学要素诊断、结构诊断与功能诊断是一套独立而又封闭的诊断体系。任何一个系统的发展都必须具备要素、结构与功能三个基本条件，要素是指组成系统的必不可少的因素或单元，教学要素诊断主要是对组成教学系统的诸如教师、学生、教学内容、教学策略以及教学环境等因素的诊断；结构是指组成系统的各要素的搭配与安排，教学结构诊断是对组成教学系统的诸要素（主要是师生关系、生生关系、以人与环境关系为核心的空间结构、以教与学的过程为核心的时间结构等）之间搭配与安排的诊断；功能是指组成系统的诸要素以及诸要素构成的结构所发挥的作用或效能，教学功能诊断本质上是对教学系统的要素功能、结构功能以及平衡力、恢复力等功能的诊断，对教学系统来说，主要诊断对象是教师、学生、策略与教材功能发挥的程度。因此，封闭与开放并存，独立与联结相间，客体随主体变化，立足于教学实践，着眼于当前发展，是教学诊断的基本运行节律，如图2-2所示。

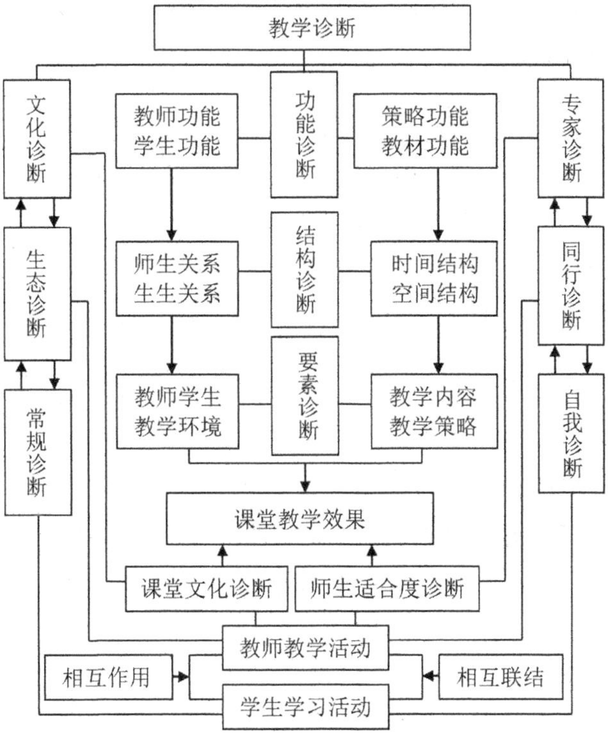

图2-2 教学诊断基本运行节律

三、教学诊断操作模型

大多学者都集中于教学诊断概念、特点、原则、视角等方面的研究，甚至将教学评价等同于教学诊断，由于当前学界缺少对教学诊断的模型建构，致使教学诊断成为“看起来很美”而“做起来很难”的水中月、雾中花。教学诊断模型建构科学化是保证诊断效果的重要因素，也是教学诊断研究与实践的核心内容之一。依据教学诊断原理构建教学诊断操作模型，成为当前紧迫而又重要的课题。需要强调的是，教学诊断操作模型都是以现代教育教学价值观为指导的。以教学诊断操作模型为教学诊断的切入点，帮助诊断者更好更快地找出教学理想与现实之间的差距是建构教学诊断操作模型的重要目的。

（一）教学常规诊断操作模型

迈克尔·I.哈里森（Harrison M. I.）认为，成功的诊断极大地依赖于诊断者所运用的建构并确定诊断问题、分析调查结果、提供反馈信息的方式，及行为科学模型、宽泛指向隐喻以及生产模型的框架。教学目标、教学内容、教学策略和教学效果等要素是教学常规诊断的客体，建构教学常规诊断操作模型必须依据诊断客体的客观要求和教学诊断本身的特点。教学设计的质量直接决定着教学效果，因而教学设计在一定程度上成为教学常规诊断的标准，但前提是教学设计必须具备科学性、发展性、教育性和实践性。教学常规诊断就是要找出教学设计与教学实践的“偏差”。

科学性、发展性、教育性和实践性是教学设计的前提，情境性、生成性、动态性、目标性、效果性是教学实践的根本要求。教学实践中理想与现实的差距，可以用十字对应坐标来确定：在一个“十”字上，两线交点为0，横线左右两端分别为教学内容、教学目标，竖线上下两端分别为教学策略、教学效用，教学设计中的目标、策略、内容与效用经过量化后就在对应的线上分别为一个点，将这些点连接起来即为教学理想状态；教学实践中的目标、策略、内容与效用经过量化后也在对应的线上分别为一个点，将这些点用虚线连接起来即为教学实践状态（如果要求师生适合度，只需把纵横坐标分别设为教师教学与学生学习即可），如图2-3所示。

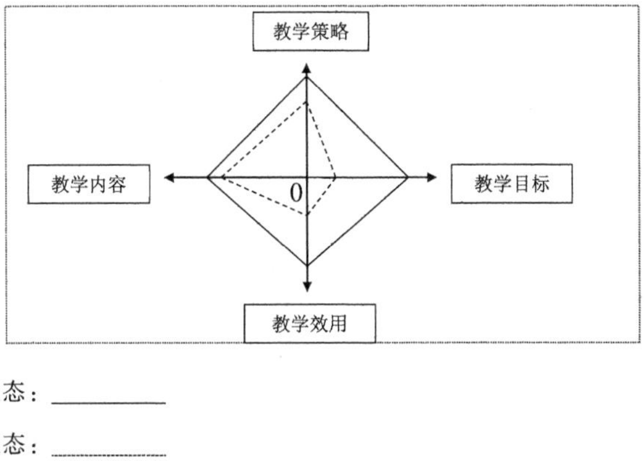

图2-3　教学实践中理想与现实差距坐标系

教学设计是依据现代教育教学价值观，结合教材特点、师生发展状况以及教学软硬条件对教学目标、教学内容、教学策略以及教学效用等因素的预设；教学实践是依据教学设计，结合具体教学情境而自然流现或人为铸造的对学习目标、学习内容、学习方法以及学习效用等因素的生成。教学设计的“预设”本质与教学实践的“生成”要求决定了教学常规诊断的必然性与必要性，但二者都受制于教师因素、学生因素、环境因素、教材特点以及教学软硬条件等因素。教学常规诊断操作模型如图2-4所示。

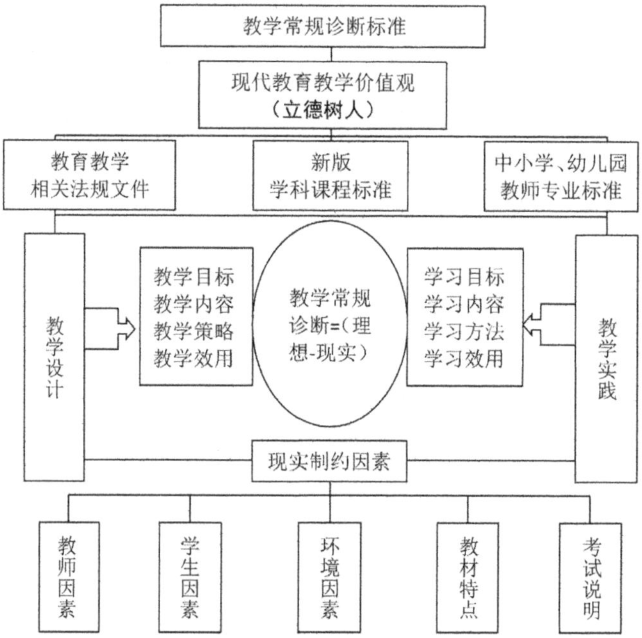

图2-4 教学常规诊断操作模型

（二）教学生态诊断操作模型

教学生态诊断标准是课堂生态理论以及由此而产生的教育教学理论，而现代教育教学价值观是所有类型教学诊断必须遵循的准则，学科课程标准、幼儿园和中小学教师专业标准、学前中小学教育专业认证标准等是现代教育教学价值观的重要体现，但也都受制于教师因素、学生因素、环境因素、教材特点和考试说明等。教学生态实践中理想与现实的差距，可以用十字对应坐标来确定：在一个“十”字上，两线交点为0，横线左右两端分别为教师教学、学生学习，竖线上下两端分别为师生关系、生生关系，教学设计中的教师教学、学生学习、师生关系、生生关系经过量化后就在对应的线上分别为一个点，将这些点连接起来即为教学理想状态；教学实践中的教师教学、学生学习、师生关系、生生关系经过量化后也在对应的线上分别为一个点，将这些点用虚线连接起来即为教学实践状态，如图2-5所示。

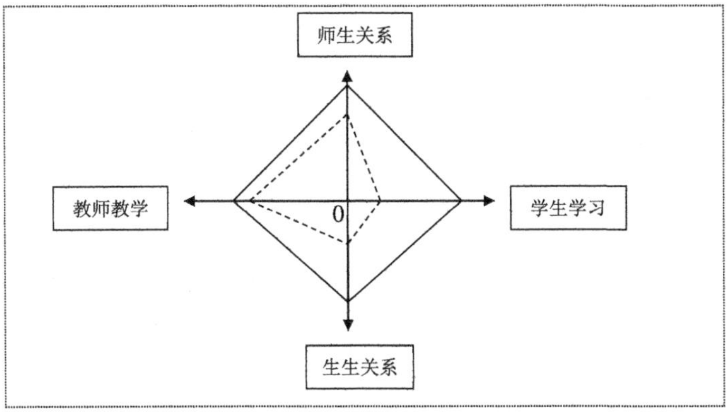

理想的教学状态：__________

现实的教学状态：__________

图2-5　教学生态实践中理想与现实差距坐标系

教学生态研究的对象是教师或学生同教室环境之间的关系和师生之间、生生之间的关系[①]，判断一个系统是否健康的标准是活力要素、组织结构要素和恢复力要素是否处于动态平衡状态。教学生态系统的活力要素是在“课堂”这个特定的环境中指导学生学习的教师和接受教师指导学习的学生。生态系统的结构（Ecosystem Structure）是指生态系统中的生物和非生物的诸组分在时间、空间、功能上的分化与配置而形成的各种有序系统[②]，而相互联系和相互作用是生态系统实现其整体性的根本所在。课堂生态组织结构是指课堂生态系统中生物与非生物的诸组分在时间、空间和功能上的分化和配置而形成的各种有序系统[③]。教学生态诊断就是充分利用恢复力的功能通过对课堂活力要素、结构要素进行诊断来增强系统恢复力。教师活力要素功能是教学生态诊断的重要内容，师生关系功能是教学生态诊断的焦点。教学生态诊断模型如图2-6所示。

① 孙芙蓉.课堂生态研究[M].杭州:浙江大学出版社,2013:44.

② 丁圣彦.生态学:面向人类生存环境的科学价值观[M].北京:科学出版社,2004:105.

③ 孙芙蓉.课堂生态研究[M].杭州:浙江大学出版社,2013:133.

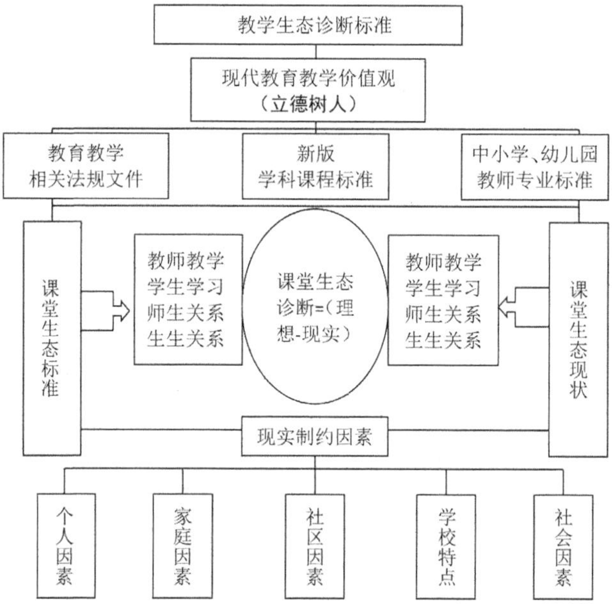

图2-6　教学生态诊断操作模型

（三）教学文化诊断操作模型

一切教育改革本质上都是一场文化重建活动，班建武认为教育就是一个文化“化”人的过程。学校教育尤其是大学教育对整个社会文化的发展具有责无旁贷的引领作用，学校教育所固有的相对独立性决定了其对社会文化的引领作用，而学校特色发展是学校教育引领社会主流文化健康发展的重要成果。学校文化折射出了社会文化的现实，更对社会文化具有不可替代的引领作用，而教学文化是学校文化的核心与灵魂，这就决定了教学文化突围与重建的必要性与必然性，教学文化诊断成为新时代“后新课改”优化教学文化品质的重要途径。教学文化可分为物质文化、制度文化、行为文化与精神文化等四大类，而本质是组织文化。教学组织文化是在教学活动中师生所表现出来的行事方式和处事态度，是作为“组织人”的教师与学生在课堂这个“组织”中的行为的内在规定性与行为所体现的价值判断，具有鲜明的时代性、多样性、感染性与弥散性等特征和强大的教育价值。

教学文化诊断虽然是教学诊断的重要组成部分，但并不仅仅是“找问题”，而是在“找问题”的同时，探寻特色、总结经验；更不仅仅是围绕着“问题”寻根究底“查原因”，而是通过存在的问题看到改进的方向。教学文化诊断“诊视”与“判断”的是师生行为所表现出的内在规定性与价值观，依据的是教育教学价值观和课堂文化健康质态，因而教学文化诊断的过程就是解构原有教学文化的过程，更是重建新型教学文化的过程。从这个意义上来说，教学文化诊断既是一种推进教学研究的活动，又是一种优化教学品质的技能；既是一种促进师生共同发展的方式，又是一种促进学校特色发展的策略，更是一个寻求教育变革与发展的过程。

教学文化实践中理想与现实之间的差距，可以用十字对应坐标来确定：在一个“十”字上，两线交点为0，横线左右两端分别为精神文化、行为文化，竖线上下两端分别为制度文化、物质文化，教学文化理想中的精神文化、行为文化、制度文化、物质文化经过量化后就在对应的线上分别为一个点，将这些点连接起来即为教学文化的理想状态；教学文化实践中的精神文化、行为文化、制度文化、物质文化经过量化后也在对应的线上分别为一个点，将这些点用虚线用连接起来即为教学文化的现状，如图2-7所示。

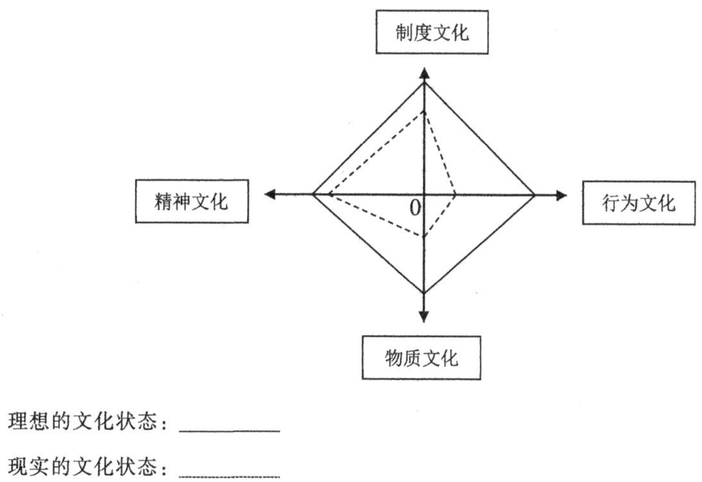

图2-7　教学文化实践中理想与现实差距坐标系

教学文化诊断作为问题解决的过程，不仅是一个认知思维的过程，更是一种实践活动，因而教学文化诊断也必须遵循“戴明环”科学程序。教学精神文化是教学文化的核心，寻找现实中的教学精神文化与理想中的教学精神文化之间的“差距”是教学文化诊断的重要内容。由于师生的行为集中体现了教学文化的内隐规矩和内隐概念，这种凝聚在师生中的内隐规矩与内隐概念是作为“组织中的人”对课堂文化尤其是教学文化的价值判断，因而对师生行为的诊断成为教学文化诊断的关键因素。迈克尔·哈里森研制的诊断个体和群体行为的模型，为诊断教学中的师生行为提供了基本框架：诊断目标与标准是诊断有效性的关键；师生特点、师生关系、生生关系以及技术手段等对师生行为结果具有决定性影响；教学精神文化制约着师生的行为，师生行为也在一定程度上影响着教学文化①。教学文化诊断操作模型如图 2-8 所示。

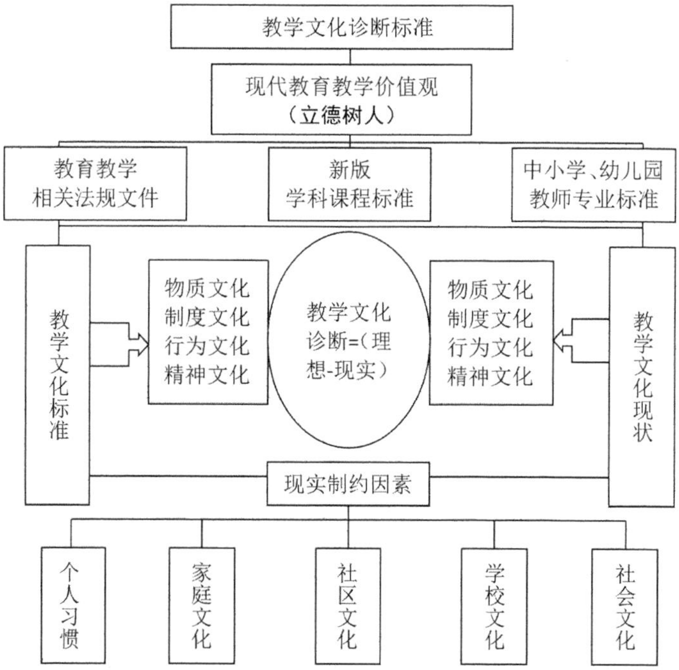

图 2-8　教学文化诊断操作模型

① 尹达.课堂教学自我诊断：过程实施、操作模型与实用技术[J].中小学教师培训，2017(2)：36-39.

第三节　教学诊断标准建构

受促进学习的教学评价国际思潮的影响，教学诊断研究成为当前我国教学论领域关注的焦点问题，然而通过调查发现，教学诊断标准的缺失或泛化，严重影响了教学诊断的效果。因此，教学诊断标准的建构与研制，成为新时代“后新课改”的现实诉求。同时，研制和开发教学诊断标准，不仅可为一线教师反思自身教学实践提供参照，也可为教师培训机构、师范院校、教师教育机构等提供必要的依据，还可为教育教学管理部门、教育科研院所评估与检测教学质量提供一定的帮助。

一、教学诊断标准研制依据

教学诊断标准的建构，必须立足于教学实践，从生态系统理论的视角将教学视为一个完整而又复杂的生态系统，厘清教学内部各要素及其与环境之间的相互关系，并在此基础上以相应的政策法规为依据，吸收有关理论研究成果，满足当前教师专业发展和优化教学品质的客观现实需求。因此，教学诊断标准的建构，除了要以当前教学及其诊断现状为实践依据之外，还必须以相关的政策法规和教育教学理论为依据。

（一）教学诊断标准的法规依据

范国睿指出，健康的教育教学生态取决于健康的教育教学价值观，而促进人的全面、健康、和谐发展是健康教育教学价值观的核心内容。《中华人民共和国教育法》《中华人民共和国教师法》《中华人民共和国未成年人保护法》《中共中央关于全面深化改革若干重大问题的决定》《中共中央　国务院关于全面深化新时代教师队伍建设改革的意见》《中共中央　国务院关于深化教育教学改革全面提高义务教育质量的意见》《关于减轻中小学教师负担进一步营造教育教学良好环境的若干意见》《国务院办公厅关于新时代推进普通高中育人方式改革的指导意见》《新时代爱国主义教育实施纲要》《教育部关于全面深化课程改革落实立德树人根本任务的意见》《教育部关于做好普通高中新课程新教材实施工作的指导意见》《师范类专业认证标准（试行）》《幼儿园教师专业标准（试行）》《小学教师专业标准（试行）》《中学教师专业标准（试行）》《关于加强和改进新时代师德师风建设的意见》《中国高考评价体系》《关于深化新时代教育督导体制机制改革的意见》《深化新时代教育评价改革总体方案》和中小学学科课程标准等的相关要求，都是健康教育教学价值观的集中体现。

具体来说，《中华人民共和国教育法》规定中华人民共和国公民依法享有平等的受教育机会；《中华人民共和国教师法》规定教师承担教书育人的使命；《中华人民共和国未成年人保护法》规定未成年人享有受教育权；《中共中央关于全面深化改革若干重大问题的决定》要求大力促进教育公平，标本兼治减轻学生课业负担；《中共中央国务院关于全面深化新时代教师队伍建设改革的意见》强调把提高教师思想政治素质和职业道德水平摆在首要位置；《中共中央　国务院关于深化教育教学改革全面提高义务教育质量的意见》要求强化课堂主阵地作用，全面发展素质教育，强调注重启发式、互动式、探究式教学，首次明确了教师具有教育惩戒权；《国务院办公厅关于新时代推进普通高中育人方式改革的指导意见》要求深化教学改革，加强学生发展指导；《教育部关于全面深化课程改革落实立德树人根本任务的意见》要求全面深化课程改革，改进学科教学的育人功能，落实立德树人根本任务；《教育部关于做好普通高中新课程新教材实施工作的指导意见》要求认真做好课程实施、深化学校教学改革；《师范类专业认证标准（试行）》中的践行师德、学会教学、学会育人、学会发展不仅是学生毕业要求，也是一名合格教师的素养；《幼儿园教师专业标准（试行）》《小学幼儿园教师专业标准（试行）》《中学教师专业标准（试行）》是国家对幼儿园、小学和中学合格教师专业素质的基本要求和教师实施教育教学行为的基本规范；《中国高考评价体系》是新时代高考内容改革和命题标准的理论支撑与实践指南；《关于深化新时代教育督导体制机制改革的意见》着力推动教育督导“长牙齿”，对于推进教育管理方式转变提供了基本遵循；《深化新时代教育评价改革总体方案》把改革学校评价、改革教师评价、改革学生评价、改革用人评价作为重点任务；中小学学科课程标准是教材编写、教学、评估和考试命题的根本依据，更是教学诊断的核心依据。

另外，《中小学幼儿园教师培训课程指导标准》《教师教育课程标准（试行）》《中小学教师职业道德规范》《教育部关于推进中小学教育质量综合评价改革的意见》《教师教育振兴行动计划（2018—2022年）》《中国教育现代化2035》等也是教学诊断标准研制的重要依据。《中小学幼儿园教师培训课程指导标准》分为培训目标、能力诊断、课程内容、实施要求等四个主要模块，其中“培训目标”给教师发展“建模子”，“能力诊断”带教师个体“照镜子”，“课程内容”给教师提升“开方子”，“实施要求”为教师培训“找路子”；《教师教育课程标准（试行）》强调职前教师要理解中学生的认知特点与学习方式，指导学生规划自己的人生；《中小学教师职业道德规范》对教师提出了爱国守法、爱岗敬业、关爱学生、教书育人、为人师表、终身学习等要求；《教育部关于推进中小学教育质量综合评价改革的意见》强调评价学校教育质量的主要内容是学生品德发展水平、学业发展水平、身心发展水平、兴趣特长养成、学业负担状况等，以引导社会和家长树立科学的教育质量观、营造良好的育人环境；《教师教育振兴行动计划（2018—2022年）》引导教师以德立身、以德立学、以德施教、以德育德；《中国教育现代化2035》聚焦教育发展的突出问题和薄弱环节，重点部署了面向教育现代化的十大战略任务。教学诊断标准建构的重要依据还有《教育部师德十条禁令》《关于切实减轻中小学生课外负担开展校外培训机构专项治理行动的通知》等师德师风相关文件规定。

（二）教学诊断标准的理论基础

教学病理理论、医学诊断理论、教学评价理论与课堂生态理论是教学诊断研究的理论基础，而教学诊断依赖于教师扎实的学科知识、系统的教学理论、全新的教学理念、丰富的教学经验和科学先进的诊断工具（教学诊断标准体系、录音机、摄像机、采访机等先进的诊断设备）[①]，要求教师具有改革创新的勇气、反思总结的习惯和立志成为教育家的愿望。研制与开发教学诊断标准，必须在党和国家有关教育教学政策的指导下，依据科学的教师发展理论、教学评价理论以及课程教学理论，而建构教学诊断标准更需要国际视野。美国各州对教师教学的评价标准不尽相同，但都以教学设计质量、学生的参与度与师生的合作程度等为核心，但对生生之间的互动合作关注不够；21世纪以来，英国政府也一直致力于改进教学评价，力促教师专业发展，尤其是鼓励执教教师积极参与，通过教师发展来实现学生全面发展的教学评价理念值得称道；澳大利亚推行教、学、评一体化，将教学评价融于教学实践之中，最大限度地实现了“为了学习的评价”之目的；日本的教学实践有目标明确、环境民主、学生为本、教师引导等特点，对教师的评价也富有特色，实施教师自我成长引导评价。

总体来看，国外教学评价与改进措施都有明确具体的评价标准，都着眼于教师的专业发展，都以促进学生的成长为根本目的，都重视教师的引导效果与学生的学习质量，大都注重教学中人际关系的互动质量，大都有意创设一种民主、和谐的评价氛围，对本书研制与开发教学诊断标准具有一定的借鉴价值。作为研制教学诊断标准依据之一的教师发展理论，国内外相关研究十分丰富，专业研究人员也很多。国外有富勒、伯林纳、利思伍德、林波曼、费斯勒等人，国内有邵宝祥、钟祖荣、叶澜等学者，都倡导并论述了教师发展阶段论，可惜没有对教师成长的舞台——教学实践，做出战略性指导与诊断性评价，更没有研制出相关的

① 欧阳芬，赵卫胜.农村课堂教学诊断[M].长春：吉林大学出版社，2006：211.

诊断与改进标准。

教学评价理论、课程与教学理论是教学诊断标准的重要理论依据，尤其需要深入研读新时代“后新课改”新理念与《普通高中课程方案和语文等学科课程标准（2017年版）》以及义务教育学科课程标准。中小学学科课程标准的最大创新之处在于：一是凝练了学科核心素养，把发展学生的学科核心素养作为课程实施的核心内容和根本任务；二是研制了学业质量标准，引导教学更加关注育人目的，为阶段性评价、学业水平考试和升学考试命题提供重要依据。值得一提的是，北京教育学院历经10年于2012年研制完成了涵盖语文、数学、英语、理科、社会、体育、艺术、信息技术、综合实践9个中小学学科或学科领域的《中小学教师专业发展标准及指导》，提出教学的目的在于促进学生的学习与发展，包括创设良好的学习环境、设计合理的教学方案、实施有效的教学活动、培养良好的学习习惯与指导学生学会学习、开展多元的学习评价、促进有效的课堂管理、渗透思想品德教育与生活技能教育、实施积极的安全教育与健康教育等8项具体要求①，对研制教学诊断标准也具有一定的启示作用。

二、教学诊断标准指导思想

建构教学诊断标准体系是改进教学诊断内容与形式、推动教学诊断规范化进程的重要环节，也是弥补当前教学诊断体系缺失的重要途径，更是实现教学诊断促进师生共同发展之根本目的的重要保障之一，而建构教学诊断标准，必须以相关的实践事实、政策法规与科学理论为依据，秉承师范专业认证之“学生中心、产出导向、持续改进”的理念，坚持立德树人的科学指导思想。

① 中小学教师专业发展标准及指导课题组.中小学教师专业发展标准及指导：语文[M].北京：北京师范大学出版社，2012：13.

（一）坚持时代性与现实性的统一

当前虽然已经迈进了新时代的“后新课改”，但“新课改”所拟定的目标并未完全实现，因而新时代“后新课改”一方面要继续推进“新课改”的实施，另一方面又赋予了“新课改”崭新的内容。教学诊断标准的研制，要注重培养学生自主学习、自强自立和适应社会的能力，强调克服应试教育倾向，促进不同潜质学生的个性化发展，满足现代社会对于创新创业人才培养的现实诉求，因而在内容上既要充分体现时代性、前瞻性，又要体现理想性、引领性。《国务院关于深化考试招生制度改革的实施意见》的颁布，有望缓解“唯分数论”的社会不正之风，但依然难以彻底清除在我国积淀了千余年的应试教育文化。教学诊断是在素质教育与应试教育激烈博弈之中实施并推进的一种微观教学层面的素质教育文化培育行动，这就注定了教学诊断之路不会太平坦。

把坚持时代性与现实性的统一作为教学诊断标准建构的指导思想，并不是将理想与现实予以调和，更不是躺在应试教育文化之大地仰望素质教育文化之天空，而是以现实之路点亮理想之灯，更是以理想之灯照亮现实之境。正如不完美性在达尔文医学视野中就是生物进化的动力一样[①]，现实中的问题为“现实”迈向理想之地提供了努力的方向与途径。在教学诊断实践中，执教教师往往都会不自觉地对教学常规进行诊断，可称之为常规诊断；较深入的诊断一般都主要由教师侪辈来做，可称之为生态诊断；更深入的诊断往往都由教育教学专家来做，可称之为文化诊断。因此，秉承时代性与现实性相统一的指导思想，根据教学诊断的现实需要，将教学诊断标准按照诊断的视角相应地分为常规诊断、生态诊断与文化诊断三个层次，每个层次均有现实与理想的差距，而这种差距不仅仅是教学存在的“问题”，更是对改进与完善教学实践的提醒或提示。本着简约、干练、可行、易操作的原则，设计教学诊断标准框架如

① 曹叔亮.大学制度行政化的病理分析及其诊疗——达尔文医学的视角[J].现代教育管理，2016(1):25-30.

图 2–9 所示。

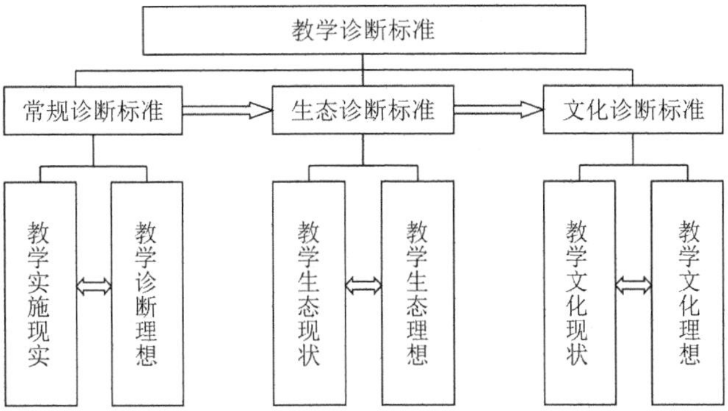

图 2–9　教学诊断标准框架

（二）坚持理论性与实践性的结合

教学诊断标准必须具有理论性特点，主要体现在诊断标准维度、内容与要求的理性化、科学化与概括性等方面，还体现在与其他同类诊断标准相比具有更强的理论价值。教学诊断标准还必须具有实践性特点，主要体现在该标准在不同地区、不同校情中均具有实用性、可操作性与有效性。但是，教学诊断标准必须坚持理论性与实践性的有机统一，既要突出个性又要确保共性，既要具有抽象性又要突出具体性。从根本上来说，研制教学诊断标准，突出“教学诊断研究”也就相应实现了理论性，根基于“教学诊断实践”也就相应地实现了实践性。同时，还要认识到教学活动是师生共同成长的舞台，其本质是师生主体间的相互作用、相互联结与相互促进，因而教师及其教学活动与学生及其学习活动构成了教学活动两大相互交织、共生共赢的学习共同体。

坚持理论性与实践性相结合的指导思想，就要设想并分析教学诊断标准的基本内容。第一，教学常规诊断项目分析。教学常规诊断是由执教教师为诊断主体的最基本的教学诊断，但也需要教师同行、学生甚至家长的帮助。教学目标是教学的起点与归宿；教学内容要解决的是教师引导学生学什么的问题；教学策略是实现教学目标、完成教学内容的手段；教学效用本质就是教学效果，一般以教学目标的达成度来评估。第二，教学生态诊断项目分析。教学生态诊断的根本目的是通过诊断师生活力要素的运行状况，来判断师生动力机制是否存在问题。孙芙蓉研究指出，在教学系统中存在着教师教学、学生学习、师生关系与生生关系，教师教学与学生学习都包括课前准备、课堂教学（或学习）和课后措施等三个方面的内容，而师生关系由教与学适合度、帮与求有效度来评价，生生关系由学与学适合度、帮与求有效度来评价。第三，教学文化诊断项目分析。教学文化诊断通过对教学物质文化、教学制度文化、教学行为文化和教学精神文化的诊断，进而优化教学文化品质，提升教学文化品味。

三、教学诊断标准指标体系

根据研制教学诊断标准的思想与理论指导，结合教学实践的现实需要，教学诊断指标体系包括以教学常规为内容的常规诊断标准、以教学生态为内容的生态诊断标准和以教学文化为内容的文化诊断标准等三大部分，各部分相互联结、相互作用，共同构成了教学诊断标准体系，而这三大标准又各自成为一个相对独立的完整体系，既可以进行切片诊断，又可以进行全程诊断；既可以进行自我诊断，又可以进行他人诊断；既可以进行观察诊断，又可以进行文本诊断；既可以进行比较诊断，又可以开展讨论诊断；既可以进行主题诊断，又可以进行综合诊断；既可以进行定量诊断、定性诊断，又可以进行量性结合诊断。

（一）教学常规诊断标准内容

教学常规标准体系，包括教学目标、教学内容、教学策略与教学效用等4个一级指标，经过问卷调查与名师访谈，确定每个一级指标分为5项二级指标及相应的具体要求，采用A、B、C、D、E五级记分制，要求将现实状态与标准要求进行对照，得出相应的等级：A表示完全不符合，

B表示很不符合，C表示有些符合，D表示符合，E表示完全符合，分别记1、2、3、4、5分，每个一级指标满分为25分。教学常规诊断标准如表2-2所示。

表2-2 教学常规诊断标准

诊断项目	诊断内容		等级评定	单项得分	总分
	指标	具体要求			
教学目标	①定向科学	教学目标内容符合课程标准、教材要求,旨在提升学生的核心素养,能满足学生的实际需要			
	②形式规范	教学目标陈述形式指向学生并阐明学生学习行为、条件与标准要求			
	③呈现适当	教学目标在教学过程中呈现适时、合理、恰当,教师能够指导学生将教学目标转化为学习目标			
	④落实到位	教学目标能够得到有效落实,师生围绕教与学的目标开展教与学的活动			
	⑤生成合理	在教学过程中能够自然合理生成新目标且处理得当,有的放矢			
教学内容	①定位准确	依据教学目标选取教学内容,致力于发展学生核心素养,能够渗透相关德育内容			
	②组织有效	按照教学目标合理组织安排教学内容,注重教学内容的前后衔接与螺旋形循序渐进			
	③深度适当	科学确定教学内容的深度,重难点把握准确,教学难度适合学生现实状况			
	④整合有效	科学合理运用各种教学资源,重视挖掘与利用师生自身课程资源,突出生活性、整合性与探究性			
	⑤生成合理	课程资源能够与拓展内容融为一体,并且在教学中能够自然生成相应的教学内容且处理得当			
教学策略	①方法多样	根据教学内容灵活选择多种教学策略,尤其对学生的学法指导及示范准确有效			

续 表

诊断项目	诊断内容		等级评定	单项得分	总分
	指标	具体要求			
教学策略	②组织合理	根据学科特色和课型特点灵活设计、组织教学活动，面向全体，充分发挥学生的主体意识与主体精神，尊重学生个性差异和多元化品格，引导学生自主学习、合作学习与探究学习			
	③手段现代	合理正确使用现代化教学设备，教学辅助手段使用适时、适当、适度、有效，能够对学生学习提供帮助			
	④反馈及时	正确运用肯定与奖励，为学生及时有效地提供反馈信息，鼓励学生发表不同意见和独创性见解，着力培养学生的质疑精神与创新意识			
	⑤功底扎实	使用普通话实施教学，教学语言节奏感强，具有感染力，板书设计简约合理，教态自然有亲和力，富有教学智慧			
教学效用	①氛围和谐	课堂整体氛围民主、平等、和谐，师生角色明确、行动积极，心情愉悦、满足			
	②师生适合	教师教学精力投入，学生积极参与课堂学习并融入课堂，师生思维活跃高效			
	③学有所获	课堂作业完成情况良好，不同层次的学生在原有水平上都有所收获，确保教有所得、学有学获			
	④目标达成	教学过程有序，环环相扣，结构合理，当堂实现知识能力、思维方法与价值观念“三体目标”的内容与要求			
	⑤留有期待	引导学生在课后继续积极探讨遗留问题，布置的作业具有巩固本节课内容、为下一节课做好铺垫以及检查反馈的功能，师生对下一节课充满期待与希望			
特注		教师具有惩戒权，但如存在体罚、变相体罚以及心罚学生等有违师德的行为，由相关部门处理			

续 表

<table>
<tr><th rowspan="2">诊断项目</th><th colspan="2">诊断内容</th><th rowspan="2">等级评定</th><th rowspan="2">单项得分</th><th rowspan="2">总分</th></tr>
<tr><th>指标</th><th>具体要求</th></tr>
<tr><td colspan="2">理想与现实差距图</td><td colspan="4">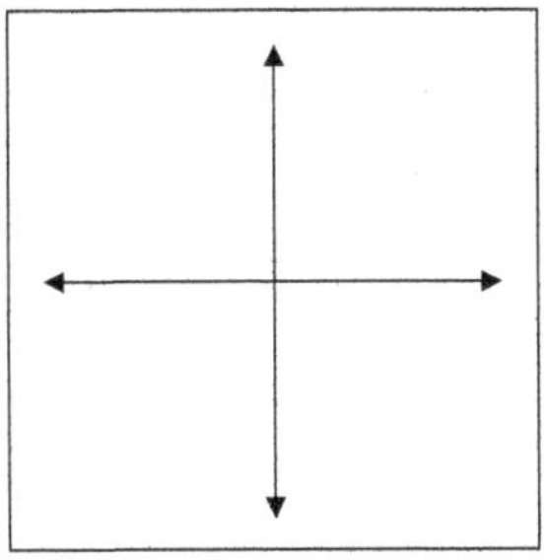
现实的教学状态：______________
理想的教学状态：______________</td></tr>
<tr><td colspan="2">诊断建议</td><td colspan="4"></td></tr>
</table>

（二）教学生态诊断标准内容

教学生态诊断采用A、B、C、D、E五级记分制，要求将现实状态与标准要求进行对照，得出相应的等级：A表示完全不符合，B表示很不符合，C表示有些符合，D表示符合，E表示完全符合，分别记1、2、3、4、5分。教学生态诊断标准内容包括教师教学、学生学习、师生关系与生生关系等4个一级指标，其中教师教学项目包括课前准备充分度、课堂教学有效度与课后措施合理度3个二级指标，每个二级指标都有5项三级具体指标（关键要求），因此教师教学一级指标总分为75分；学生学习项目也包括课前准备充分度、课堂学习有效度和课后措施合理度3个二级指标，每个二级指标也都有5项三级具体指标，因此学生学习一级指标总分也为75分；师生关系项目包括教与学适合度、帮与求有效度等2个二级指标，每个二级指标也都包括5项三级具体指标，因此师生关系一级指标总分为50分；生生关系项目包括学与学适合度、帮与求有效度等2个二级指标，每个二级指标也都包括5项三级具体指标，因而生生关系一级指标总分也为50分。教学生态诊断标准如表2-3所示。

表2-3 教学生态诊断标准

诊断项目	诊断内容			等级评定	单项得分	指标得分	项目得分
	指标	关键要求	具体要求				
教师教学	课前准备充分度	①自主设计教学	在深入了解学情的基础上，根据课程标准、教材要求与课型特点，能够自主地进行教学设计，并有自己独到的见解和主张				
		②主动搜集资料	能够主动地查找、搜集教学相关资料，并积极与其他教师研讨相关问题				
		③考虑细致全面	用心备课，考虑全面，预设的教学目标科学、选择的教学内容合理、选用的教学策略得当				
		④做好应变设想	能够根据学科特点、课程要求与学生实际研制出较高质量的教案，具备应变设想与补救措施				
		⑤肯花较多时间	肯花较多的时间备课，在必要的时候有试教环节，杜绝不备课而上课的现象				
	课堂教学有效度	①用心创设情境	用心创设教学情境，激发学生学习兴趣，能够根据实际情况灵活使用教学设计，杜绝照本宣科				
		②做好组织引导	对课程充满期待，组织教学合理，做好学习顾问与引领指导，引导学生开展合作学习、探究学习、自主学习				
		③课堂反馈及时	上课严谨认真，课堂氛围民主、和谐，反馈及时，采用多种形式着力培养学生的学科核心素养，注重知识的实际应用				

续 表

诊断项目	诊断内容			等级评定	单项得分	指标得分	项目得分
	指标	关键要求	具体要求				
教师教学	课堂教学有效度	④关注每个学生	关注到每个学生的学习需要，激发并保护学生的求知欲与好奇心，尊重学生的个性发展				
		⑤课堂效益较高	对学生认真负责，注重德育渗透，坚持向课堂要效益，提高学生的思维品质，具有自己的教学特色				
	课后措施合理度	①积极反思总结	积极反思、总结自己的教学得失，坚持教学与科研相结合，努力探索教学规律				
		②经常交流心得	每周至少听课1节，经常与其他教师交流教学心得或体会，不闭门造车、妄自尊大				
		③有意减轻负担	作业布置合理、科学，有意减轻学生课业负担，采取专门措施为学生答难解疑，充分发动学生开展帮扶活动				
		④耐心鼓励质疑	对学生有足够的耐心，鼓励学生敢于质疑、善于发现问题，平等对待每个学生				
		⑤走进学生中间	热爱学生，课后能与学生有较多的接触，走进学生中间，深入了解学生对学习的个性化需要				
学生学习	课前准备充分度	①自主预习功课	根据教师要求与自己的实际情况，能够自主地、有目的地预习功课，做好课前的一切准备				
		②主动搜集资料	根据课程进度与学习需要，主动采用多种方式搜集相关资料为学习做准备				

续 表

诊断项目	诊断内容			等级评定	单项得分	指标得分	项目得分
	指标	关键要求	具体要求				
学生学习	课前准备充分度	③掌握预习方法	掌握预习的方法，用心地预习，标画出学习过程中的重难点，以此作为课堂学习中的突破点				
		④经常讨论问题	经常与老师、同学讨论学习相关问题，并能够得到老师与同学的积极回应				
		⑤形成预习习惯	一直都能做到每节课前认真预习，积极探索问题解决方法，没有出现过不预习就上课的状况				
	课堂学习有效度	①自主开展学习	在教师的引导下自主学习，能够准确地确定学习目标且有自己的见解与主张，在学习中有发声的时机并得到积极回应				
		②积极参与课堂	在课堂上能够以学习目标为导向进行主动学习，积极参与课堂活动				
		③专注课堂学习	学习精力集中，遵守课堂纪律，不做与学习无关的相关活动，感觉课堂时间过得很快				
		④有效利用资源	能够有效利用课堂学习资源，将课堂视为求知释疑的场所，珍惜课堂学习机会				
		⑤学习效果较好	学有所获，能够按时完成学习目标并会生成新的学习目标，学习效果较好，身心愉悦				
	课后措施合理度	①及时巩固所学	课后能够及时回顾学习内容，及时复习与巩固，经常总结学习相关经验				

续 表

诊断项目	诊断内容			等级评定	单项得分	指标得分	项目得分
	指标	关键要求	具体要求				
学生学习	课后措施合理度	②按时完成作业	能够按时完成老师布置的作业，确保所交作业的真实性，但没有感觉到作业太多				
		③编制试题检测	经常自主编制课时检测试题进行自我检测以检查学习效果，及时总结解题规律				
		④经常请教问题	重视问题存在的正向导向功能，积极思考，经常主动向老师、同学请教疑难问题				
		⑤能够得到帮助	一直都能得到老师、同学的帮助，对于其他同学的求助能够积极回应				
师生关系	教与学适合度	①教学理念先进	教师教学理念先进，师生都有正确的考试分数观，不以考试为教与学的唯一目标				
		②满足学生需要	教学目标科学、内容正确，能够满足学生的学习需要				
		③注重学法指导	教师教学策略有效、过程生动，符合学生的学习习惯，注重对学生学法的指导				
		④师生关系和谐	教学环境民主、环节合理，符合学生的心理需求，师生关系民主、和谐				
		⑤课堂反馈及时	教学反馈及时、评价有效，教与学互相协调、配合默契，师生之间相互信任、相互促进				
	帮与求有效度	①得到及时帮助	学生经常求助教师问题，教师能够及时予以适切的帮助与指导				

续 表

诊断项目	诊断内容			等级评定	单项得分	指标得分	项目得分
	指标	关键要求	具体要求				
师生关系	帮与求有效度	②帮助方式适合	教师的帮助方式与内容适合学生的实际需要,效果明显				
		③主动帮助学生	教师能够主动帮助学习中有困难的学生,实现师生经验共享与共用				
		④经常鼓励提问	教师经常鼓励学生提出问题,师生沟通渠道多元、形式多样				
		⑤思考比较深入	学生求助教师之前已经进行了比较深入的思考,具有一定的自学能力				
生生关系	学与学适合度	①学习态度端正	学生学习态度端正,能够自主学习,同学之间的学习方式彼此适合				
		②学习目标明确	学生学习目标正确,能够为实现学习目标而不懈努力,并有切实的行动				
		③学习内容适合	学生学习内容适合,所学内容能够满足需求,能够有效利用自身和同学的学习资源				
		④学习方法恰当	学生学习方法恰当,能够在合作中不断改善学习品质				
		⑤学习过程愉悦	学生在学习过程中心情愉悦,同学之间乐于分享学习经验与教训				
	帮与求有效度	①提供有效帮助	在学习过程中,同学之间能够提供及时有效的帮助,几乎没出现过求而不应的情况				

续 表

诊断项目	诊断内容			等级评定	单项得分	指标得分	项目得分
	指标	关键要求	具体要求				
生生关系	帮与求有效度	②互相提醒学习	学生在学习过程中团结友爱，能够互相提醒学习，促成问题发现与问题解决				
		③设有帮扶小组	有专门的学习帮扶小组，同学之间的帮助方式、内容适合求助者的需要				
		④学习兴趣浓厚	班内具有较浓厚的学习氛围，同学之间在学习过程中互相鼓励、互相欣赏				
		⑤经常协商问题	经常协商学习，经常开展有益身心健康的相关活动，能够相互督促学习的相关事情				
特注	教师具有惩戒权，但教师如存在体罚、变相体罚以及心罚学生等有违师德的行为，由相关部门处理						
理想与现实差距图	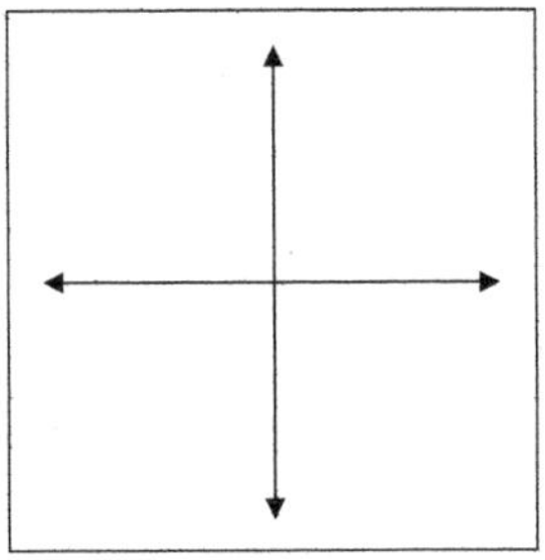 现实的教学状态：________ 理想的教学状态：________						
诊断意见							

（三）教学文化诊断标准内容

研究者受班建武、金·S.卡梅隆和罗伯特·E.奎因研究思路的启发，根据教学的实际需要，试图研制简约而又明了的教学文化诊断标准。教学文化指的是教学最内在、最深层、最隐性的东西，即师生和课程教材所隐含的思维方式和价值观念，而指向每一个学生的生命生长是教学文化标准的根本目的与永恒追求。教学文化诊断指标也采用A、B、C、D、E五级记分制，要求将教学文化现实状态与标准要求进行对照，得出相应的等级：A表示完全不符合，B表示很不符合，C表示有些符合，D表示符合，E表示完全符合，分别记1、2、3、4、5分。教学文化诊断标准内容包括教学物质文化、教学制度文化、教学行为文化、教学精神文化等4个一级指标，每个一级指标又由5个二级指标组成，因而每个一级指标总分为25分。教学文化诊断标准如表2-4所示。

表2-4　教学文化诊断标准

诊断项目	诊断内容		等级评定	单项得分	项目得分
	指标	具体要求			
教学物质文化	①环境和谐	教学环境设计体现人本色彩，令人感觉舒适温馨，班额不超过50人，教室布局合理科学，标语、贴画富有人性化与激励性			
	②设备先进	教学设备齐全、先进，教师能够根据需要灵活适度地使用现代教育装备			
	③操作便利	现代化教学技术操控便利自如，教师选择的教学手段灵活有效，对学习具有较大帮助			
	④资源丰富	教学平台资源丰富多样，学生有较多的选择性，能够及时反馈学习信息，设有专门的才艺展示空间			
	⑤平台互动	课堂对话交互实时，课堂空间设计、设备配置以及教学活动都能体现互动情态，教师上课时经常在班内走动			
教学制度文化	①规章认同	具有完备的教学相关规章制度，且这些规章制度是由师生共同研制的，师生认同并遵循规章制度			

续 表

诊断项目	诊断内容		等级评定	单项得分	项目得分
	指标	具体要求			
教学制度文化	②组织健全	教学组织(任课教师、课代表、小组长等)健全且运行状况健康有序,设有专门的课外活动小组和帮扶小组			
	③教学民主	教师博学和善,学生在学习目标、内容、方法和评价等方面具有一定的自主性与协商性,师生相互信任			
	④课堂灵活	课堂活而不乱,具有浓厚的文化氛围,师生能够愉快地协同合作致力于问题解决			
	⑤习惯良好	教师坚持动态目标问题导向教学,师生都具有课前准备充足、课中一同探讨、课后反思总结的习惯			
教学行为文化	①主题集中	教师语言洗练,教学紧扣主题,具有较强的问题意识,旨在发展学生的核心素养			
	②组织科学	教师围绕教学目标组织教学,具有较强的课堂调控能力,环节合理有序,关注学生的学习状态			
	③指导有效	教师多鼓励多肯定,注重学法指导与思路点拨,对学生充满期待,营造积极的学习氛围			
	④参与积极	学生在教师的引领下积极主动参与课堂活动,开展有效的自主学习、合作学习与探究学习			
	⑤互动和谐	师生互动融洽、和谐,生生互动适合、有效,教师能够与学生一起探究问题解决之道			
教学精神文化	①形象得体	教师与学生衣装整洁、举止得体、言谈文明,教风正、学风浓,师生具有健康积极的心态			
	②观念正确	教师注重德育引导,具有正确的教学观、学生观和成功观,学生具有正确的学习观,能够正确对待考试分数			

续　表

诊断项目	诊断内容		等级评定	单项得分	项目得分
	指标	具体要求			
教学精神文化	③特色鲜明	教师具有鲜明的教学个性与特色，坚守求真、向善、唯美的追求，教学具有鲜明的“学科味”			
	④人际融洽	教师平等待人，师生之间、生生之间相互信任、真诚相待，课堂充满人本、民主与合作的氛围			
	⑤思维活跃	教师注重对学生的思维训练，师生思维活跃，具有锐意创新意识，敢于挑战自我、挑战权威			
特注		教师具有惩戒权，但教师如存在体罚、变相体罚以及心罚学生等有违师德的行为，由相关部门处理			
理想与现实差距图		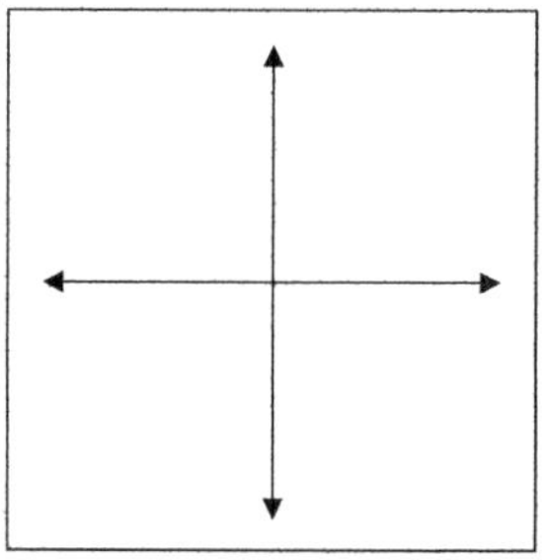 现实的文化状态：______ 理想的文化状态：______			
诊断建议					

第三章　教学诊断的实践应用

新时代呼唤新思想，要求新目标，规划新征程，展现新气象，而深化教育改革、加快教育现代化、发展素质教育、落实立德树人的根本任务是新时代教育教学改革与发展的战略目标。将教学诊断研究转化为循证实践，促进教师专业发展，进而发展学生核心素养，是新时代“后新课改”的必然选择。教学诊断实践应用首先应识别教学疾病的类型，依据一定的标准对教学常见疾病进行分类，把握其重要特点，这在教学诊断实践中具有重要的实践意义与应用价值；其次要掌握教学诊病辨证的步骤，运用切实可行的诊断方法和技术对教学疾病予以诊治并取得良好的疗效，这是本书的根本目的之一；最后要熟悉并会应用教学诊断的基本过程，从诊断准备到实践跟进，简洁、规范与高效是教学诊断的永恒追求。因此，教学诊断实践应用的本质是将理论诉诸实践的过程，更是在实践中验证理论、生成理论、升华理论的过程。

第一节　教学疾病主要类型

教学诊断除了要总结教师的经验与教学特色外，还有一个重要任务就是对教学疾病诊视、发现、分析、判断和治疗，这就要求诊断者必须具有“透视”教学的能力和判断教学疾病的能力。教学诊断以诊断思维为前提、以课堂诊断为方式、以教学重构为途径、以师生发展为目的，而了解并掌握教学疾病的主要类型以及致病因素，是教学诊断的前提条件[①]。一直致力于教学病理学研究的石鸥指出当前教学疾病至少可分为教学失衡、教学专制、教学偏见和教学阻隔等四种类型。本书在吸取石鸥相关研究成果的基础上，依据教学诊断相关理论和教学的现实状况，将教学疾病进行了重新分类。

一、教学常规失范

“常规”是沿袭下来的经常使用的规矩和基本状态，教学常规是指教学的组织方式和基本运行质态。教学常规失范，主要是指教师对教学诸要素的组合方式有误或手段采用欠当而导致的教学疾病。新时代指向学科核心素养的教学变革，使教学目标的素养立意从有机统一到分解整合、教学内容的深层追问从显性知识到隐性知识、教学活动的人知互爱从人知疏离到人知融生、教学评价的成就取向从标准答案到评价标准[②]。在采用班级授课制基于“教室”内这一特定环境下开展的教学活动，教师设置的教学目标、教学内容、教学策略直接影响着学生的学习效果，而教学有效有用的程度就是教学效用，因而教学常规失范也就相应地表现为教学目标、教学内容、教学策略、教学效用等四个方面的问题。有关教学常规失范问题可用教学常规诊断标准进行诊断。

（一）教学目标问题

“新课改”期间三维教学目标的“老问题”尚未彻底解决。由于用教学思维置换课程思维之习惯、对知识本身的静态理解之流俗和教学目标制定的惯性，导致三维教学目标的表述既有知识与技能阐述得空泛、模糊之缺陷，也有把过程与方法当作教或学的过程与方法之错位，还有把情感态度与价值观设想得孤立、抽象之虚无[③]，其核心问题是由于缺乏课

① 尹达.课堂教学自我诊断:教师专业发展的核心能力[J].基础教育,2014,11(6):45-52.
② 李润洲.指向学科核心素养的教学变革[J].教育科学研究,2019(9):5-10,23.
③ 李润洲.三维教学目标达成的知识论辨析[J].教育发展研究,2014,33(22):6-11.

程意识、动态意识、学生意识、整合意识，使所拟定的三维教学目标分裂、虚无或死板，导致三维教学目标难以落实甚至根本无法实施。例如，有很多教师在设置三维教学目标时都错误地刻意分为知识与技能目标、过程与方法目标、情感态度与价值观目标，殊不知“三维”目标之三维是针对课程而言，并不是针对教学而言，由三维课程目标到三维教学目标的转化需要对三维目标进行重新内化、整合与情景化。

新时代“后新课改”核心素养教学目标依然存在三维教学目标的“老问题”，把学科核心素养内容误解为学科核心素养教学目标。例如：有些数学教师在设置数学学科核心素养教学目标时错误地分为“数学抽象目标”“逻辑推理目标”“数学建模目标”“直观想象目标”“数学运算目标”“数据分析目标”；有些外语教师在研制外语学科核心素养教学目标时错误地分为“语言能力目标”“文化意识目标”“思维品质目标”“学习能力目标”；有些语文教师设计的语文学科核心素养教学目标时错误地分为“语言建构与运用目标”“思维发展与提升目标”“审美鉴赏与创造目标”“文化传承与理解目标”。上述问题实质上还是属于三维教学目标的“老问题”，即把学科课程目标误解为学科教学目标。

新时代“后新课改”核心素养教学目标又出现了一些“新问题”。一是依然套用三维教学目标模式，在陈述教学目标时还是错误地分为“知识与能力目标”“过程与方法目标”“情感态度与价值观目标”；二是在实施教学目标时依然以教师为中心，根本没有把教学目标转化为学生目标的意识与行为；三是没有注重教学目标的动态性特征，不注重教学目标在课堂上的自然生成性，教学目标一旦设定就不再更改；四是教学目标达成度的检查方式单一，依然把大量做题作为唯一检查方式。因此，新时代“后新课改”核心素养教学目标的最大“新问题”是教师不懂如何拟定教学目标、不懂如何实施教学目标、不懂如何检测教学目标，根本原因在于不知道怎样把发展学生学科核心素养落实到课时教学之中。

在教学实践中，教学目标其实是教学中师生预期达到的学习结果与标准[1]，对教学具有导向作用与统摄功能，是教学的出发点与归宿点。因此，教学目标是否科学可行、是否当堂达标是判断教学是否有效的重要标准，而教学目标的设置必须依据课程标准、学科特点和学生实际需要，采行动态目标问题导向策略，将教学活动一步步引向教学目标，使其接近教学目标，进而实现教学目标。有的教师将教学目标与教学目的混为一谈，没有搞清教学目标与教学目的的区别在于前者支配着教学的全过程，并规定着教与学的方向，而后者对整个教学活动起到制约、引导和评价作用[2]，从而导致设置的教学目标太少或太多、太大、太乱、太杂而失去可操作性。现场观察发现，当前课时教学目标与专题教学目标、学习任务群教学目标严重脱节。

有关“教学目标问题”可用“教学常规诊断标准”之“教学目标”专项诊断标准进行诊断。例如，一位教师把课文《老王》（杨绛）的教学目标设定为“把握老王的性格特点，领会爱心；品读语言，赏析人物形象，体悟主旨”，以“教学常规诊断标准”之“教学目标”专项诊断标准进行诊断，这个教学目标的总得分为8分。因为该教学目标不但不符合发展学生核心素养的要求，而且违背了课程教学目的、专题目标与板块目标，缺乏可操作性和个性化。该课所在课程的教学目的是通过思考什么是伟大的人格升华自己的精神境界，通过思考不同文明之间的对话在多元文化的融合中憧憬人类美好的未来，引导学生吸收这些思想的营养，以担负起一名青年对人类文明所应承担的责任。课文《老王》所在专题的主题为“号角，为你长鸣”，本专题既是“人与自我”，也是“人与社会”的重要命题，意在引发学生关注个人操守；课文《老王》所在板块的主题为“底层的光芒”，本板块介绍了处于社会底层的劳动者的高尚品质，以引导学生维护社会公正，认识人的尊严和崇高。同时，上述教学目标除了存在以上问题外，还存在着陈述目标不科学的问题，具体表现为对象误用、行为模糊、条件缺失、结果不明、程度不清等。

---

① 顾明远.教育大辞典:第1卷[M].上海:上海教育出版社,1990:183.

② 钟发全.陈松信.课堂新问题诊断·语文[M].天津:天津教育出版社,2009:138.

（二）教学内容问题

教学内容是教学活动中学与教相互作用而有意传递的主要信息，是受制于课程目的、教材要求、课文特点和学生实际，服务于教学目的实现的动态生成的素材和信息。黄厚江指出，从教的角度看，应该教什么，试图教什么，实际教了什么，是主要的衡量指标；从学的角度看，应该学什么，想让学生学什么，学生实际学到了什么，是主要的衡量指标。开展教学诊断活动，教材内容加工是否合理、知识呈现是否恰当、教师的课程资源开发意识是否强烈是必须考查的内容。研究发现，脱离学生认知照搬教材、脱离文本偏离教材的现象比较严重。张孔义指出，如果教学内容的选择不符合课程要求，那么不管怎么教都是无效的，强调将教学诊断的重心转移到教学内容上来，关注教师是怎样选择和确定教学内容的，所教内容是否符合课程要求。

新时代“后新课改”旨在发展学生核心素养的教学内容选择，从课程目标来说，就是使学生成为有理想、有本领、有担当的时代新人，即具有理想信念和社会责任感、具有科学文化素养和终身学习能力、具有自主发展能力和沟通合作能力；从课程要求来说，就是使学生通过学习该课程后能够形成相应的正确的价值观念、必备品格与核心能力；从课程内容来说，就是落实习近平新时代中国特色社会主义思想，有机融入社会主义核心价值观、中华优秀传统文化和革命文化、社会主义先进文化教育内容，呈现经济、政治、文化、科技、社会、生态等发展的新成就、新成果，充实培养学生社会责任感、创新精神、实践能力相关内容；从教学质量要求来说，就是按照学科课程标准内容和学业质量三级标准要求，明确教学内容所属课程类别，即是必修课程、选择性必修课程还是选修课程，进而把握与之相对应的学业质量水平等级，尤其要正确解读和深刻把握学业质量水平与考试评价的关系。

但是在教学实践中教师经常将课程内容、教材内容、教学内容混为一谈，使教学出现了“假”“大”“空”的现象。实际上，课程内容反映的是应该教什么的问题，即国家要求课程化；教材内容反映的是用什么来教的问题，即课程内容教材化；教学内容是解决实际要教什么的问题，即教材内容教学化。例如，温儒敏针对当前语文教学存在的“繁琐病”，强调语文课要“消肿”“减肥”“瘦身”，提出了简洁语文、聚焦语文的主张，不失为解决当前教学内容“假”“大”“空”问题的有效途径。

诸多学者对核心素养教学内容的选择进行了有效的研究与实践。管然荣指出，中学散文教学内容大致经历了注重基础知识、渗透三维目标、体现核心素养三个发展阶段，是学科育人目标、教学理念和教学方法持续变化的现实折射；陈琳认为，核心素养导向下的高中小说教学内容包括小说的知识内容和掌握知识的相应方法，可通过活动转化为学生的核心素养，而确定教学内容的依据是以弥合教师所见与学生所见的差距为目的的方法掌握、以终为始的教学路径设计、着眼解决真正问题的学科活动；于颖等人认为，学科核心素养的要素在教学实施中并不是平行的，因而要基于CTACK的关系框架，采用学科知识与社会重建融合取向来建构教学内容，从而形成学科核心素养统领的信息技术教学内容结构。熊晴等人鉴于核心素养的时代需要，建议教学内容必须完成从“教知识的符号”到“教知识的意义”的超越，这就要求教师对教学内容的把握要结合伦理性与有效性，统一同一性与差异性，兼顾学理性与实践性。

有关“教学内容问题”可用“教学常规诊断标准”之“教学内容”专项诊断标准进行诊断。例如，一位教师执教《我有一个梦想》（马丁·路德·金）的教学实录，以“教学常规诊断标准”之“教学内容”专项诊断标准进行诊断，总得分为10分。该教师能够给学生展示成果的时间与机会，对学生的回答也能给予引导与点评，但是存在以下三个问题：第一，教师有生搬硬套文本、刻意表演之嫌，教学过程如真有那么顺利，那也就没有教师指导的必要了；第二，教学内容挖掘不深且拓展有误，教师设置“圈套”“引诱”学生来钻，并没有生成新的教学内容，而教师又随口说了一句“在我国古代也有一位思想家，主张兼爱、非攻，这位思想家是谁”，当学生回答“墨子”后，教师只一句“回答正确”即完事，那么，教师“引诱”学生回答出正确答案的目的是什么？可见，教师对教学内容的处理欠当；第三，教学内容组织失误，该课堂实录显示，教师要引导学生解决三个问题，即作者认为实现梦想的原因是什么、怎么样才能实现梦想和作者的梦想是什么，可以看出作者这样安排顺序不合乎常理，因为正常的顺序安排应该是梦想是什么、实现梦想的原因是什么、怎样才能实现梦想，教师完全可以引导学生思考作者这样安排的用意，再联系一下该文文体为议论文，可以顺便向学生阐明议论文的文体要求。由此可见，对于教学内容的诊断，应当重点关注教学内容的选择是否恰当、组织是否合理、深度是否科学、拓展是否自然等。

（三）教学策略问题

诊断教学策略是教学常规诊断的重要内容，也是校本教研活动的重要组成部分，但一些教师却追求有趣与新奇，甚至喜欢在教学策略方面大做文章，玩花哨。教学策略本质上属于教学呈现艺术，即教师能够以高超的技巧将教学内容传递给学生，使学生在心领神会与审美熏陶中达到学习效果，表现为教学呈现方式多元化、教学呈现内容生活化及审美化、加强师生互动、注重生成性呈现等方面①。应当强调的是，对于教学策略的诊断，关键在于适当、适合与适宜：只有适当的教学策略，才能助益于教学目标的达成；只有适合的教学策略，才能助益于教学内容的组织；只有适宜的教学策略，才能助益于教学策略向学习方法的转型。钟发全、陈松信总结了教法诊断的种种误区：片面理解与追求“高效率”，课堂提问钻进“死胡同”，课堂提问设计不到位，教师对“追问”的搪塞，“牵着走”的教学模式，流于形式的教学，“生活”搅了“学科”的局，缺乏主体参与，过度重视“技法”与“套路”，教师在课堂上“演戏”，课堂评价语言“病魔缠身”，指导学习“无的放矢”，强说学生快乐，接受式学习被贬低等。

---

① 李如密，李茹．课堂教学呈现艺术：内涵、类型、功能及策略[J]．当代教育与文化，2017，9(5)：30-34.

从根本上来说，教学策略取决于课程内容与要求。课程标准在课程内容方面具有选择性、衔接性、指导性三大特色，具体表现在以下三个方面：一是把课程分为必修课程、选择性必修课程、选修课程，即在保证共同基础的前提下，为不同发展方向的学生提供有选择的课程。二是把课程的功能定位与高考综合改革相衔接，即必修课程根据学生全面发展的需要设置，全修全考；选择性必修课程根据学生个性发展和升学考试需要设置，选修选考；选修课程根据学生实际情况统筹规划开设，学生自主选择修习，学而不考或学而备考，为学生就业和高校招生录取提供参考。三是为了突出课程标准的可操作性，课程标准原则上每个模块或主题均由“内容要求”“教学提示”“学业要求”组成，大部分学科增加了教学与评价案例，同时依据学业质量标准细化评价目标，增强了对教学和评价的指导性。旨在发展学生核心素养的教学策略选择，就要根据课程类型、内容要求、教学提示、学业质量标准要求等，为实现教学目标、落实教学内容来选择适合的教学策略。

教学策略研究历来是课程与教学论领域研究的焦点，但旨在发展学生学科核心素养的教学法研究尚处于起步阶段。杨建楠为了落实学生数学学科核心素养，提出了“问题-互动”教学策略；李勤华以小学英语为例，主张将学习兴趣的激发、习惯的培养、纯正语音语调的练就与核心素养的培育相融相合，同步进行，互相促进；朱志伟以《道德与法治》活动型学科课程为例，认为需要注重活动情境的创设、引导公共参与，关注活动过程、渗透科学精神，完善活动评价、树立法治意识、强化政治认同；杨斌以“农业地域类型”教学内容为例，采用了以案例为依托、以过程为主线、以思维为中心、以探究为手段的教学设计策略，以落实学生地理学科核心素养；曹彬彬等人以“溴、碘的提取”为例，从学习的思想方法、学科的情意价值、工艺的绿色理念三个维度对优质课教学中的化学隐性知识进行了深入研究。

“教学策略”改革成为教学改革的关键要素，甚至一度出现了“百花齐放”的繁荣景象，但培育学生核心素养的教学策略实践尚处于摸索阶段。例如国外的发现教学法、接受式教学法、程序式教学法、掌握式教学法、“三层塔”教学法、问题式教学法、暗示法、个性教学法、“直观-操作”教学法等广为人知，再如国内的自学辅导教学法、尝试教学法、读议练讲教学法、学导式教学法、六课型单元教学法、引导发现法、知识结构单元教学法、诱思探究教学法、“对分课堂”教学法、问题讨论式教学法、参与式教学法、自学五步教学法、五环节教学法等影响深远，还有杜郎口中学“10+35”教学模式、莘县二中“一五三”教学模式、杨思中学“先学后教”教学模式、昌乐二中“271”教学模式、兖州一中“循环大课堂”教学模式、夏镇一中“自学·释疑·达标”教学模式、灌南新知学校“自学·交流”教学模式、围场天卉中学“大单元”教学模式、立人学校“整体教学系统-124”教学模式、宁达中学“自主式开放型课堂”教学模式、郑州第102中学“网络环境下的自主课堂”教学模式、铜陵铜都双语学校“五环大课堂”教学模式等各领风骚。

随着“互联网+”时代的到来，MOOC、翻转课堂、在线学习、智慧课堂、深度学习、混合式学习、宽度学习等成为新兴的教学方式与学习方法，其中深度学习、混合式学习、宽度学习成为当前教育学界的热门课题。李小涛等人认为，教育领域应以深度认知（思维结果）来区别于计算机领域的深度学习（算法结果）；迈克尔·富兰建构并探索了指向核心素养发展的深度学习理论，提出了确立伙伴关系的师生角色、搭建学与做沟通桥梁的任务设计、实施指向证据描述的素养评价以及提升指向一致性的变革领导力的实现策略。“互联网+”时代的混合式学习不仅使学习由共性的标准化知识的习得转变为个性化知识的自主建构与创造性知识的生成，还带动了教师角色定位的根本性转变，促使教师由学科专家、知识传授者转变为学习设计者和学习促进者[①]，而人工智能赋能后的教学活动追求和张扬智慧化课堂、个性化教学、自适应学习、混合式学

① 冯晓英，孙雨薇，曹洁婷.“互联网+”时代的混合式学习：学习理论与教法学基础[J].中国远程教育，2019(2)：7-16，92.

习的新理念[①]。宽度学习不仅保留了机器学习中深度学习的优势，而且弥补了深度学习的缺陷[②]，未来可以在准确预测学生学业成绩、给予学生演示精准评价、提供小组个性学习支持、智能辅助教师进行教学和促进远程教学交互发展等方面发挥其优势[③]。

有关“教学策略问题”可用“教学常规诊断标准”之“教学策略”专项诊断标准进行诊断。例如，一位教师执教的《蜀道难》（李白）课文，按照“教学常规诊断标准”之“教学策略”专项诊断标准进行诊断，总得分只能是2分。第一，课题导入设计本意是想让学生想起李白的相关作品，但以“你的记忆中最早知道的是哪首诗”作为导入语太不妥当；第二，当学生七嘴八舌地回答时，教师突然说一句“笑什么笑?!”，再加上一句“就你能”，将学生远远地推向了自己的对立面，拉大了师生之间的距离；第三，提出问题“你最早知道的是哪首诗”后，教师给出的答案是《望庐山瀑布》，不仅给出的答案太武断，而且教师接下来又将学生引向了对《望庐山瀑布》的诵读与体会，这样的课题导入是越“导”距课题越“远”，与其这样“痛苦”地导入，还不如开门见山，直奔主题。对于教学策略的诊断而言，教学策略适用有效、丰富多彩、运用恰当以及合理使用教学多媒体是重要内容，具体表现在导入是否巧妙、讲解是否清晰、提问是否有效、活动是否有序、形式是否多样上。

（四）教学效用问题

“效用”本是丹尼尔·伯努利意在挑战以金额期望值为决策标准时而提出的一个概念。教学效用作为教学常规诊断的一个维度，是指教学及其诸要素发挥的功效与作用，是对教学目标实现程度和达成效率的综合衡量与反馈，重点关注教学目标的实现和教学的有效性。按照黄厚江对

① 蔡宝来.人工智能赋能课堂革命：实质与理念[J].教育发展研究，2019，38(2)：8-14.

② 袁利平，陈川南.宽度学习的教育价值及其意义[J].中国电化教育，2019(5)：34-40.

③ 袁利平，陈川南.人工智能视域下的宽度学习及在教育中的应用[J].远程教育杂志，2018，36(4)：49-56.

教学效用的理解，“教学效用问题”包括教学内容没能顺利完成、教学问题没有得到充分解决、教学时间分配与利用不合理、教学环节安排不恰当、学生参与不充分、学生收获没有最大化、教学资源没有被充分利用等，而课程标准研制的“学业质量标准”是评价教学效用的重要工具。

教学效用诊断其实就是诊断教学的有效性。从历史发生学的认识角度来看，有效教学主要存在环境视角、教师视角、课改视角、学生视角等四个层面①，往往都是以教学目标的达成度为依据，重视对教学结果的评价。罗祖兵指出，由于教学是过程性存在，学生的发展只能在教学过程中实现，而且教学过程比教学结果更具价值，因而很有必要变结果有效的教学为过程有效的教学，为此就要建构过程性评价制度，充分简化教学过程，尽量繁化学习过程。和学新指出，班级规模、课程形态、学科内容、活动主题、信息技术等是制约教学组织形式变革的重要因素，而评价教学有效的基本参考指标为明确的教学目标定位、全面的教学方案设计、清晰的教学语言表达、适切的教学内容呈现、互动的教学实践样态、多样的教学策略运用、恰当的教学技术介入、高超的教学艺术体现、及时的教学信息反馈②，这就为有效教学构建了一个理论指导与实践框架，也成为落实教学效用的参考标准与重要保障。

就中小学教学效用相关研究与实践而言，教学效用诊断不但要重视结果，还要重视过程，更要找准教学要素的切入点。刘宇凌认为，良好的师生关系是教学效果的提速器；周照鹏把合理选择教学资源作为提升教学效用的前提条件；邱莉指出教师消极的课堂情绪状态会导致教学效果下降；王晶莹等人把教学品质分为交流与合作、应用与学习、课程技术以及参与度等四个维度；文学舟等人研究发现教师的教学方式、教学行为、学生学习行为、教学环境、学习自主性均会显著影响教学效果；詹秀娣等人发现利用微信辅助教学可以提高教学效率、课堂互动效率和作业的评价效率；韩丽等人强调，追求教学效率是教学的本质特性，也

① 段乔雨.有效教学：一种历史发生学的认识视角[J].教育理论与实践，2017，37(31)：58-62.

② 陈晓端.当代教学论框架下的有效教学行动表现[J].当代教育与文化，2015(4)：33-37，44.

是当前课程改革的重要目标，主张利用多姿态人脸检测和面部表情识别技术，自动跟踪及分析教学过程中学生的整体状态，有效掌控教学过程，从而实现教学的高效用。

就学科课程实施效果而言，课程标准研制的“学业质量标准”是评价教学效用的重要工具。课程标准都提供了相应的学业质量标准，是学生完成学科学习任务后学科核心素养应该达到的水平，为阶段性评价、学业水平考试和升学考试命题提供了重要依据。比如，按照课程标准的规定，语文学科学业质量水平二、数学和外语学科学业质量水平一，均为相应学科必修课程的学习要求，用来评价必修课程的学习结果，是学生毕业应当达到的标准要求，也是学生相应学科学业水平考试的命题依据；语文学科学业质量水平四、数学和外语学科学业质量水平二，均为相应学科选择性必修课程的学习要求，用来评价选择性必修课程的学习结果，也是相应学科高考命题的主要依据；语文学科学业质量水平五、数学和外语学科学业质量水平三，均为相应学科选修课程的学习要求，可用来检测选修课程的学习结果，修习情况可作为其他相关考试或测评的依据，可供大学自主招生或用人单位参考。课程标准的评价建议都要求以课程标准、课程内容和学业质量标准为基本依据，而日常教学活动评价要以教学目标的达成为依据，突出评价内容的准确性、评价过程的经常性、评价主体的多元性和评价形式的多样性，综合发挥检查、诊断、反馈、激励、甄别、选拔等多种功能。

有关“教学效用问题”可用“教学常规诊断标准”之“教学效用”专项诊断标准进行诊断。例如，一位教师执教《想北平》(老舍)，将教学目标定为“体会作者对北平真切的思念之情，品味本文自然质朴而富有韵味的语言”。该课属于“月是故乡明”专题中“漂泊的旅人”板块，是一篇写北平的写景抒情散文，课文着眼于让学生领会故乡施予每个人的深刻烙印，文章中追忆十分动情，表现了一个知识分子对故乡的深情怀念。因此，该教师确定的教学目标符合课程、教材、专题与板块要求，只是表述不规范。但是，运用“教学常规诊断标准”之“教学效用”专项诊断标准进行诊断只能给1分。该教师的导入语设置得可谓精彩，由艾青的诗自然地引入了课题；设置问题的前半部分也恰当，由标题“想北平”提出了“作者为什么想北平”的问题，但是紧跟的一句“请同学们结合自己对家乡的体会思考回答”将学生引向了“歧途”；尤其当学生偏离问题之后教师也没能够及时制止与纠正，而是顺势大谈“家”的重要性和自己对“家”的理解，还提出让学生“背诵一首”自己写的有关“家”的诗歌的要求，严重偏离了课文和教学目标，消耗了教学效用。

二、教学生态失衡

教学生态失衡是与生态平衡相对的概念，是指教学要素之间无法和谐共生的现象①。由于教学疾病大都是由教师一方发生的，是主体性教学病理，因而教师也就自然成为诊疗教学生态失衡的焦点。教师教学生态观念的偏离、角色生态定位的错误、行为生态方式的欠当，必定导致教师教学行为结果的生态失衡，甚至出现非生态、反生态的现象，从而出现各类教学疾病，而这些教学疾病在分别对教学产生着功能性破坏力的同时，又作为一个教学疾病群对教学系统产生着综合性破坏力②，由此恶性循环，形成了越来越严重的教学疾病，这些教学疾病具有自然蔓延性、直接传染性、整体破坏性和影响长期性。依据课堂生态理论的基本要求和教学疾病的实际状况，教学生态失衡主要表现为教师主导动力、学生主体动力、师生关系与生生关系等四个方面的问题。有关“教学生态失衡”问题可用“教学生态诊断标准”进行诊断。

（一）教师主导动力问题

教师在教学中的主体地位是从主导教学方向与目标中体现出来的，

① 刘信波.论大学英语课堂整体教学模式的建构——一个教育生态学的视角[J].湖南师范大学教育科学学报,2014(3):122-125.

② 孙凯,张增田.教学疾病及其破坏力[J].天中学刊,2007,22(1):108-110.

学生在学习中的主体地位是从主动学习趋近并实现学习目标中体现出来的。尽管课程要求、教材特点与学生实际等因素制约着教师对教学目的的确定、教学内容的选择、教学策略的选取与教学效用的彰显，但在教学实践中，教师只有在教学中发挥了主导作用，才能够体现教师作为教学组织者、合作者、促进者与指导者的角色。实际上，教师所从事的教学活动并不局限于教室内，教师作为教学系统的主导动力也并不仅仅来源于课堂教学中，教师的课前准备与课后措施也是向教学注入能量的重要组成部分。因此，教师主导动力来源于教师的课前准备、课堂教学与课后措施，教师主导动力问题主要包括课前准备不充分、课堂教学不给力、课后措施不到位等三个方面的内容。有关“教师主导动力问题”可用“教学生态诊断标准”之“教师教学”项目诊断标准进行诊断。

第一，课前准备不充分，严重影响授课质量。该问题可用“教学生态诊断标准”之“教师教学”项目的“课前准备充分度”指标诊断标准进行诊断。现场观察发现，有的教师在课前并不做上课准备，在上课的时候就拿着往年勾画过的老教材，到课堂里去重复“往年的故事”。由于课前准备不充分，教师在上课的时候当然就不敢对学生“放开”，而是紧紧地握着“缰绳”，牵着学生的“鼻子”生拉硬拽，唯恐学生“节外生枝”给自己添麻烦。

事实上，充分而完备的课前准备，是实施有效教学的前提条件，也是提高教学效率的首要步骤，而课前准备的自主性、主动性、专注度和关注面以及时间量，决定了课前准备的质量。调研发现，课堂准备不充分主要表现在重教而轻学、重预设而轻生成、重结果而轻起点等问题，其中重结果而轻起点的问题特别严重。教学需要对教学结果有所预测，这个预测的教学结果就是教学目标的达成度，而学生的已有经验、个性差异、发展需要等是教学设计不可忽略的“起点”。

第二，课堂教学不给力，直接影响教学效果。该问题可用“教学生态诊断标准”之“教师教学”项目的“课堂教学有效度”指标诊断标准进行诊断。孙芙蓉研究发现，教师作为活力要素向课堂教学注入的能量直接取决于教师的积极性和时间量，而教师的积极性又取决于教师教学的自主性、主动性、专注度和关注面。教学生态诊断标准指标大体上是根据孙芙蓉的研究结果而研制的。教学是一个动态发展、多变而又复杂的活动，对“课堂教学有效度”的专项诊断，本质上只是按照一定的标准对“课堂教学”的一种主观判断。调研和现场观察发现，在整个教学活动中，课堂教学中出现的问题最多、最复杂、最严重，很多问题都在课堂教学的“过程”中呈现了出来。但总体来看，课堂教学问题主要表现为道德性疾病与技术性疾病两个方面。

教学道德性疾病主要表现在对学生体罚、心罚、不公等方面，且这种情况在村镇、县城中小学比较严重。研究者在某县城重点高中现场观察期间发现有这样的情景：有的教师罚学生蹲在教室内听课；有的教师将学生赶出教室罚站，却不允许学生带课本；有的教师将学生赶到办公室里罚蹲，不准学生进教室听课；还有的教师竟然罚学生在午休期间在教室外的走廊里写作业。2019年11月15日，教育部等七部门印发了《关于加强和改进新时代师德师风建设的意见》的通知，要求把师德师风作为评价教师队伍素质的第一标准，激励广大教师努力成为“四有”好老师。

调查得知，这些学生被罚的原因主要包括以下三点：一是没完成作业，但是调查发现教师布置的作业量确实大；二是上课迟到，但该校规定吃饭时间只有15分钟，另外，课间10分钟的前2分钟整理上一节课的学习材料、后2分钟准备下一节课的学习材料；三是上课期间“学习不认真”。连体罚都已经成为“常态”的学校，心罚学生的现象更是家常便饭，何谈尊重学生？何谈以人为本？何谈一切为了学生？“由于我迟到了，所以老师没让我进教室，我不该迟到！”被罚站教室外的学生如是说。“老师也是为了我好，老师检查我背诵课文，但我背诵得不熟，老师才把我撵出教室的！”被罚站的学生几乎都没有任何怨言，学生几乎把所有的“问题”都揽在了自己身上，而有些教师面对“问题”时首先想到的却是惩罚学生！

教学技术性疾病与道德性疾病不同，更与师德无关，但与工作态度、责任感和教育教学能力关系密切。卢真金认为，教学技术性疾病是由于认识水平低、工作能力弱、工作经验缺乏、不了解教学规律和规范导致的，并将教学失衡、教学失范、教学失偏和教学阻隔视为教学技术性疾病的表现形式[①]。教学技术性疾病包含的内容十分广泛，存在的形式也多种多样，具体来说包括教师主导功能过度、教师主导功能缺失、教材处理欠当、情景预设欠妥、课堂提问无效、教学引导不力、课堂组织不协、信息技术滥用、学科整合不强、课堂评价不善、教学反馈失真、课堂评价失误、提前上课、拖堂下课以及各种各样的“水课”等。教学作为智慧涌动、心灵碰撞、真情荡漾的活动，本质上是师生一同求真、向善、寻美的过程，而“爱”是教学乃至所有教学活动的根本要求。作为一名教师，一旦心中失去了爱，也就从根本上丧失了“为人师”的资格。

第三，课后措施不到位，导致师生“营养不良”。该问题可用“教学生态诊断标准”之“教师教学”项目的“课后措施合理度”指标诊断标准进行诊断。如果说课前准备是为了启动教学这辆大巴，那么课后措施就是为大巴加油；如果说课前准备是为教学这块地播种，那么课后措施就是为这块地施肥；如果说课前准备是为了保障教学的顺利实施，那么课后措施就是为了巩固教学的有效性。调查发现，很多教师依仗着自己有了一定的教学经验，往往忽视课前准备，更将课后措施视为可有可无的环节，这是大错特错。事实上，教学活动是课前准备、课堂教学与课后措施多环节的统一体，及时有效的课后措施是巩固教学效果、促进教师与学生一同成长的必由之路。课后措施包括反思教学不足、总结教学经验、交流教学心得、弥补课堂缺欠、解析难点疑问、引导学生预习、了解学生实际、和谐师生关系等。有的学校已经将教学反思作为校本教研的一种重要形式，定期检查教师的教学反思，定期召开教学反思会议，定期结集印刷教师的教学反思文章，甚至定期开展教学反思大赛，收到了良好的效果，但仅仅重视课后措施中的“教学反思”是远远不够的，

① 卢真金.试论教学疾病的类型、表现与诊治[J].教育评论，2000(2):33-35.

还需要进一步完善与改进课后措施。

调研发现，课后措施不到位主要表现在课后措施虚无化、课后反思肤浅化、课后措施检查化等三个方面。课后措施虚无化是指教师在课后根本就没有采取任何措施，只是为教学而教学，不深入了解学情，使课前准备无的放矢、课堂教学成为教师的一厢情愿，不但严重影响了教学效果，而且也错失了自我改进、自我提升、自我完善的良机。课后反思肤浅化是指教师在课后的反思表面化、不深刻，努力寻找自己的优点，对教学的不足却轻描淡写、隔靴搔痒。课后措施检查化是指教师仅仅将课后措施视为检查作业，而不是答疑解惑。当然，检查作业也是了解学情的一种方式，但不是唯一方式和最佳方式，尤其在检查作业时还常常伴随着的一些“暴力”行为，严重伤害了学生的自尊心。

（二）学生主体动力问题

学习是人的本能，只因为人的生存发展需要才使人具有了学习的冲动与热情；学生是学习活动的主体，再高明的教师也无法代替学生的学习活动。学校教育只是为学生的主动学习与自觉发展提供了一个外在的环境，这个作为外在环境的学校教育只有作用于学生本身、与学生的成长需要相联结，才能在一定程度上唤醒、发挥学生的主体意识，激励、促进学生对未来世界的探索与追求，而这种探索与追求只有通过学生的主动学习才能实现。教师对学生学习的指导、帮助与促进的功能，也只有与学生的学习需要相适合才能充分发挥出来，否则，教师的指导、帮助与促进只能是徒劳。按照课堂生态理论，学生是教学系统中一股不可忽视的主体动力，学生向课堂教学系统输入能量是通过课前措施、课堂学习与课后措施等环节来实现，学生主体动力问题也表现为课前准备不足、学习状态不佳、课后措施不力等三个方面。有关“学生主体动力问题”可用“教学生态诊断标准”之“学生学习”项目诊断标准进行诊断。

第一，课前准备不足，严重影响课堂学习参与度。该问题可用“教学生态诊断标准”之“学生学习”项目的“课前准备充分度”指标诊断标准进行诊断。课前准备包括物质准备、心理准备与行动准备：物质准备就是在上课前准备好学习用具；心理准备就是要有计划、有目的甚至有选择地做好上课前的准备，尤其是对于自己学习上的难点与疑点，更要提前做好标记以在课堂上引起有意注意；行动准备就是以切实的行动来进行上课前的准备，包括搞好预习、采取多种方式搜集相关资料、标出难点与疑点、请教问题等。学生在课堂上的学习状态、学习效率主要取决于注意力的集中程度，而课前准备不足很容易因知识脱节而导致思维凝滞，从而致使学习运行质态与教学运行质态失去和谐性，严重影响学习参与度。

调查发现，学生课前准备不足是导致课堂学习参与度低的重要影响因素，也是产生无准备学习状态的直接原因。所谓无准备学习状态是指学习处于一种机械被动接受的学习情状。现场观察发现，无准备学习状态是当前很多学生的一种比较普遍的现象，究其原因，一是学生思想上重视课前准备但缺少行动，二是学生没有掌握课前准备的要领与方法，三是教师对课前准备疏于指导，四是学生课业繁多负担太大，学生一直疲于应付各科作业、练习而根本没有时间与精力进行课前准备。研究者随机访谈了几位教师和学生，绝大多数一致认为做好课前准备十分重要，但因教师疏于指导，导致学生不知道课前准备的内容与方法，也有的学生反映根本没有课前准备的时间。

第二，学习状态不佳，课堂学习参与乏力。该问题可用“教学生态诊断标准”之“学生学习”项目的“课堂学习有效度”指标诊断标准进行诊断。所谓学习状态是指一个人在学习时心态、身体状况、学习方法等综合作用下所处的状态①。依据学习状态所表现出来的层次，学习状态可以划分为不努力+不愿学型、愿学+不会学型、会学+不善考型、善学+善考型等四大类，这四种类型其实分别代表了当前在校园里广为流传的所谓“学沫”“学灰”“学弱”与“学霸”的学习状态。课堂学习是学生获取知识、提升能力的重要阵地，也是学生学会学习的重要舞台。段金

① 管平龙.关注学习状态促进有效学习[J].小学教学研究(理论版)，2011(5):95-96.

菊、祁芸研究发现，只有脑电波处于α波时，学生的学习状态最佳，创造性思维也最为活跃[1]，而只有当身心处于放松状态、大脑思维比较活跃、灵感频繁出现的时候，脑电波才会导出α波，这就需要强化外部刺激、保持身心平和、自主做出决定和掌控学习时空。

实践证明，如果学生对自身的学习层次、学习目标、学习内容、学习方法、学习状态以及学习成果不清晰，学生也就失去了探索的方向与手段，就会大大削弱探索新知的耐心与动力，将会直接影响学生课堂学习的参与度，而参与度是学生作为学习主体对整个学习活动的参与程度，包括参与时间量、参与广度、参与深度等三个方面，当然还要注意学生的“假性学习”，表现为假性的课堂倾听、假性的课堂执行以及假性的课堂合作活动等[2]。需要强调的是，课堂纪律好并不代表学生课堂参与度高，课堂学习参与关键在于心理参与和行动参与。王鉴指出，课堂教学是形塑学生发展核心素养的主要渠道，所有学生都是具有认知能力的行动者，其认知能力嵌入实践意识，在日常教学生活中能够在话语层面上描述他们的行为及理由。但在访谈中发现，有不少学生处于学习不佳状态，并且几乎都为自己的学习状态不佳、课堂参与度不高而十分苦恼。

第三，课后措施不力，无法及时查缺补漏。该问题可用“教学生态诊断标准”之“学生学习”项目的“课后措施合理度”指标诊断标准进行诊断。课后措施直接联结着课堂学习与课前预习，因为从本质上来说，课后措施既是课堂学习的自然延伸，也在为课前预习做好铺垫，更是将外在的知识、技能消化、吸收并应用于学习实践的必然选择。在教学界，有一个错误的认识，那就是仅将课后措施视为学生写作业，也没有将课后措施纳入教学计划，甚至没有对课后措施给予充分的重视。从事生态课堂研究的孙芙蓉将课堂学习、求助教师、同伴互助看作影响学生学习活动的重要因素，却没有将课后措施看作课堂学习的重要组成部分。求

① 段金菊，祁芸．面向过程的e-Learning效果评估：方法、技术及工具[J]．电化教育研究，2014(10)：73-81，96.

② 丁萍萍，李如密．课堂上的假性学习：表现、原因及对策[J]．上海教育科研，2019(6)：77-80.

助教师、同伴互助的行为既可以在课堂上发生，也可以在课后或课前发生，而在课后发生的学习行为即课后措施，也不止求助教师与同伴互助两个行为，其实，学生所做出的与学习相关的一切行为都是在向课堂学习系统注入能量。因此，教师应当引导学生认识到课后措施的重要性，尤其要加强对学生课后措施的有效指导。

（三）师生关系问题

师生关系是以教和学为纽带的人与人之间的关系。古德和布罗菲将师生关系的功能定位为通过师生互动性对话促进学生的理解。但是，从课堂生态理论来看，师生关系是一种和谐共生关系，这种和谐共生关系具有尊重儿童文化的独特性、承认教师角色的主导性、超越师生关系的功利性和体现情感共鸣的交融性，而民主平等、交流对话与教学相长是构建和谐共生的师生关系的基本原则①。教学师生关系问题是指在教学实践中，师生之间出现的学教不适与师生帮求不谐的现象。有关“师生关系问题”可用“教学生态诊断标准”之“师生关系”项目诊断标准进行诊断。

首先，学教不适，影响构建师生学习共同体。该问题可用“教学生态诊断标准”之“师生关系”项目的“教与学适合度”指标诊断标准进行诊断。所谓学教不适是指因师生的态度、目标、内容、方式等彼此不适合而影响构建师生学习共同体的教学运行质态。教学运行质态是指教学系统诸要素及其关系由于处于一种动态平衡发展状态而推动该教学系统持续、稳定、快速发展的形态与态势②。构建以学习为中心的师生学习共同体是现代社会发展的客观要求，也是新时代“后新课改”师生基于目标一致性的互助合作、共同发展的应然选择，而学教适合是构建师生学习共同体的前提条件和核心内容。

教学的本质内涵是人学，人的自主发展、全面发展、充分发展是一

① 李森，王牧华，张家军.课堂生态论：和谐与创造[M].北京：人民教育出版社，2010：238-247.

② 田建荣.论联考取消后的高中特色教学运行质态选择[J].现代中小学教育，2015(7)：13-17.

切教学活动的最终目标与永恒追求。师生作为教与学活动中的主体，师生关系的主体间性决定了师生关系的平等性、动态性、平衡性与发展性。师生关系的教与学的本质其实是一种外因与内因的矛盾：教师的教是外因，学生的学是内因，外因对内因具有重要影响，但并不决定内因，即教师的教并不决定学生的学，决定学生学的是内因，是学生自身的未解与理解的矛盾。正如于永昌所言，未解与理解是教学的主要矛盾，而求解是教学的直接目的，从教学生态考虑，求解是对教学生态环境全部因素的调动，充分调动积极因素，并尽可能地将消极因素转变为积极因素，达到教学本体生态发展的理想状态，而未解与理解的关系是教学中促进学习者发展与长进的、深层的、决定着其他教学关系的关系，因而从未解到理解的变革与创新，是所有教学实践的根本路径。

在所构建的师生学习共同体中，教师与学生、学生与学生能够在互动合作中实现信息差异交互促进，从而在学习活动中自然形成学习共同体。现场观察发现，学教不适是当前教学实践中最普遍、最常见、最广泛的问题，主要包括教学态度、目标、内容、方式等师生互不适合的状况，而体罚、心罚学生是最恶劣的学教不适，也是最严重的教学问题。真正的教师，尤其是真正的现代教师，不会体罚、心罚学生。

其次，师生帮求不谐，没有形成师生学习共同体。该问题可用“教学生态诊断标准”之“师生关系”项目的“帮与求有效度”指标诊断标准进行诊断。所谓师生帮求不谐是指因师生之间帮求的态度、目标、内容、方式等彼此不和谐而导致无法形成师生学习共同体的教学运行质态。其实，教师的教学本身就是“教师帮助”，只是这种普遍意义的“教师帮助”是针对学生整体，即教师教学是面对全体学生、对全体学生进行整体帮助。但是，教学是实现共性与个性发展的统一，是以学习共同体为理想团队组织的教师唤醒、指导、帮助、促进、引领学生学习的活动，这种学习满足于学生的现实需要而指向于学生的未来发展。

教学的起点应该是满足学生的现实需要，目的是促进学生的未来发展。但是教育教学不可一蹴而就，需要时间，需要耐心，甚至需要等待。

十年树木，百年树人，但在教育教学领域往往存在着急功近利的短视行为，尤其是当今社会转型期的焦躁心态在一定程度上也在侵蚀着教育教学体系的肌体，作为传播知识、传承文明、传播正能量的学校教育也难以幸免，其在教学中的最大表现就是师生帮求不谐，师生的帮求态度、目标、内容、方式等存在着诸多矛盾，归根结底是现实社会要求师生之间的帮求行为和谐一致、帮求效果立竿见影。

（四）生生关系问题

生生关系是以学与学为核心的人与人之间的关系。人的发展是在关系中实现的，在班级授课制为基本教学形式的今天，学生之间的关系是班级人际关系中最重要的人际关系，学生之间的相互联结与相互影响在某种程度上已经超越了师生关系。学生之间也在班级课堂生活中创生着丰富多彩的关系，生生关系本身孕育着学生间兄弟姐妹般的关系、平等共存的关系、共同创造的关系和相互学习的关系，对学生个体具有重要的生命意义与教育价值[①]。美国心理学家莫雷诺将生生关系分为人缘型、嫌弃型、中间型三种类型[②]。

不可否认，教学系统中的生生关系是该系统组织结构的重要组成部分，也是维系、调节教学系统动态平衡发展的重要力量。但是，当前有些学生交往态度冷漠化、目的势利化、角色多元化、内容复杂化、行为怪异化等问题已经严重威胁到和谐班级的构建，影响到学生学习共同体的形成，严重损害了学生身心的健康成长。李如密等人指出，在课堂教学中，教师之间、师生之间以及生生之间存在着教师的主我-客我互动、师生互动、生生互动和学生的主我-客我互动。因此，依据课堂生态相关理论，结合教学的现实状况，将教学生生关系异化分为学习行为不合和

---

① 李家成.论学生发展在班级生活中的实现——基于中国学生与班级同学关系的视角[J].四川师范大学学报(社会科学版),2015,42(1):89-93.

② 宋颖.生生关系视域下的大学英语教学[J].安徽工业大学学报(社会科学版),2013,30(1):77-79.

学生帮求不应两个方面。有关“生生关系问题”可用“教学生态诊断标准”之“生生关系”项目诊断标准进行诊断。

首先，学习行为不合，缺乏团结协作，影响教学正常运行。该问题可用“教学生态诊断标准”之“生生关系”项目的“学与学适合度”指标诊断标准进行诊断。对于教学来说，学生之间的课堂学习构成了生生关系的重要组成部分。但是调查发现，除了存在于教学中的“小团体”成员内部学习行为比较适合之外，有相当数量的学生与学生之间的学习行为并不相适合。究其原因，一方面是教师对学生的评价机制助长了学生的单独行动，另一方面是家庭教育长期以来对孩子过分娇惯、依从而使孩子养成了以自我为中心的不良观念与行为，尤其在没有明确具体的学习任务时，学习行为不合病症更为明显。

其次，学生帮求不应，过度竞争，无法形成良好学风。该问题可用“教学生态诊断标准”之“生生关系”项目的“帮与求有效度”指标诊断标准进行诊断。同学之间的过度竞争不但会加重学习负担，而且还会导致同学间的心灵闭锁，不但对学习没有任何激励、促进作用，反而会导致学生产生等级观念，削弱班级课堂的凝聚力与向心力。“学生帮求不应”是指由过度竞争引起的学生对同伴的求助行为不予回应的状况。造成学生帮求不应的病态状况，一是因为教师的不良诱导与不良评价，二是因为学生唯恐别人超过自己的私心杂念。学生一旦长期处于竞争状态，就会形成焦虑状态，而这种焦虑状态能够用合作来降低甚至消除①，否则，就无法形成良好的班风、学风，很容易引起心理疾病，对学生的身心健康造成极大的伤害。现场观察发现，课堂上有些教师很少让学生商量问题，更不允许学生之间擅自问问题，否则就按违纪处理，这样的课堂运作机制也助长了学生帮求不应情况的病态蔓延，以至于学生在课堂上表面看着都表现得极为安静，实际上学生的学习效率很低。

① 尹达.课堂教学自我诊断：教师专业发展的核心能力[J].基础教育，2014，11(6)：45-52.

三、教学文化失调

从根本上说，一切社会变革都是对文化的革新与重建，因为社会问题起源于文化失调；一切教学改革也都是对教学文化的革新与重建，因为教学问题也起源于教学文化失调。教学文化制约着师生教与学的行为方式，并在很大程度上决定了师生的生存发展运行质态。促进学生核心素养发展的教学文化建设，主体能动性要求主体视界的融合，课堂创新性倡导“学为中心”，教学开放性需要向生活世界扩展，内部规范性凸显“软”文化[①]。其实，学校的物质环境和设施设备建设等即学校物质文化，体现着时代特征，反映着学校的办学理念；教学制度文化是指教师和学生在享受已有文明、创造新文明的课堂活动中，形成的各种外显和内隐的规则体系，其本质在于协调师生关系，规范师生行为，保障教学活动的顺利进行，促进教学文化的生长[②]；教学行为文化是师生在教学活动中自觉认同并切实遵守的教学行为规范和行为风尚，本质上是在师生教与学的行为作用之间产生的一种文化现象；教学精神文化是师生在教与学过程中的价值观念与理想追求，是教学文化的核心内容，需要经过长期的实践积累和理性升华才能根植于教学之中[③]。有关“教学文化失调”问题可用“教学文化诊断标准”进行诊断。

（一）教学物质文化问题

教学物质空间、环境等实体渗透着特定的文化气息，对师生的身心具有重要影响，也在一定程度上影响着教学的组织、功能与效用。调查发现，当前教学物质文化层面存在的主要问题是班额人数膨胀化、课桌

① 贾瑜.促进学生核心素养发展的课堂教学文化变革研究——基于弗兰德斯互动分析系统的应用[J].现代基础教育研究,2019(2):27-35.

② 王彬.课堂制度文化的诠释与重塑[J].当代教育科学,2006(18):14-16.

③ 李秀双.课堂文化的内涵、教育价值及建设途径[J].教学与管理,2015(1):5-7.

摆放工具化、室内环境单调化等。张涛、李如密指出，教学空间不仅是一个背景、场所存在，同时也是一种关系、一种塑造的力量，是教学的一种重要属性。教学物质文化问题主要是指教学时空物质所透露出的文化气息不符合师生心理发展需要的质态，教学环境无法为教学提供有效的保障。有关“教学物质文化问题”可用“教学文化诊断标准”之“教学物质文化”项目诊断标准进行诊断。

（二）教学制度文化问题

“规矩”是教学制度文化的精髓，主要表现为师生对“规矩”的认知、态度与情感，而“自律”是教学制度文化的最高追求。教学制度文化是师生对待教学制度的认识、态度与情感，之所以会出现诸如教学文化专断、虚幻、冲突与惩罚等现象，其根本原因在于教师对师生主体关系的错误认识，教师仅将师生关系视为控制与被控制、支配与绝对服从、主动与被动的情态，不但严重损害了人民教师的形象，而且对学生身心发展造成了严重伤害。教学制度文化问题主要是指教师在教学过程中，由于受组织文化的影响，无视规矩与规则，缺少自律意识，甚至缺少法律意识，仅凭自己的意志制订“霸王条款”逼迫学生接受，做事独断专行。当前教学制度文化层面存在的问题主要是教师专断霸权、教师惩罚滥用、规则执行不力、管理人性化缺失和工具化泛滥等。有关“教学制度文化问题”可用“教学文化诊断标准”之“教学制度文化”项目诊断标准进行诊断。

教学制度文化与班级文化息息相关，并且深深扎根于特定的班级文化、学校文化之中。调查显示，高达97.01%的教师都有过体罚、变相体罚、心罚学生的经历，常采用的方式是罚站、罚擦黑板、罚打扫卫生、罚“请家长”、罚做作业、罚抄写课文、罚写千字检讨、罚做俯卧撑以及使用诸如不管不问、不理不睬、不冷不热的冷暴力等。

《关于深化教育教学改革全面提高义务教育质量的意见》强调制定实施细则，明确教师教育惩戒权；2020年12月23日，教育部发布《中小学教育惩戒规则（试行）》，明确了教育惩戒是教师履行教育教学职责的必要手段和法定职权。但是，“教育惩戒”的前提是“教育”，目的也是“教育”，“惩戒”只是诸多教育方式中的一种，即“惩罚以示警戒”与“以前失为戒”，因而教师不敢惩戒、不愿惩戒和滥施体罚都是不正常的现象。当然，正如储朝晖所言，惩戒好比高悬的剑，未必真要刺中谁。

（三）教学行为文化问题

教学行为文化主要受制于外在的管理制度和内在的价值观念。事实证明，只依靠外在的制度管理而缺乏人文关怀和正确的内隐观念，势必造成离心离德并进一步导致教学行为文化失衡，只有用文化的力量去影响师生的教育教学行为，并内化为个人的价值观、外显于相应的教与学的行为，才能切实保障教学行为的有效性。教学行为文化问题主要是指师生在教学过程中由教师教学行为不当、学生学习行为不适、师生教与学的互动行为不谐而引起的教学文化失去动态平衡的状态或态势。教师的爱生、敬业、严谨与创新，学生的勤学、好问、慎思与笃行，是构建健康的教学行为文化的重要内容。有关“教学行为文化问题”可用“教学文化诊断标准”之“教学行为文化”项目诊断标准进行诊断。

教学行为文化是教学文化诊断最重要的内容，也是衡量教学文化运行质态的重要项目。当前教学行为文化层面存在的主要问题包括师生行为失当、师生行为失范、师生行为失控、师生互动失调和师生互动混乱等，而教师教学行为文化不当、学生学习行为文化不适、师生互动文化不谐是当前教学行为文化问题的集中体现。教师教学行为文化不当主要是由教师在教学过程中的不当行为而反映出来的文化气息，如教师教学组织散漫、混乱而反映出的教师课堂调控能力不强，教师只提问“好学生”而表现出的对学生不公正等；学生学习行为文化不适主要是指学生在学习活动中的不适行为所反映出的文化气息，如学生不积极参与课堂学习所反映出的学习懈怠，学生之间互助行为的丧失而反映出的过分的竞争与嫉妒等；师生互动文化不谐主要是指在教学过程中由师生互动行为不谐而反映出的文化气息，如教师制订的教学目标、选择的教学内容、选取的教学策略、采用的教学反馈等不符合学生的实际状况，导致与学生的学习目标、学习内容、学习方法与学习反馈不协调、不适当、不适时等。

（四）教学精神文化问题

教学精神文化是现代学校教学文化建设的核心，更是现代学校教学文化的精髓，而以学生为本是其文化内涵①。马妮将教学精神文化分为操作、理念与假设等三个层次，教学过程是教学精神文化的操作层面，教育教学理论是教学精神文化的理念层面，而师生潜在的人生观、价值观与世界观是教学精神文化的假设层面②。教学精神文化是在教学过程中师生所表现出来的价值观念和理想追求，是基于课堂物质文化、课堂制度文化与课堂行为文化的长期积累与不断升华的结果。教学精神文化问题主要表现为师生心态不健康、不积极，观念不正确，课堂氛围不民主，待人不公平，因循守旧，等等。有关“教学精神文化问题”可用“教学文化诊断标准”之“教学精神文化”项目诊断标准进行诊断。

现场观察发现，教学精神文化问题包括以下三点：第一，教学精神文化落后，主要表现为教师观念落后、教学目标模糊、教学策略欠当、教学手段不妥、教学过程死板、教学效果不明显，尤其在常态课堂中表现得更为突出；第二，教学精神文化崩溃，主要表现为教师偏见、待人不公、专横冷酷、缺少民主氛围等；第三，教学精神文化散落，主要表现为师生言行不雅、师生关系不和谐、师生互动不协调、师生都被分数绑架、将考试作为教与学的目标等。

① 安文铸.“当代学校课堂文化建设”解读[J].中小学管理，2012(9)：14-15.

② 马妮.解读组织文化视野下的英语课堂教学[J].中国电力教育，2008(A10)：218-220.

第二节　教学诊病辨证步骤

所有的教学疾病都具有破坏性、提示性、方向性。破坏性是其本质属性，而提示性与方向性是教学实践通过疾病的方式来引起人们的关注，同时以疾病的方式提示人们制订疾病诊治的方向性目标。因此，认识教学疾病的破坏性、坚持教学疾病的提示性和方向性，是采用发展之道解决教学问题、诊治教学疾病的重要依据。依据医学诊断学、教学病理学等相关诊病辨证要求，将教学诊病辨证步骤分为抓病象探病因、定病位释病理、辨病性明病机、悉病势判论治等四个基本环节。

一、摸清教学病象病因

抓住病象、探求病因，是辨病诊治的前提条件。教学的诊病辨证与对人体的诊病辨证有所不同，教学是人与人主体间的学习指导活动，其主观性、易变性、随机性与突发性决定了对教学的诊病辨证不可生搬医学诊断相关原理与方法，但医学诊断在一定程度上为教学诊病辨证提供了技术与方法论启示。病象即病状，是指疾病所表现出来的外在的现象与情状，病因就是疾病发生的原因，而疾病的发生与否，取决于外在邪气与肌体内在的抗病能力——正邪双方势力的消长[①]。教学病象求因就是依据教学疾病所表现出来的现象与情状来探求致病因素，从而尽快排除致病因素以实现“祛邪”之目的，因而从教学病象入手，探求教学疾病产生的病因，是教学诊断的首要环节和前提条件。

（一）抓住教学病象

教学是由诸多因素按照一定的方式相互联结、相互作用的系统，本

① 郭振球. 中医入门一本通——名医教你学中医[M]. 长沙：湖南科学技术出版社，2012：20.

质上是作为一个“组织”来运行发展的。台湾学者陈启荣对学校组织的衍生病象进行了较为深入的研究，认为最常出现的学校组织衍生病象为麦尔士律则（Mile's Law）、格莱兴法则（Gresham's Law）、不稀罕效应（Bohica Effect）、彼得原理（Peter Principle）、帕金森定律（Parkinson's Law）等。针对教学层次来说，主要表现为教学常规失范、教学生态失衡与教学文化失调等三个方面；就教学活动而言，常见的教学疾病为教学失范、教学失衡、教学偏见、教学阻隔、教学专制、教学失控、文道分离、教法失效、学法失灵、果不达标等。

“教学失范”是指教学活动失去规范，如教学目标游离、教学内容散乱、教学程序无序、教学过程断裂等；石鸥认为“教学失衡”可分为教学缺失、教学过度与教学滞后等，而实际上教学失衡主要是指教学活动中教师的教与学生的学失去了平衡，也包括学生之间的学习活动失去了平衡，导致师生之间、生生之间的适合度严重降低，从而影响了教学质量；“教学偏见”主要表现为教师对学生的不公平，如教师在座位、提问、人际交往等方面存在的偏见，严重损害了学生的正当权益；“教学阻隔”主要表现为师生之间、学科之间、生生之间的隔膜与断裂；“教学专制”集中表现为教师对学生的体罚、变相体罚与心罚；“教学失控”是最为严重的教学疾病，一般会被认为是重大教学事故，是指在教学中教师的行为或教学场景失去控制，导致教学无法正常开展；“文道分离”是语文学科教学特有的教学疾病，主要表现为工具性与人文性的分离，也表现为忽视基础知识、道德强加、文本解读随意、低俗充斥课堂、滥用多媒体手段、照搬名师做法、误将“问答”当“对话”、目标与形式被“虚化”、“语文味”消失殆尽等[①]，而在其他学科教学的表现是“道理分离”，即知识技能、思维方法与价值观念的分离，主要表现为“教书”而不“育人”；至于教法失效、学法失灵、果不达标等，分别指教师教学策略选择不当、学生学习方法采用不当、教学效果无法实现等。

需要说明的是，上述表现都是教学病象，要从以下几个方面更好地

① 钟发全，陈松信.课堂新问题诊断·语文[M].天津，天津教育出版社，2009：1-56.

抓住教学病象。第一，确定教学诊断的方式，是自我诊断还是他人诊断，是现场诊断还是文本诊断抑或录像诊断，是单课诊断还是统课诊断，是切片诊断还是全程诊断，是专项诊断还是综合诊断，是常规诊断还是生态诊断抑或文化诊断。如对某位教师执教的一节录像课《老王》（杨绛）进行常规诊断，这就能够确定教学诊断的方式为对一节录像课的教学目的、教学内容、教学策略与教学效用等四个方面进行诊断。第二，仔细观课，运用教学常规诊断标准对该录像课的教学目标、教学内容、教学策略与教学效用等四个专项评分，如表3-1所示。第三，画出录像课《老王》教学理想与教学现实差距图，如图3-1所示，而教学理想与现实的差距就是该课例的病象。第四，找出密切关联病象，即在画出教学理想与教学现实差距图之后，还要进一步察看各项目病象的关联性。通过图3-1可以看出，教学目标与教学效用病象关联性比较密切，教学内容与教学策略病象关联性也比较密切，因而教学目标与教学效用、教学内容与教学策略即分别为该课例的两组密切关联病象。

表3-1　教学常规诊断各要素得分

项目	教学目标	教学内容	教学策略	教学效用
得分/分	8	17	20	10

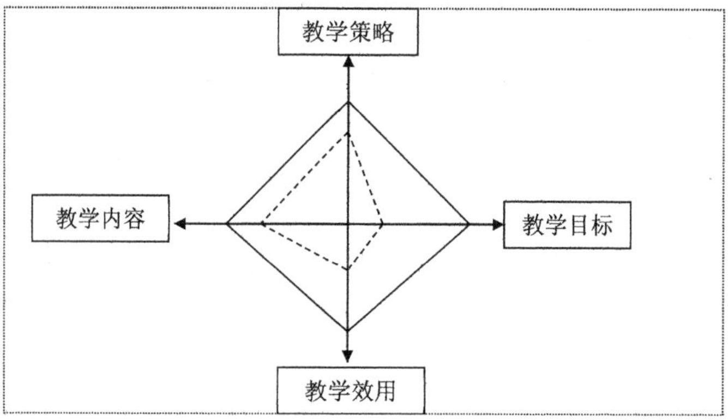

理想的教学状态：__________

现实的教学状态：__________

图3-1　教学理想与教学现实差距图（病象）

（二）探求教学病因

中医诊断学将致病的原因都称为病因，认为所有疾病都关系到两种因素：一是机体本身内在的抗病能力，即“正气”；二是外在的致病因素，即“邪气”。中医学将病因归纳为六淫、疫疠、饮食不节、七情、外伤、虫兽伤、劳倦等方面，不同的病因通过机体内部的矛盾而引起不同的变化，因此可以根据疾病的不同表现即病象来推求病因，即“审证求因”①；流行病学一般都把那些能够使疾病发生概率升高的危险因素称为病因；现代医学将病因分为宿主与环境两个方面，宿主病因包括先天性病因与后天性病因，环境病因既包括生物性病因、化学性病因，又包括物理性病因与社会性病因。病因模型目前较为流行的有生态学模型（流行病学三角模型）、轮状模型、疾病因素模型、病因网络模型、充分原因集合模型等。根据教学特点与教学诊断运行机制，将教学病因大体上分为要素病因、结构病因与功能病因。教学致病因素模型如图3-2所示。需要强调的是，致病因素模型只是给出了探求病因的大致方向与努力目标，而面对具体问题尚需具体探讨，尤其要结合教学常规诊断、生态诊断与文化诊断标准对病因进行深入分析。

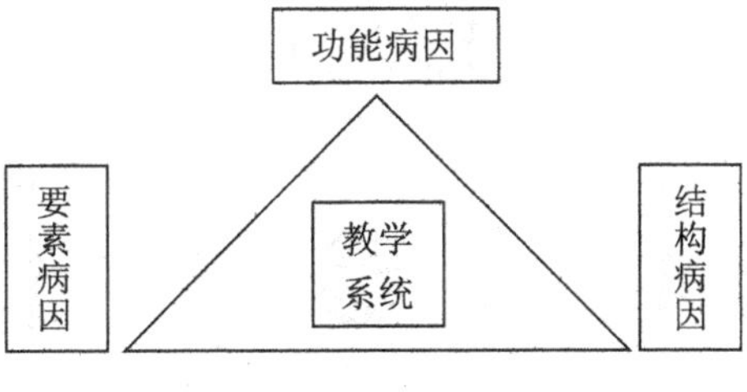

图3-2　教学致病因素模型

抓住病象探求病因的过程本质上就是病因推导的过程，病因推导是确定所观察到的联系是否可能为因果联系或密切性相关的过程，而排除虚假的联系与间接联系是病因推导的关键。1965年希尔研制出病因推导的步骤，以此来判断各致病因素间的因果关系，如图3-3所示。由此可

①郭振球.中医入门一本通——名医教你学中医[M].长沙:湖南科学技术出版社,2012:79-80.

见，在病因推导是否存在因果关系时，必须仔细审察所得到的联系是否由偏倚、混杂或机遇所形成。依据Mill准则，在病因推导过程中，要遵守求同法、求异法、共变法、剩余法和类推法等。求同法是指在不同的事件中寻找共同点；求异法是指在不同的事件中寻找差异点；共变法是指当某因素的频率或强度发生变化时某病发病率也随之变化，则该因素可能是某病的病因；剩余法又名排除法，是指在研究的几种因素中，排除了某些与疾病无关的因素，剩余的因素则可能是病因；类推法是指当一种原因未明的疾病与另一种已知原因的疾病分布相同时，两者病因可能相同。教学主要致病因素包括道德性因素、心理性因素、技术性因素、规范性因素、社会性因素和家庭性因素等，但上述大都为外部病因。教学本身所具有的易患病性才是致病的内部因素，而师生作为教学系统的动力要素，也就成了教学致病内因的原始制造者和担当者，但教学的绝大多数致病因素归根结底还在于教师。

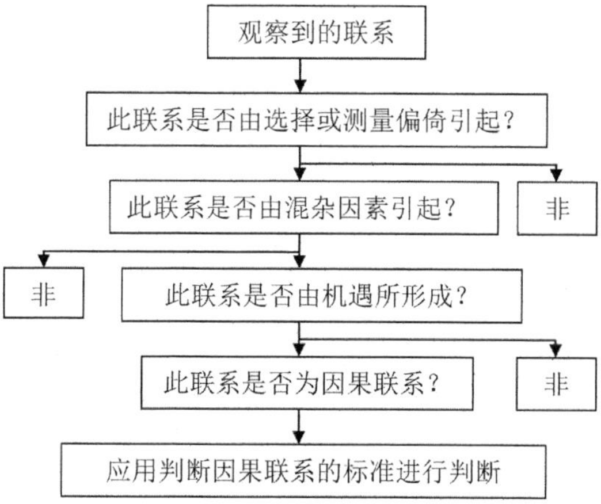

图3-3　病因推导因果关系步骤

例如，录像课《老王》的教学常规诊断各要素得分与病象显示，这是一堂有待完善的课例。该课例的教学效用与教学目标紧密关联，与标准量规分别相距15分和17分；教学内容与教学策略紧密关联，与标准量规分别相距8分和5分。由此可见，教学目标与教学效用是焦点解决问题，参照教学常规诊断标准量规，发现教学目标与教学效用各项目得分如表3-2所示。经再次确认，教学目标病象显示为目标不符合课程标准、目标陈述不规范、目标呈现不适当、目标没有有效落实和没有自然生成新目标，运用教学致病因素模型可得出致病因素为要素因素中的“教师的教”子因素和功能因素中的“教师行为”子因素，即教师的教学行为是焦点病象，而教师行为是主体性因素，再运用病因推导因果关系步骤可得出如下推导结果（如图3-4所示），之后运用Mill准则做进一步筛选，得到教育教学观念问题与规范性程式问题是教学目标的致病原因。同上所述，教学效用病象的直接致病因素为教学目标不当，根本因素是教师的教学观念不当。

表3-2 教学目标、教学效用得分一览

项目	指标	等级评定	项目得分	总得分
教学目标	定向科学	B	2	8
	形式规范	A	1	
	呈现适当	B	2	
	落实到位	B	2	
	生成合理	A	1	
教学效用	氛围和谐	A	1	10
	师生适合	C	3	
	学有所获	C	3	
	目标达成	B	2	
	留有期待	A	1	

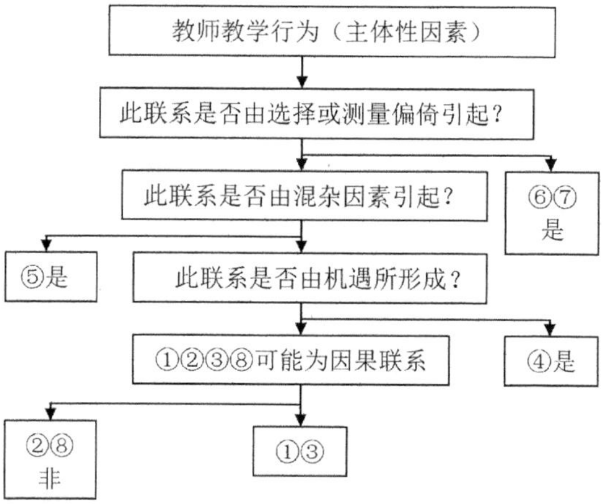

图 3-4　教学目标病因推导图

注：①教育教学观念，②技术方法，③规范性程式，④科学文化知识，⑤职业道德，⑥心理素质，⑦生理身体，⑧教育教学能力等。

二、查清教学病位病理

落实病位、诠释病理是辨病论治的基础。察看教学病象并推知病因，是教学诊病辨证的前提条件，而落实教学病位、诠释教学病理是教学诊病辨证的基础。病位即疾病发生的具体部位或场所，也指病变部位的里表深浅或严重程度，中西医学都十分强调辨别病位的重要性，都将辨清病位视为诊病辨证的必要环节，因为病位与疾病的轻重、治疗方法的选用以及疾病预后等都有密切的关系。中医诊断学更将落实病位看作临床辨证论治的最根本的问题，只有落实了病位才能开展进一步的诊断治疗活动，否则诊病辨证也就成为无矢之的。病理即疾病发生和发展的过程和原理，亦即各种致病因素作用于宿主而引起疾病发生、发展与变化的机理，本质上是致病原因、发病原理以及病患过程中细胞、组织和器官结构、功能和代谢等方面的变化规律。因而落实病位、诠释病理是诊病辨证的基础性环节，更是对病象、病因做出的进一步综合分析。

（一）落实教学病位

教学作为一个系统，某一要素、结构、功能等的病变势必会引起整个教学系统的动态平衡发展，整个系统的病变也会引起某一部位、要素、结构或功能的病变。中医十分重视病位的落实，并将落实病位定义为明确病变所在的上下表里、脏腑经络、形体官窍等。病位传变的存在，在很大程度上加大了落实病位的难度。针对教学而言，具有空间涵义的具体病位主要包括教师与学生在课前、课中与课后的教学与学习活动以及课堂环境，大体上相当于教学生态诊断标准中的“教师教学”“学生学习”专项诊断指标和教学文化诊断标准中的“课堂物质文化”专项诊断指标；具有病理层次涵义的模糊病位主要包括教师教学实践过程、学生课堂学习过程、师生关系、生生关系以及课堂文化，大体上相当于教学常规诊断指标、教学生态诊断标准中的“师生关系”“生生关系”专项诊断指标以及教学文化诊断指标。总之，教学病位主要为教师、学生、关系和物理环境。当然，在分析教学病位时，要注意病位传变、病位并存、病位主次以及病位因果，以保证落实病位的准确性与科学性。

落实病位是中医辨证施治的重要内容之一，是教学诊病辨证的重要环节，也是探求病因之后亟需解决的重要问题，更是教学诊断思维的重要内容，而如何确定病位是教学诊病辨证的难点之一。中医学的诊断包括诊病与辨证两类，诊病是运用望闻问切“四诊法”去认识疾病的方法，辨证是对望闻问切等诊法收集到的材料进行综合、分析、归纳的过程，而阴、阳、表、里、寒、热、虚、实被称为“八纲”，即“八纲辨证”。阴阳是指疾病的类别，表里是指病变部位的深浅，寒热是指疾病的性质，虚实是指邪正的消长盛衰。按照这种分类标准，教师及其教学活动为阴，学生及其学习活动为阳；教学常规诊断中的教学目标、教学内容、教学策略与教学效用等为表，教学生态诊断中的教师教学、学生学习、师生关系与生生关系为里。中医学分析病位的依据主要是机体在病因作用下疾病的临床表现，病位认识的归宿就在于分析探求各种临床表现在病位属性上的内在联系[①]，而确定病位的方法在于以特殊症象为主，以一般症象为辅，根据现代医学检查所取得的检测报告、异常指征，以末求本，寻根究源，落实病位[②]。

由此可见，落实教学病位，必须首先从病象入手，根据需要选取不同类型的教学诊断标准予以收集相关资料；其次依据病因推导图探求病因，确定病因的表里或半表半里，并进一步探究出具有因果关系的病因；最后根据病因探究病源，依据病源落实病位，并为诠释病理做好准备。同时，要依据八纲辨证的要点，抓住焦点病症、关注个别病状，正确处理教学症候之间的相兼、错杂、真假以及转化规律。仍然以录像课《老王》教学目标病位为例，其病位探究步骤如图3-5所示。

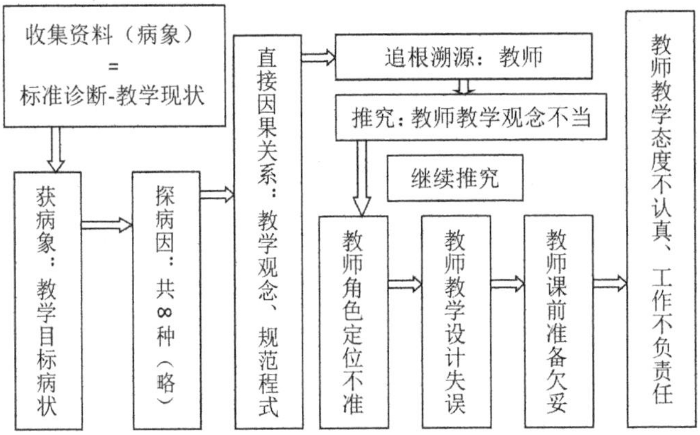

图3-5　教学目标病位探究步骤

（二）诠释教学病理

“病理”是疾病发生与发展的过程与原理，亦即致病因素、发生机制、发展规律以及疾病过程中机体的形态结构、功能代谢、病变转归及其规律。病理学一直都被称为基础医学与临床医学之间的“桥梁学科”和“权威诊断”，病因学、发病学、病理变化或病变、疾病转归与结局等向来都是病理学的四大任务。石鸥认为，教学病理主要指教学疾病的发

① 邢玉瑞.中医辨证思维之病位分析[J].陕西中医学院学报，2010(3)：1-2.

② 方向东.浅论病位诊断[J].辽宁中医杂志，1996(1)：4.

生原因、扩展过程及其机制和原理，既是教学发生发展的内在理路或内在联系，又是教学的不正常不健康的性质。

教学病理本质上就是探究教学疾病发生的原因、运行的机制和发展的规律。中医将发病视为内在正气与外在邪气较量的结果，将致病因素视为外在邪气的侵入，将病理变化视为机体正气不足而病邪乘虚而入导致脏腑、经络创设或功能障碍。教学疾病的致病因素包括内源性致病因素和外源性致病因素两大类，内源性致病因素主要包括教师、学生、学校体制、教学观念、教材建设以及教学理论研究等致病因素，外源性致病因素主要包括诸如教学手段、方法等工具性致病因素和所处的自然、家庭、社会环境等环境性致病因素①。

教师、学生及其所在的组织文化是教学疾病的主要病源，教师与学生属于主体性致病因素，而组织文化属于环境性致病因素，教学本质上就是特定环境中的教学主体（教师）与学习主体（学生）相互联结、相互作用的过程，教学疾病的运行机制也无法挣脱教学的这一本质。教学疾病的运行机制，一般是以教学环境为依托、以教学为中介（有时由教师直接作用于学生）、以教师的教学活动为起点、以学生的学习活动为终点，从而实现降低教学品质、阻碍学生健康发展、限制教师成长的目的。教学疾病运行机制如图3-6所示。

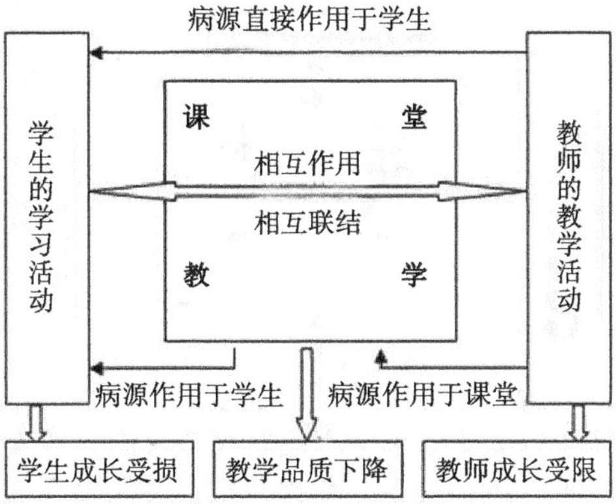

图3-6 教学疾病运行机制

① 石鸥.教学病理学基础[M].济南:山东人民出版社,2009:77-79.

从教学致病因素与运行机制可以得出教学疾病的基本规律：第一，教学疾病是外因与内因相互作用的结果，而作为教与学主体的内因尤其是教师往往成为重要的病源；第二，尽管教学疾病的产生具有必然性，但对教学疾病的产生与发展并不是无能为力的，而是能够在一定程度上治愈的，尤其是道德性、技术性、心理性、规范性疾病是完全能够避免的；第三，切断病源不失为一种最有效的诊治方法，但完全切断病源是不可能的，这正是教学诊治与医学诊治的重要区别，这就需要人们以动态的、发展的观念认识教学疾病，认识教学系统的完整统一性，认识教学功能与结构变化的相互联系，认识教学疾病的因果转化性，更要对教学疾病进行策略性接受[①]，关键在于要看到教学疾病的正能量，它为提升教学品质、促进师生共同发展提供了努力的方向。录像课《老王》的教学目标所表现出的病症，其致病因素主要是教师教学观念不当，导致教学目标设计欠妥，致使教学效用不高，其发生机制与运行规律如图3-7所示。

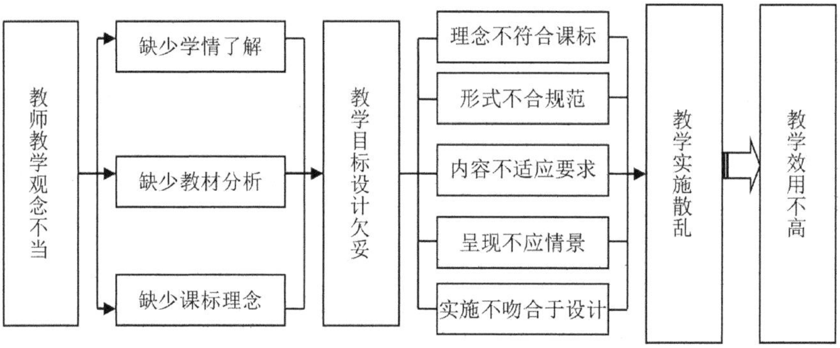

图3-7　教学目标疾病发生机制及运行规律

三、辨清教学病性，阐明教学病机

辨清病性、阐明病机，是辨病论治的核心要素，是诊病辨证的核心内容和重心工作。病性是指疾病病理变化的本质属性，病性辨证的最大

① 石鸥．教学病理学基础[M]．济南：山东人民出版社，2009：81-82.

意义在于，通过对疾病当前病理性质的辨识，可以直接指导立法、开具处方给予治疗。对于病机的概念，医学界尚有争论，大多数学者认为病机即疾病发生、发展、变化的机理。因此，在探求病因、落实病位、分析病理的基础上，辨清病性、阐明病机，掌握疾病病变的性质和发病的机理，对于辨病论治具有极大的实践价值，对于教学的辨病论治也具有极大的启示意义。

（一）辨清教学病性

严格来讲，对病性的辨别并不是在探病因、找病位、析病理之后的日常流程，它其实一直伴随着辨病论治的全过程。朱文锋指出，病性是疾病当前的病理本质，因而辨别病性对任何疾病的诊断都是必不可少的，是辨证的关键；由于病性是对疾病一定阶段的整体反应状态的概括，因而准确地辨别病性直接关系到治疗方法的落实，所以辨病性是整个辨证论治过程的首要环节①。教学病象一般都较为明显，但病因较为复杂，因此在探求病因过程中有时候病性也会随之浮现，关键是要有病因辨证的意识与自觉。石鸥将教学疾病的性质定义为一种（类）教学疾病，区别于其他种类教学疾病的根本属性或内在规定性，并依据教学疾病本身性质的不同，将教学疾病分为故意的教学疾病与非故意的教学疾病、原则性教学疾病与非原则性教学疾病、认识性教学疾病与实践性教学疾病、传染性教学疾病与非传染性教学疾病、合理性教学疾病与非合理性教学疾病、真实性教学疾病与假性教学疾病等②。教学疾病具有不可避免性，任何教学疾病都会对教学系统造成一定的伤害，甚至会严重阻碍学生的健康成长。

尽管医学病性辨识的方法对教学病性辨识具有一定的启示价值，但教学病性辨识不同于医学病性辨识之处在于，医学病性辨识将病性证素作为前提，将病性证素的临床表现作为关键，而教学病性辨识与病因探

① 朱文锋．论辨“病性”内容的统一[J]．湖南中医学院学报，1989(2)：65-67.

② 石鸥．教学病理学基础[M]．济南：山东人民出版社，2009：51-60.

求紧密相连，并结合教学病位、病理来识别病性，这是由教学及其疾病规律决定的。因此，辨识教学病性，首先，必须由教学病象入手探究病因，并将病因视为辨识教学病性的先决条件，因为病因与病性往往联结在一起。病性是疾病病理变化的本质属性，病因是导致疾病病理变化的原因或推动力，因而病因在一定程度上决定了病性。其次，依据教学病位与病理机制准确认识病性。教学大体病位包括教师、学生、关系与环境，从病位入手识别病性往往会更为直接与简捷，尤其在分析病理运行机制过程中，更要注意病理运行各阶段的特点与性质。最后，了解教学常见疾病的类型，掌握不同病因、病位与病性的组合方式、涵盖关系，有利于更好地辨识病性。仍然以录像课《老王》为例，辨识病性的程序如图3-8所示。

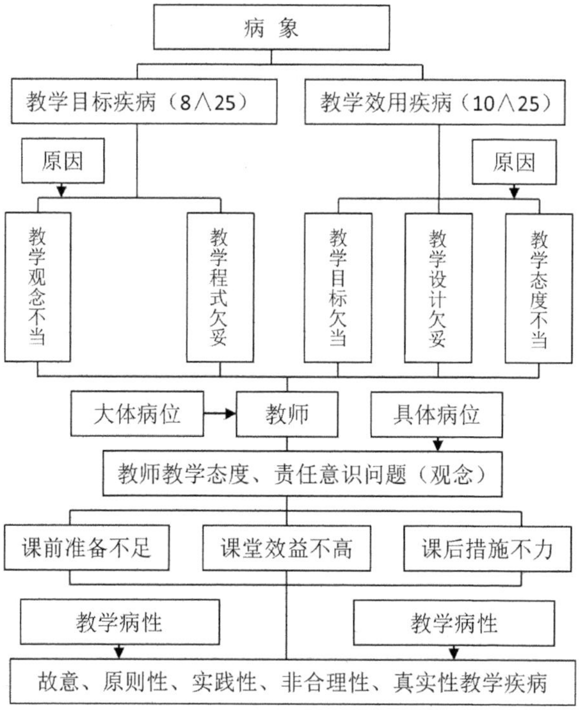

图3-8 教学病性程序

注：①（8∧25），“8”表示教学目标的现实得分，“25”表示教学目标的理想得分；②（10∧25），“10”表示教学效用的现实得分，“25”表示教学效用的理想得分。

（二）阐明教学病机

“病机”是中医学的一个重要概念，但对病机的理解却一直存在着争议，归纳发现有以下几个观点：病机是疾病发生、发展与变化的机理；病机是疾病发生、发展和变化过程的内在联系；病机是根据临床对病象的分析而作出的综合判断。王强指出，《黄帝内经》之“审察病机”是指通过“四诊”审察病的机兆，不是讨论发病的病因和机理，而关于病因和发病机理的内容又未以“病机而论”。尽管医学界对病机的诠释不一，但值得肯定的是，病机的性质决定病症的性质，并与病因、病位、病性具有密切的联系，诠释并掌握病机是诊病论治的核心内容，也是诊病论治最重要的一个环节。“病机”之“机”，既指疾病变化的枢纽或关键之处，又指诊疗疾病的机会或时机，因而教学病机是指教学疾病变化的关键点，而这个关键点给教学辨病论治提供了有利时机，通过辨病论治，可能使之成为教学从“患病”到“痊愈”的拐点。

在中医看来，掌握病机的方法即审察、分析病机要从六气主时出发，而治疗时不要违背六气主时的规律，是中医诊治因时观点的反映；运用类比、分类等方法依据病象探寻主病之因、病变之位；不管病状如何，都要明确真相，探求病机，而病症是判断病机的关键，也是辨病论治的前提；强调虚实辨证是分析病机的重要环节。教学辨病论治的核心工作就是辨别、阐明、掌握病机，教学诊病辨证活动的抓病象、求病因、找病位、释病理、分病性等活动，在某种意义上都是在为掌握病机做准备，只有掌握了病机，才能更清楚地预知病势发展特点并做出疾病判断与开具处方。

阐明教学病机，首先，正确认识教学病机的概念及特点，教学病机是对病因、病性、病位等综合分析所得出的机理解释和病变关键点。病变本质上是病理的变化，是指教学要素、结构、形态或功能发生的异常变化，而所有病变都是由一定的病因引起的。教学病机本质上就是教学系统病变的关键点，具有机理性、隐蔽性、关键性、转折性和多因性等特点。其次，找出教学的焦点病症，依据焦点病症运行诊断思维对病因、病位、病性等进行深入分析，找出教学疾病的核心病源和病变关键点。于智敏将病机辨识的步骤与要素概括为：辨病机标本，分疾病主次；辨气机升降，明邪正虚实；辨枢机开阖，审疾病进退；辨神机旺衰，察预后顺逆；辨生机有无，断死生之分。这对于教学病机辨识也具有一定的指导价值。需要肯定的是，所有教学疾病均有相应的病机，找出病机并阐明病机的工作原理，是诊治教学疾病的关键。最后，厘清教学病象、病因、病位、病理、病性与病机的逻辑关系，尤其是病因、病位与病性直接决定教学病机的位置与运行规则。依据病因学、教学病理学、诊断学以及教学的特点，以录像课《老王》教学目标疾病为例，教学病机阐释如图3-9所示。

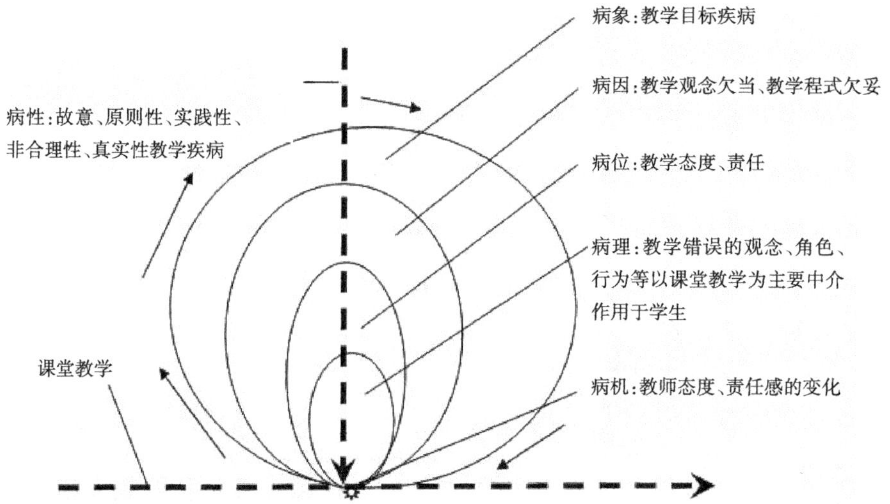

图3-9　教学病机阐释图示

四、厘清教学病势论治

详悉病势、判病论治，是辨病诊治的关键因素。中医学所称的“病势”，是对病情轻重缓急、病症变化趋势以及病症动态之势的分析、判断，是指疾病过程中某一阶段所呈现出的总态势，病势分析也称为“定势”[①]。教学疾病也有一个产生、发展与转归的过程，尤其是教学系统本身就具有自我修复的功能，有些非原则性疾病不需诊治即可自行痊愈，这关键要看教与学主体的反思性与自觉性，但教学系统的自我修复功能有一个阈限，当疾病强度突破了这个阈限即会丧失自我修复能力，并带来严重的后果。教学辨证论治，要遵循“教学实践—教学病症—教学辨证—教学诊治”的路线图，并将教学辨证贯穿诊治过程的始终，以实现教学系统的健康平衡动态发展。

（一）详悉教学病势

中医向来十分重视详悉病势在辨证论治中的作用，熊永厚从病势角度探讨了《伤寒论》的诊治规律，指出了详悉病势的方法与步骤：首先，细察先兆，详审病机，预测治疗。根据病象和先兆病状，找准病机，把握并预测病变的发展趋势。其次，症状不全，抓住特征，辨识治疗。由于疾病本身是处于动态变化发展中的，因而表现出的症状也会零散不全，但只要抓住了主要病状，再深入探究其病性、病位及病机，即可掌握其病势，给予恰当的治疗处方。再次，症状齐全，不失时机，典型治疗。面对症状表现齐全的疾病，就要根据典型病状拟就典型药方予以治疗。最后，病症传变，机动灵活，过渡治疗。兼有多种病症的疾病，很可能昭示出该疾病处于病症传变期，要根据疾病所表现出的症候群详悉病势，提出治疗方案。

详悉病势是辨病论治最重要的一个环节[②]。教学疾病按照从表到里、从外到内的顺序，分为教学常规失范、教学生态失衡与教学文化失调三种主要类型和层次。

第一，将教学视为一个活动过程，利用教学常规诊断标准诊断教学常规失范问题，主要通过观课的方式即能获得病象，其病势运行规律为：教学目标问题分别作用于教学策略问题、教学内容问题与学习策略问题，

① 邢玉瑞.中医辨证思维之病势分析[J].陕西中医学院学报,2010(5):1-2.

② 胡学军,曾松林.略论临床辨病势[J].中国医药学报,2000(6):53-53.

且教学策略与学习策略也指向教学内容问题，教学目标问题经由教学内容问题直接决定了教学效用问题。

第二，将教学视为一个生态系统，利用教学生态诊断标准诊断教学生态失衡问题，主要通过师生问卷调查的方式即能获得病象，其病势运行规律为：教师与学生两大要素相互作用构成了师生关系问题、生生关系问题，而教师教学与学生学习相互作用构成了教师动力问题与学生动力问题，它们共同作用于教学生态系统，造成教学生态失衡。

第三，将教学视为一个教学组织文化场，利用教学文化诊断标准诊断教学文化失调问题，主要通过感受的方式获得病象，其病势运行规律为：相互关联的教学物质文化问题、制度文化问题、行为文化问题、精神文化问题共同作用于教学组织文化场，从而造成教学文化失调。

由于教学生态诊断是对师生课前准备、课堂行为以及课后措施的诊视与判断，为教学诊断加入了一个时间轴，使教学诊断体系由三维空间变为四维空间，从而为探寻、掌握、详悉教学各类疾病的病势提供了更为科学的思路与方向。以录像课《老王》教学目标疾病为例，探寻、详悉其病势的方法与步骤如图 3-10 所示。

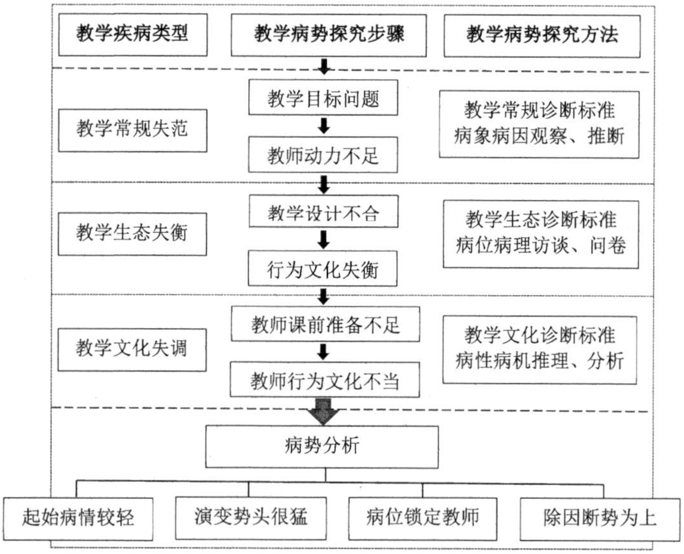

图 3-10　探寻教学病势步骤

（二）教学判病论治

辨证论治是中医学的根本特点和活的灵魂，仝小林认为完整的辨治方法应包括辨证论治解决突出矛盾、辨病论治明确治疗靶点、审因论治寻求致病根源和辨证论治辨别寒热虚实[①]。依照教学诊断的概念，判病论治包括三层意思，一是通过诊视来判定教学是否有病，有什么病；二是不管教学是否有病，都要有总结教学特色、总结成功经验的意识，因为教学诊断的前提不是基于所有教学都是病态的假设，而是基于教学本身；三是对于存在疾病的教学，要运行科学的诊断思维、采行有效的方法、运用适切的技术，通过对教学病象的认识、病因的探求、病位的落实、病理的阐释、病性的辨别、病机的发现、病势的把握等，根据所患疾病病理规律，采取切断病因、转移病位、改变病性、扭转病机、改善病势等手段，促进教学系统的动态平衡发展。

对于论治法，中医学一直都十分重视"未病先防"和"既病防变"。钱静强调辨病势是张仲景辨证论治的法宝，并提出了三种论治方法：通过辨病势可截断传变，治病于未然；审察邪势所在，可正确选择祛邪途径，因势利导；探明正气抗邪的态势和力量，可顺应正势扶正抗邪[②]。郭振球提出了扶正与祛邪、治标与治本、正治与反治、同病异治与异病同治等原则，倡导以辨证为依据的论治步骤[③]如下：首先，依证立法，即治法以证为依据，包括除病因法、理病机法、调病位法、截病势法等；其次，按法制方，论治选方遣药，又是以治法为依据的；最后，验证疗效，准确辨证是准确治疗的前提，治疗之后要追踪观察，以观其病机的转变，而辨证论治以病机为核心。针对教学常规失范论治而言，一般都会采用诸如构建师生学习共同体、确立发展性学习目标、整合开放性学习资源、

① 仝小林.论辨症、辨病、审因与辨证论治在临床中的应用[J].中医杂志，2013(2)：93-95.

② 钱静.辨病势是仲景辨证论治的活法[J].江苏中医药，2002(11)：7-8.

③ 郭振球.中医入门一本通——名医教你学中医[M].长沙：湖南科学技术出版社，2012：126-186.

打造互动性学习过程、经营生态化学习环境、运用多样化学习方法、合理使用多媒体技术、推行多元化学习评价、坚持有效性学习结果、采行自我跟进措施、保持诊断与实践的有机统一等方法；对于教学生态失调的论治，就要采用系统生态疗法确保教学系统的动态平衡发展；对于教学文化失调的论治，就需要运用组织文化诊治技术，保障教学文化的健康发展。

第三节　教学诊断实施过程

美国质量管理专家威廉·爱德华兹·戴明提出了一种合乎逻辑的工作程序PDCA循环，PDCA是由英语单词Plan（计划）、Do（执行）、Check（检查）和Action（处理）的第一个字母组成的，PDCA循环就是按照周而复始的计划、执行、检查和处理的科学程序进行质量管理。教学诊断作为质量管理的一种手段，也势必遵循PDCA循环规则。教学诊断的实施过程，其实就是问题发现、问题分析、问题解决以及措施跟进的过程，必须突出学科特点和现实需要。教学诊断实施过程包括资料收集、分析推断、出具处方、验证反馈等四个环节，且这四个环节周而复始、循环不止。本研究以对某县城重点高中YY老师的教学诊断为例，详细阐述整个教学诊断的实施过程。

一、教学诊断资料收集

资料收集是教学诊断的前提条件，资料收集的目的之一是发现问题，而发现问题本质上是一个人的认知发展过程。应当强调的是，资料收集是问题发现的前提条件，也是教学诊断的奠基性工作，但资料收集要具有一定的针对性，要以发现问题为目的，并且服务于教学诊断的需要。问题发现是资料收集的直接目的，问题发现作为教学诊断的关键步骤，是开展认识活动、创造活动和解决问题的起点，但问题发现要依据收集到的资料，做到问题发现有证据、有学理、有主次、有急缓。对于教学诊断而言，可能发现的问题很多，不但要找出焦点问题，而且要明确问题的焦点。教学诊断资料收集，应该明确资料收集的范围和途径。

（一）资料收集的步骤与要点

资料收集是问题发现的首要环节，也是教学诊断的前提条件，资料收集工作的质量直接决定诊断效果，因而是教学诊断不可忽略的环节。资料收集的内容服务于教学诊断的实际需要以及执教教师的要求，诊断者应以“虚心学习”的心态和“助人自助”的态度去开展教学诊断的资料收集工作。为了满足教学诊断的需要，诊断者要做好充分的准备、全面地收集资料、明确诊断的重点、掌握诊断的视角、选择合适的诊断标准，并据此采取相应的资料收集方法。

第一，与执教教师建立良好的关系，做好充分的准备工作。教学诊断者必须熟悉学科课程标准和教材特点，明确课程进度，查看执教教师的教学设计，了解学生对学科学习的兴趣、对已有知识的掌握情况、对将要学习内容的准备情况等，与执教教师建立良好的协作关系，准备齐全诊断所用的记录工具以及录音、录像设备等。

第二，采用三角分析法全面地收集资料。三角分析法是指在组织诊断中，人们对某一个问题、现象的认识和评价，不能仅仅依靠一方所提供的观念和材料，还应该至少从两个方面获取对该问题、现象的更为广泛的意见。对于教学诊断而言，对档案材料、旁证材料与现场观察材料的收集，其实就是三角分析法在教学诊断中的具体应用。档案材料如教师的性别、学历、职称、教学经历、教案以及教学情况等，旁证材料主要来自教师同行、学校领导和学生，而现场观察材料是最真实、最活跃、最富有生命力的材料。

第三，明确诊断的重点，要因“人”而异。一般来说，所有教学诊断活动都要采用访谈法收集执教教师的档案材料和旁证材料，以全面了解执教教师的基本情况。对初任教师或中小学初级职称教师的教学诊断，有必要进行“规范性诊断”，重点从教学目标、教学内容、教学策略、教学效用、教学程序等细节上关注教学的规范性；对骨干教师或中小学中级职称教师的教学诊断，有必要对其进行“焦点诊断”，重点从教师教学、学生学习、师生关系和生生关系等方面关注教学实践亟需改进与优化之处；对优秀教师或中小学高级职称教师的教学诊断，有必要进行“特色诊断”，重点从教学文化方面关注其教学风格、教学特色以及需要进一步改进的地方。只有明确了诊断的重点，才能有针对性地收集相关资料。

第四，掌握诊断的视角，找准诊断的焦点问题。将教师的教学活动与学生的学习活动作为教学诊断的两大视角，将教师指导学生学习的目标、内容、策略、方法和效果作为诊断的焦点，关注教学的实际效果。因此，资料收集着重收集执教教师教学实践的过程与结果材料，往往采用考试测验法、现场观察法、听课法、课堂观察法等收集相关材料。

第五，选择合适的诊断标准，根据诊断需要收集相关材料。尽管教学常规诊断标准、教学生态诊断标准、教学文化诊断标准设计的主要诊断者分别为执教教师、教师同行、教学专家，但针对不同层次、不同职称的教师而言，尚需区别对待：对于初任教师或中小学初级职称教师的教学诊断，往往采用现场观察法、课堂观察法、问卷调查法进行教学常规诊断；对于骨干教师或中小学中级职称教师的教学诊断，往往采用问卷调查法、师生访谈法等进行教学生态诊断，也可进行教学常规诊断；对于优秀教师或中小学高级职称教师的教学诊断，往往采用课堂观察法、现场观察法、听课法、访谈法进行教学文化诊断，从而根据不同的诊断标准需要来收集不同的材料。

例如，收集YY教师的相关材料时，首先经YY教师允许，收集其档案材料。档案材料是记录一个人的主要经历、政治面貌、品德作风等个人情况的文字材料，起着凭证、依据和参考的作用。运用访谈法、调查法等收集到该教师的档案材料如表3-3所示。

表 3-3　YY 教师个人档案材料

姓名	YY	性别	男	教龄	15年	是否体罚过学生	有,但很少
学历	本科	学位		学士	专业	汉语言文学教育	
职称	中级	性格		偏内向	任班主任年限	6年	
高三教龄	4年	近年来教学成绩状况			大多时候为中游		
个人获奖、教科研情况	县级教学能手、县级优秀教师,曾2次获得市县级教科研成果奖,参与过1项市级教科研课题,在省级期刊发表教科研论文2篇						
自我评价	我对工作比较负责,认真备课,认真上课,经常向其他教师学习,具有较强的团队协作精神和集体荣誉感,不喜欢与其他教师争抢学生的时间,也不爱表现自己,感觉自己的教学不存在什么问题,但就是教学成绩一直不突出,我为此也很苦恼						

其次是收集旁证材料。所谓旁证材料是指能够证明执教教师工作状况的辅助性材料，主要通过所教学生、教师同行、学校领导等渠道获取，运用访谈法、问卷调查法等收集到的该教师旁证材料如表3-4所示。

表 3-4　YY 教师个人旁证材料

评价主体	评价状况
学生	YY老师平时比较严肃,但上课的时候比较幽默,几乎没体罚过我们,对我们要求也不是很严格,脾气比较好,我们都比较喜欢他
教师同行	YY老师比较老实,工作比较认真负责,具有较强的团结协作精神,爱思考问题,知识比较渊博但有个性,偶尔喜欢发发牢骚,好胜心不强,但也并不影响工作情绪,该干什么还是干什么
学校领导	YY老师从教15年来,没有出现过较大的教学问题,但也没有做出过较大的成绩,对工作比较负责,能够按照要求去做,听说他考过研究生、公务员,但都没有考上,YY老师就是一位普通的教师吧

最后是根据需要收集现场观察材料。所谓现场观察材料是指通过深入教学现场或观看教学录像等，对执教教师的教学进行直接观察所获得的第一手资料。根据对YY教师档案材料和旁证材料的调查情况，计划率先运用教学生态诊断标准，采用师生问卷调查法、访谈法等，将该教师

教学、师生学习、师生关系与生生关系等作为诊断重点，再根据实际需要采用其他方法。教学生态诊断标准中的“教师教学”专项诊断标准由该教师自行填写，“学生学习”专项诊断标准由该教师所教的学生填写并取其平均数，而“师生关系”“生生关系”专项诊断标准由师生共同填写。教学生态诊断标准中的各项目得分情况如表3–5所示。

表3–5　教学生态诊断标准得分简表

<table>
<tr><th rowspan="2">诊断项目</th><th colspan="2">诊断内容</th><th rowspan="2">等级评定</th><th rowspan="2">单项得分</th><th rowspan="2">项目得分</th><th rowspan="2">总分</th></tr>
<tr><th>指标</th><th>关键要求</th></tr>
<tr><td rowspan="15">教师教学</td><td rowspan="5">课前准备充分度</td><td>①自主设计课堂</td><td>D</td><td>4</td><td rowspan="5">19</td><td rowspan="15">54</td></tr>
<tr><td>②主动搜集资料</td><td>D</td><td>4</td></tr>
<tr><td>③考虑细致全面</td><td>D</td><td>4</td></tr>
<tr><td>④做好应变设想</td><td>D</td><td>4</td></tr>
<tr><td>⑤肯花较多时间</td><td>C</td><td>3</td></tr>
<tr><td rowspan="5">课堂教学有效度</td><td>①用心创设情境</td><td>D</td><td>4</td><td rowspan="5">18</td></tr>
<tr><td>②做好组织引导</td><td>C</td><td>3</td></tr>
<tr><td>③课堂反馈及时</td><td>D</td><td>4</td></tr>
<tr><td>④关注每个学生</td><td>C</td><td>3</td></tr>
<tr><td>⑤课堂效益较高</td><td>D</td><td>4</td></tr>
<tr><td rowspan="5">课后措施合理度</td><td>①积极反思总结</td><td>D</td><td>4</td><td rowspan="5">17</td></tr>
<tr><td>②经常交流心得</td><td>D</td><td>4</td></tr>
<tr><td>③有意减轻负担</td><td>D</td><td>4</td></tr>
<tr><td>④耐心鼓励质疑</td><td>C</td><td>3</td></tr>
<tr><td>⑤走进学生中间</td><td>B</td><td>2</td></tr>
<tr><td rowspan="4">学生学习</td><td rowspan="4">课前准备充分度</td><td>①自主预习功课</td><td>B</td><td>2</td><td rowspan="4">9</td><td rowspan="4">30</td></tr>
<tr><td>②主动搜集资料</td><td>A</td><td>1</td></tr>
<tr><td>③掌握预习方法</td><td>B</td><td>2</td></tr>
<tr><td>④经常讨论问题</td><td>C</td><td>3</td></tr>
</table>

续 表

诊断项目	诊断内容		等级评定	单项得分	项目得分	总分
	指标	关键要求				
学生学习		⑤形成预习习惯	A	1		
	课堂学习有效度	①自主开展学习	A	1	12	
		②积极参与课堂	C	3		
		③专注课堂学习	C	3		
		④有效利用资源	C	3		
		⑤学习效果较好	B	2		
	课后措施合理度	①及时巩固所学	A	1	9	
		②按时完成作业	C	3		
		③编制试题检测	A	1		
		④经常请教问题	B	2		
		⑤能够得到帮助	B	2		
师生关系	教与学适合度	①教学理念先进	B	2	10	16
		②满足学生需要	C	3		
		③注重学法指导	B	2		
		④师生关系和谐	B	2		
		⑤课堂反馈及时	A	1		
	帮与求有效度	①得到及时帮助	A	1	6	
		②帮助方式适合	A	1		
		③主动帮助学生	A	1		
		④经常鼓励提问	B	2		
		⑤思考比较深入	A	1		
生生关系	学与学适合度	①学习态度端正	A	1	7	13
		②学习目标明确	B	2		
		③学习内容适合	B	2		

续 表

诊断项目	诊断内容		等级评定	单项得分	项目得分	总分
	指标	关键要求				
生生关系	学与学适合度	④学习方法恰当	A	1		
		⑤学习过程愉悦	A	1		
	帮与求有效度	①提供有效帮助	B	2	6	
		②互相提醒学习	A	1		
		③设有帮扶小组	A	1		
		④学习兴趣浓厚	A	1		
		⑤经常协商问题	A	1		

（二）教学问题的发现与界定

资料收集的直接目的是发现和界定问题，本质是通过对教学状态的评估抓住教学病象，以便运用相关技术查明具体问题、辨别问题的轻重缓急、计划行动步骤、准备采取行动。需要强调的是，教学问题发现与界定的过程，本质上是抓住病象的过程。资料收集的方法主要包括考试测试法、听课评课法、课堂观察法、临床指导法、现场观察法、问卷调查法、录像分析法、师生访谈法、电脑化疗法等，而教学问题的发现与界定主要是通过教学差距图技术、“5W1H”技术、程度坐标技术、逻辑树技术和“SWOT”技术等来实现的。

教学问题的发现与界定，一般要选用认知差距图技术找出现实与理想的差距，这种理想与现实的认知差距在一程度上反映了问题或疾病，针对教学诊断而言，主要使用的是教学差距图。所谓教学差距图就是把不同的人对影响教学中的关键因素的评价通过一张图表示出来，从这些评价的差异中发现问题。现场资料收集的时候，要借助相关教学诊断标准和其他诊断工具，根据具体情况灵活选用教学诊断标准，收集材料的范围仅限于教学诊断的需要，选择合适的教学诊断工具和技术，重点收集教学的现实表现，也即教学诊断的主要依据。

往往采用“5W1H”技术、程度坐标技术等，对发现的问题进行进一步澄清与界定，以对特定问题所涉及的主体、时间、地点、原因和程度等有一个较为全面、立体的认识与把握。当然，有时候还要运用问题优先解决策略确定问题的轻重缓急。要确定问题的轻重缓急，就要对问题的重要程度、紧迫程度和可控程度等三个方面进行有效评估。问题优先解决策略是指通过对问题的重要程度、紧迫程度和可控程度进行评估之后，将这三项得分最高的问题作为优先解决问题的策略。

教师问题发现学力直接关系到教学问题的发现与界定的质量。所谓“教师问题发现学力”，是指教师在教学实践和教学诊断过程中所具有的教学问题自我发现能力、发现学习问题能力和发现同伴教学问题能力的总和。教师问题发现学力以教学实践为基础，以教学诊断思维为核心，以教学诊断为有效途径，以教学诊断学力为表现形式，是在教师教学实践和教学诊断活动中形成的基于师生共同发展需要的教与学的问题发现能力，具有鲜明的实践性、反思性、诊断性、协同性和发展性等特征，其中实践性是其基础属性，反思性是其关键属性，诊断性是其表现属性，协同性是其重要属性，发展性是其目的属性。

教师问题发现的数量与质量从根本上来说取决于教师的教学诊断思维品质，直接决定着教学实践的有效性与教学诊断的科学性。由于教学是教师和“教师们”（同一个备课组、教研组的教师）唤醒、引领和指导学生学习的过程，这就决定了教师的“问题发现”包括三个方面：一是教师发现自身教学实践存在的问题，即教师教学问题自我发现；二是教师发现学生学习存在的问题，即教师发现学习问题；三是教师发现其他教师教学实践存在的问题，即教师发现同伴教学问题[1]。

例如，将YY教师及其教学活动的资料收集完毕之后，就要运用相关方法与技术进行教学问题的发现与界定。教学常规诊断标准差距图如图3-11所示；“教师教学”“学生学习”专项诊断标准差距雷达图如图3-12、

① 尹达.论教师问题发现学力的培养策略[J].中小学教师培训，2016(4)：10-13.

3-13所示；“师生关系”“生生关系”专项诊断标准差距图如图3-14所示。

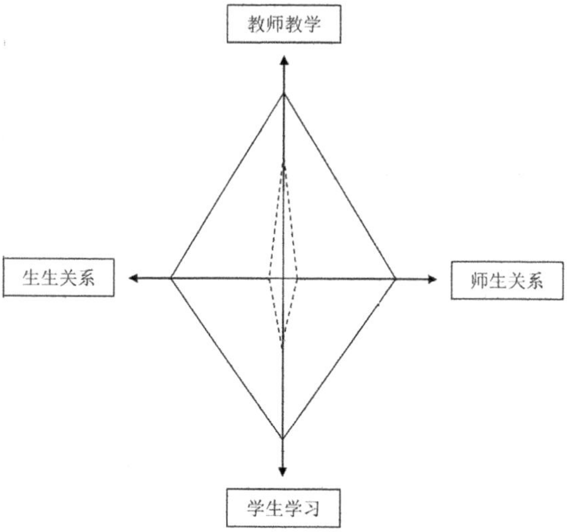

理想的教学状态：

现实的教学状态：

图3-11 教学常规诊断标准差距图

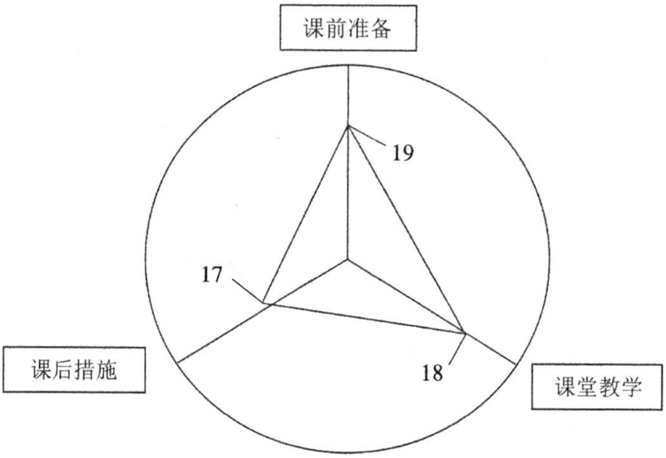

图3-12 “教师教学”专项诊断标准差距雷达图

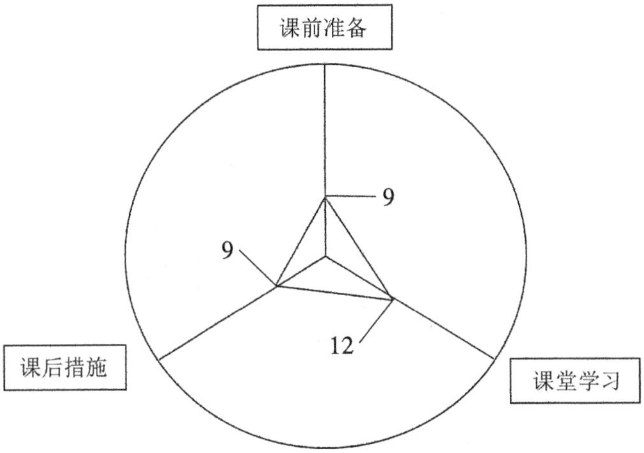

图3-13　“学生学习”专项诊断标准差距雷达图

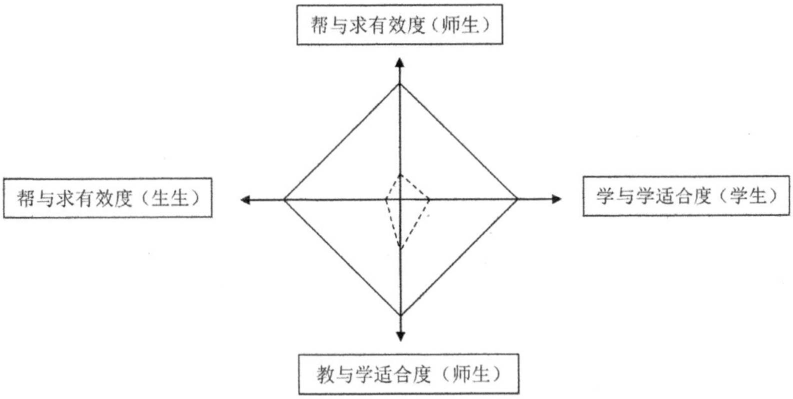

理想的教学状态：______________

现实的教学状态：______________

图3-14　“师生关系”“生生关系”专项诊断标准差距图

设教学问题为“x”，教学各专项诊断得分为a、b、c等，那么问题严重程度公式就是$f(x)=(a+b+c+\cdots)/n$，$f(x)$越小表示问题越严重。YY老师存在的教学问题严重程度分别为：f(教师教学)=(19+18+17)/ 3=18；f(学生学习)=(9+12+9)/ 3=10；f(师生关系)=(10+6)/ 2=8；f(生生关系)=(7+6)/ 2=6.5。YY教师的“教师教学”专项诊断得分远远高于其他专项诊断得分，考虑到这是由YY教师在为自己的“教师教学”评分，可能会掺入较多的个人主观元素，研究者便对YY老师开展一次听课活动，以教学常规诊断标准对YY老师执教的《烛之武退秦师》进行评分，结果如表3-6所示，与YY老师对“教师教学”专项诊断评分基本一致，证明了YY老师自评的有效性。

表3-6　YY老师教学常规诊断得分情况

诊断项目	指标	等级评定	单项得分	总分
教学目标	定向科学	D	4	20
	形式规范	E	5	
	呈现适当	D	4	
	落实到位	D	4	
	生成合理	C	3	
教学内容	定位准确	B	2	17
	组织有效	D	4	
	深度适当	D	4	
	整合有效	C	3	
	生成合理	D	4	
教学方法	方法多样	D	4	18
	组织合理	C	3	
	手段现代	D	4	
	反馈及时	C	3	
	功底扎实	D	4	
教学效用	氛围和谐	D	4	17
	师生适合	C	3	
	学有所获	D	4	
	目标达成	D	4	
	留有期待	B	2	

比较发现，YY教师的教学实践存在着严重问题，尤其在“学生学

习”“师生关系”与“生生关系”三个方面等，问题严重程度排序为：“生生关系”问题 > “师生关系”问题 > “学生学习”问题 > “教师教学”问题。“生生关系”核心问题是生生之间学与学适合度，“师生关系”核心问题是师生之间教与学适合度，“学生学习”核心问题是学法问题，“教师教学”核心问题是教学策略问题。

二、教学问题分析判断

资料分析即问题分析，是教学诊断的核心内容。问题分析的目的是厘清问题产生的来龙去脉，相当于中医学中的辨病论证。问题分析本质上就是运用教学诊断思维对所收集的材料进行归纳、综合、整理与评价的过程。问题分析就是运用教学诊断思维找出事物现状与理想状态的差值，差值越大表示问题越大，而这个“差值”就是病象。教学问题分析判断，必须了解并掌握问题分析方法，借助分析方法厘清问题的内在机理，为辩病论治做好充分准备。

（一）教学问题分析方法

教学问题分析其实就是对教学的辨病辨证，分为抓病象探病因、找病位释病理、分病性阐病机、度病势判论治等四个基本步骤。麦肯锡认为问题发现与分析包括七个步骤：界定、陈述问题；利用问题树分解问题，建立问题的架构；运用漏斗法排定问题优先级别，去掉所有非关键性问题；议题分析，制订详细的工作计划；汇整信息，进行关键分析；综合调查结果，构思故事情节并建构论证；简报成果，讲述来龙去脉。问题分析要遵循实事求是、由表及里、去粗取精和去伪存真等原则，坚持系统分析，注重整体性、科学性与综合性分析。

教学问题分析方法主要包括SWOT分析法、“5Why + 5W2H”分析法、帕累托分析法、鱼骨分析法、头脑风暴法、立场分析法、心绘法等，这几种方法在开展教学诊断、分析教学问题时也经常使用。

SWOT分析法来自麦肯锡咨询公司，又称为“态势分析法”，指的是对内部的优势（Strength）和劣势（Weakness）外部的机会（Opportunity）和威胁（Threats）进行分析，通过调查列举出来，并依照矩阵形式排列，然后用系统分析的思想，把各种因素相互匹配起来加以分析，对研究对象所处的情景进行全面、系统、准确的研究，从中得出一系列相应的结论，而结论通常带有一定的决策性[①]。

“5Why + 5W2H”分析法是“5W1H”法的升级版，主要用于创新思维和质量控制。“5Why”法最初是由丰田佐吉提出的，又称为“5问法”，即从三个层面来实施：为什么会发生？为什么没有发现？为什么没有从系统上防止事故发生？每个层面进行连续5次或多次的询问最终得出结论，是一种探索问题原因的有效方法。“5W2H”即为什么（Why）、做什么（What）、何地（Where）、何时（When）、何人（Who）和怎么样（How）、多少（How much），是围绕着一定的研究问题或创新材料，从七个方面展开设问以获得创新性解决问题方案的一种方法[②]。5Why + 5W2H法就是综合运用“5Why”和“5W2H”，多层面、多维度全面深入地探究问题的一种创新思维方式。

帕累托分析法使用了帕累托法则，即做20%的事可以产生整个工作80%的效果，由于把被分析对象分为ABC三类，所以又称为ABC分类法。A类因素即主要影响因素，B类因素是次要影响因素，C类因素是一般影响因素，使用这种方法有利于找出主次矛盾，以便有针对性地采取措施。帕累托分析法的实施可以分为收集数据、统计汇总、编制ABC分析表、ABC分析图和确定重点管理方式等五个步骤。

鱼骨分析法，又名因果分析法，是一种发现问题根本原因的分析方法。运用鱼骨分析法，可分为以下几个步骤：绘制鱼骨图，把效果或引起的问题结果放在鱼头的部位；确定主要原因的类型；分配原因，将原

① 张瑾，陈丽珍，张道海，等.互联网金融的SWOT分析及其战略选择——以余额宝为例[J].科技管理研究，2015，35(13)：9-13.

② 庞心宇.运用5WHY+5W2H分析法激发学生创新思维[J].科技创新导报，2014(18)：238，240.

因放在适当的类别之下；分析根本原因，通过观察分析和公开讨论寻找重复原因；现实验证。

头脑风暴法，它是一种通过大家共同努力来寻求特定问题解答的方法，其遵循下列基本原则：用最基本的词语来表述问题，其中只需一个焦点；不要对任何观点横加挑剔，要不断探求各种思想；对每种想法都予以认真考虑；对参与者予以大力支持和热情鼓励。

立场分析法，它是一种分析系统中驱动力与制约力的方法，用以了解组织或事件的变革力量平衡，并辨别事件相关的最主要利益者，帮助形成解决问题的观念和决策。其基本步骤包括明确现状、明确目标、用头脑风暴法寻找驱动力、用头脑风暴法寻找制约力和分析力、制订行动计划等。

心绘法，它是一种形成意见、核对信息的形象化思维方法，具有运用便捷、非线性、图文双释、强调观点之间的关系等特点。运用心绘法可吸引和包容具有形象化思维的个体，吸收那些能够鼓舞参与者热情的意见。

另外，问题分析的方法还有分类法、对比法、推理法、会议法、关键因素确定法以及因果分析法等。

例如，针对YY教师的教学诊断，要依据教学生态诊断操作模型的要求，以课堂生态理论、学科课程标准和中小学教师专业标准等所蕴含的现代教育教学价值观为指导，以教学生态理想与教学生态现状的差距为切入点，在分析判断的时候要充分考虑到个人、家庭、社区、学校以及社会等现实制约因素。

（二）教学问题的内在机理

人们对于问题都喜欢率先探寻引起问题的原因，描述面临的问题、识别可能的原因、评估可能的原因直至确认真正的原因。但教学诊断并不十分注重探寻原因，而是仅将引起问题的原因视为探索问题内在机理的一种手段。内在机理是指系统要素以及诸要素之间相互联系、相互作用的运行规则与原理。针对教学诊断而言，主要是在发现和界定问题之后对问题产生原因深入分析，探寻问题解决之道，但是分析原因不是核心任务，在原因分析的过程中，深入探讨教学疾病的病位、病理、病性、病机与病势，才是厘清教学内在机理的核心内容。

例如，从YY教师的个人档案材料来看，该教师是具有一定经验的教师，尽管在长达15年的教育教学生涯中没有做出过突出业绩，但也没有出现过较大的教育教学事故。尽管YY教师是县级教学能手和县级优秀教师，但在日常教育教学中并没有显露出较强的教育教学能力，只是一个教学成绩“大多时候为中游”的普通的、平凡的教师。值得一提的是，YY教师一直在为自己的教学成绩不突出而“很苦恼”，可见YY教师内心具有强烈的不甘落后、奋勇前行的勇气与力量，只是因为“感觉自己的教学不存在什么问题”，只是按部就班地备课、上课、批阅作业等。

一个教龄15年的教师依然为中级职称（即中小学二级职称），看似不可思议，但研究者在参与现场观察期间发现，这种状况在该校十分普遍，尤其是“不喜欢与其他教师争抢学生的时间”的教师，教学成绩大都在中游或中游偏下，再加上每年晋级指标只有2～4个，YY教师在评优、选模、晋级等机会面前自然靠边站。从YY教师的旁证材料可以看出，YY教师能够受到学生的“比较喜欢”，教师同行却对YY教师较为冷淡，特意指出YY教师“偶尔喜欢发发牢骚”，而学校领导对他更是一种冷漠态度，在学校领导的心目中，YY教师仅是一位“普通的教师”，并且强调YY教师“考过研究生、公务员，但都没有考上”不得不做教师的过往经历。

上述YY教师的档案材料、旁证材料为深入分析YY教师的教学问题提供了背景性资料，而对YY教师的教学生态诊断量表得分情况的分析，更加鲜明地显示出“感觉自己的教学不存在什么问题”的教学，其实却存在着十分严重的问题。

总体而言，YY教师的教学问题集中表现为师生之间、生生之间的适合度问题与学生学习问题，整体上属于教学生态失衡。YY教师的案例也证明了一个亘古不变的教学规律：在教学系统中，仅靠教师单方面能量的输入而忽视学生以及师生之间结成的组织结构关系，是无法实现教学系统动态平衡发展的，因为教师的“主导”是以学生的“主动”为前提的，失去了学生的主动性，教师的“主导”就失去了着落。

第一，师生关系失调，师生适合度较低，主要表现为学教不适和师生帮求不谐两种情况。在“教与学适合度”项目中，仅有第二条“有些符合”教学常态，其余4条为“完全不符合”或“很不符合”；在“帮与求有效度”项目中，所列的5个具体要求“完全不符合”或“很不符合”教学常态。从本质上说，师生关系是以需要为基点、以信任为前提、以平衡为关键、以共赢为目的的协商性共生合作①，师生关系失调的内在机理如图3-15所示。调研发现，造成师生“教与学”关系失调的原因是多方面的，但师生之间缺少沟通、教学策略不当是重要原因。

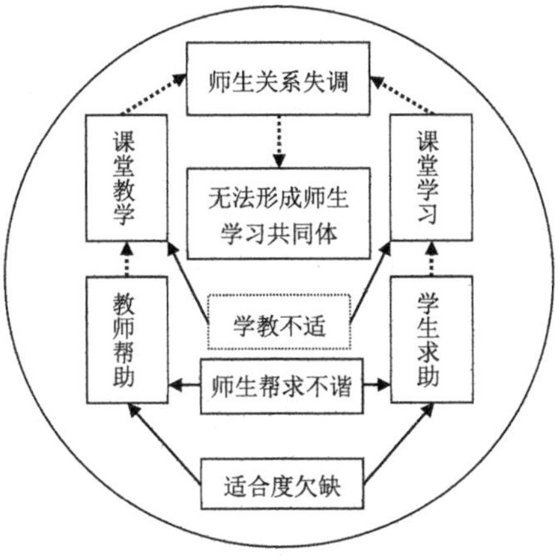

图3-15　教学系统师生“教与学”关系失调的内在机理

第二，生生关系异化，生生适合度较低，主要表现为学习行为不合和学生帮求不应两种情况。在“学与学适合度”“帮与求有效度”项目中，所列的所有具体要求“完全不符合”或“很不符合”教学常态，这意味着YY教师所执教班级学生与学生之间“学与学”关系尚未建立，无

①尹达，田建荣.学校教育系统师生协商性共生合作平衡机制[J].绵阳师范学院学报，2014(10)：54-59.

法形成学习共同体，生生关系异化的内在机理如图3-16所示。访谈发现，造成生生之间“学与学”关系异化的直接原因是学生之间竞争的恶化，间接原因是学生独立自我意识的增强与家庭、社会环境的影响，教师不当引导以及教学策略是重要原因，但归根结底是应试教育文化的蔓延与戕害。

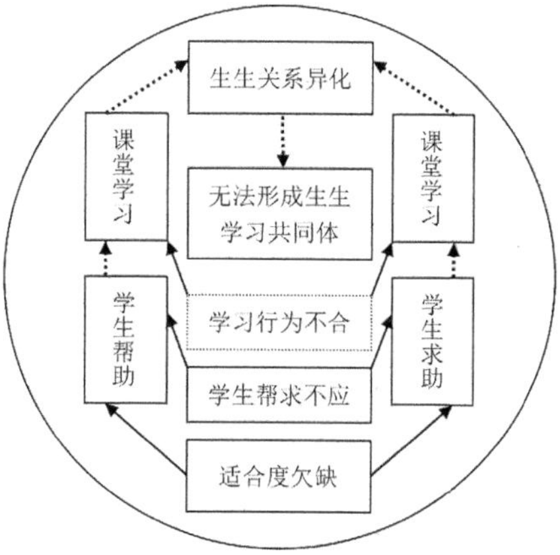

图3-16　教学系统生生“学与学”关系异化的内在机理

第三，教学主体动力欠缺，主要是指学生学习动力欠缺，主要表现在课前准备不足、课堂学习状态不佳与课后措施不力三个方面，严重影响了学生作为教学系统动力要素的能量输入，也在一定程度上影响到师生适合度。教学主体动力欠缺机理如图3-17所示，究其原因，主要是教师引导不到位、教学策略不当。

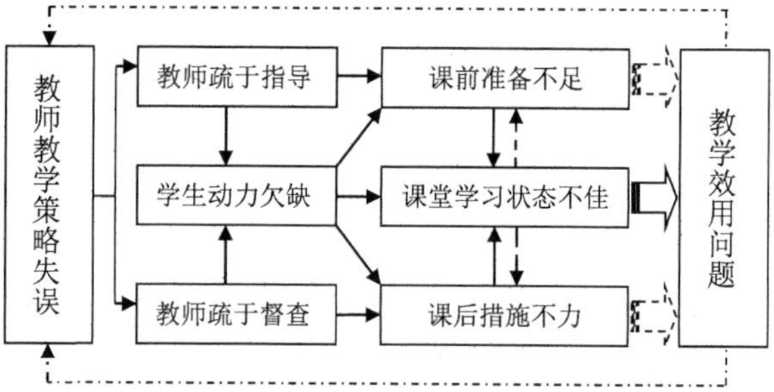

图3-17　教学主体动力欠缺内在机理

第四，YY教师的教学生态诊断中的“教师教学”专项诊断，只有

“课后措施合理度”分项中的第5条（课后也能与学生有较多的接触，深入了解学生需要）得分为2分，意为“很不符合”，其他14条具体条款均为3分以上。对YY教师的教学常规诊断，也没发现特别突出的问题，只是“教学内容”项目的第1条和“教学效用”项目的第5条得分为2分，其他各项目各条目的得分均在3分及以上。这恰好与学生学习、师生关系、生生关系等其他3个专项诊断结果相符，也在一定程度上揭示了师生关系失调、生生关系异化和学生学习动力欠缺的原因。

总之，通过运用教学诊断思维进行分析判断后发现，YY教师的教学病象主要表现为“教学成绩一直不突出”，而病因主要表现为师生“教与学”关系失调、生生“学与学”关系异化与学生学习动力欠缺三个方面；病位表面上看似学生及其学习方法、学习习惯，实际上几乎都在于教师及其教学策略；病理在于由教师的错误观念而引起的教学策略不当行为，导致师生“教与学”关系失调、生生“学与学”关系异化，并进而引发师生之间、生生之间的适合度降低，而教师疏于指导、忽视督查的行为又加剧了学生学习动力欠缺的程度，从而致使教学效用不高，便很自然地出现了“教学成绩一直不突出”的客观现象；病性则明显属于故意性、原则性、实践性、非合理性和真实性教学疾病；病机在于教育教学观念的改善与教学策略的优化；病势变化轨迹隐蔽性缓慢发展，但内在力量很强大，病程较为漫长且不易在短时间内改变。因而治疗的原则应当是在病理分析的基础上抓住病机、铲除病因、调整病位、截断病势、改变病性，防止病变恶化。

三、教学诊断出具处方

出具处方即提出问题解决的途径与方法，是教学诊断的关键环节。“问题”是个体未能直接达到目标所处的情境，问题解决是指由一定情境引起的，按照一定的目标，应用各种认知活动、技能等，经过一系列思维操作，使问题得以解决的过程，由已知条件（givens）、目标（goals）

和障碍（obstacles）三个基本成分组成。根据问题结构的不同，可分为结构良好问题（well-structured problem）和结构不良问题（ill-structured problem）；根据解决问题的方式不同，分为常规性问题（routine problem）和非常规性问题（non-routine problem）[①]。教学问题一般都为结构不良问题和非常规性问题，在问题解决途径与方法上具有更大的灵活性，这也给出具处方造成了一定的难度。医生出具处方要根据医疗、预防与保健的需要，遵循安全、有效与经济的原则。班建武强调改进目标要从问题出发，改进策略要紧扣问题产生的原因，改进策略要有可操作性；王增祥也强调在出具处方的时候与被诊断者见面十分重要。上述研究对教学诊断出具处方都具有一定的启示价值。

（一）教学诊断处方主要内容

处方本指医生为病人诊疗用药的书面记录单据，初步诊断之后所出具的处方为疾病治疗提供必要的依据，也为验证和修正诊断奠定基础，是教学诊断资料收集、分析判断的自然延伸。教学诊断通过对教学系统诸要素的审视与判断，或总结经验，或发现问题并探求问题解决之道，以实现促进师生发展之目的。根据学科特点和教学诊断需要，教学诊断出具处方的内容主要包括描述病状、诊断结论、改进建议、功效保障等四个方面的内容。

第一，对教学的症状描述尽量运用教育学和心理学的术语，尽量用客观的、量化的资料，少用主观性的判断用语[②]，简明扼要地描述诊断课例的外在表现。

第二，诊断结论是对教学特色或疾病本质特点的概括性判断，尤其要根据诊断目的对教学相关方面的特点、优点、偏差等做出准确肯定的判断，并对疾病性质、致病因素及其内在机制等从量与质的方面进行必要的分析与说明。

① 袁维新，吴庆麟. 问题解决：涵义、过程与教学模式[J]. 心理科学，2010(1)：151-154.

② 毕天璋，王成全，王琴. 教育诊断学[M]. 成都：成都科技大学出版社，1998：21.

第三，改进建议是结合诊断目的、针对诊断结论而提出的矫治措施，要确保改进建议的客观性、发展性、针对性、可行性。客观性就是坚持实事求是，做到“对症下药”；发展性就是要立足于执教教师的可持续发展；针对性就是针对教学存在的问题和诊断结论而提出相应的改进措施；可行性就是确保在现有条件下能够保障诊断顺利实施。另外，还要注意改进建议的全面性与焦点性有机结合。

第四，功效保障是在坚持现实条件的基础上，为了保证治疗处方的有效性而采取的必要保障措施。教学诊断处方主要内容及其要求，如图3-18所示。

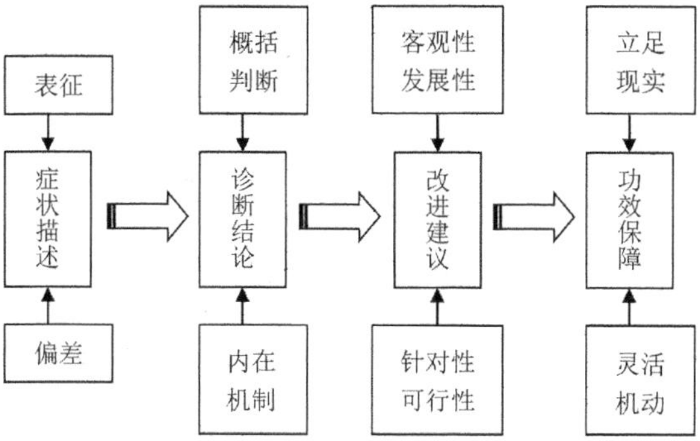

图3-18　教学诊断处方内容及其要求

针对YY教师的教学诊断而言，出具处方的原则就是坚持根据病理、针对病症、消除病因、调整病性、变更病性、扭转病势。针对师生“教与学”关系失调、生生“学与学”关系异化和学生学习动力欠缺等问题，有针对性地提出改进建议，具体来说包括以下几点：

第一，针对师生“教与学”关系失调症状，要加强师生沟通与交流，优化教学策略，构建和谐的师生关系。在教学实践方面，树立科学的教育教学理念，端正教学态度，满足学生身心发展的需要；制订科学合理的教学目标，精选科学的教学内容，确保教学内容符合学生的最近发展区；采行灵活机动的教学策略，确保教学过程生动有趣，符合学生的学习习惯；创设民主和谐的教学环境，设置合理的教学程序与环节，满足学生的心理需求；及时反馈教学信息，即时评价教学效果，加强师生教与学的互动性与协调性。

在师生互助方面，要鼓励学生经常求助教师问题，教师及时予以指导、帮助与鼓励；采用合适的帮助内容和方式，满足学生的求知需要，充分发动学生、相信学生、鼓励学生，确保学生在最需要帮助的时候给予必要的帮助；主动帮助学生，释疑解难，确保实现师生经验共享，促进师生共同成长；采取多种渠道、多种方式鼓励学生质疑，尊重学生的天性，走进学生中间，确保师生信息传递渠道畅通。功效保障在于教师转变观念，坚持生本原则，与学生形成学习共同体。

第二，针对生生“学与学”关系异化症状，要引导学生树立科学的成功观，强调同学之间的情谊与缘分，引导学生建立互助友爱的同学关系，构建基于民主合作的生生关系。在课堂学习方面，帮助学生端正学习态度，正确认识学习的重要性，满足学生的学习需要；引导学生确立科学的学习目标，激励学生为了实现学习目标而刻苦努力；帮助学生选择适当的学习内容，有效利用学习资源，鼓励同学之间互帮互助；加强学法指导，引导学生自主学习、合作学习、探究学习；经常给学生搭建体验成功的舞台，给予学生展示才华的机会，确保学生在愉悦学习中体验学习的乐趣，在分享成果中相互促进。

在同学帮求方面，帮助学生树立正确的分数观，鼓励并引导学生相互帮助、相互检查、相互学习；引导学生相互提醒课前预习、上课积极参与、课后完成作业；指导学生以合适的帮助方式与内容同学提供帮助，营造互助互爱的教学文化；倡导学生之间互相尊敬、互相鼓励、互相欣赏的学风等。功效保障在于教师优化教学策略，深入了解学生、引导学生，打造学生学习共同体。

第三，针对学生学习动力欠缺病症，要改变教学策略，引导学生养成做好课前准备、课堂积极参与和课后及时复习的良好习惯，发动学生与教师一起制订相应的教学规则，加大指导与督查力度。在课前准备方面，帮助学生自主地、有目的地预习功课，做好课前准备；指导学生主动采用多种方式收集相关资料为学习做准备；加强学生预习指导，提前告知学生授课内容，引导学生用心预习功课，并标出重难点；多与学生一起讨论问题，加强学生之间的合作学习，积极回应学生在学习过程中遇到的困难；强化课前预习检查，并在教学过程中设置预习指导环节。

在课堂学习方面，引导学生自主学习，给予学生充分的话语权，鼓励学生有自己的见解与主张；在课堂上鼓励、引导学生主动学习，积极参与课堂；以案例形式安排教学内容，采用有效的方式吸引学生专注地在课堂上学习，不做与学习无关的相关活动；加强课堂组织管理，明确课堂规则，指导学生遵守课堂纪律，有效利用课堂学习资源；充分发挥学习目标的导向与指引作用，指导学生在学习目标引导下开展有效学习，及时反馈学习效果、矫正学习过程。

在课后措施方面，指导学生及时回顾课堂学习内容，及时复习、巩固；严格要求学生独立按时完成作业；指导学生自己编制题目并进行自我测试以检查学习效果；指导、鼓励学生主动向老师、同学请教疑难问题；成立学习小组，引导同学之间互相学习、互相帮助。同时，要发动学生与教师一起制订相应的教学规则，加大指导与督查力度。功效保障在于教师要有耐心、有信心、有爱心，加大检查督导力度，切实提高学生的学习动力，构建和谐的师生关系。

（二）教学诊断结果表达方式

确立并正确使用教学诊断结果的表达方式，不仅是向被诊断者传递意见与建议的需要，更是教学诊断规范化发展的需要。在中医学领域，诊病辨证结果的基本表达方式是病案，病案是临床工作中记载病人的一般资料、病情、诊断、治疗及预后等中医治疗实践的案卷，是病人的诊疗档案，病案能够为医、教、研提供第一手信息和资料[①]，认真书写病案是中医临床工作者必须具备的基本功。教学诊断的结论、建议等需要以口头交换意见和书面诊断报告两种方式提供给被诊断者，不管哪种方式都要求表达简明、易懂、得体。口头交换意见既包括诊断开始时诊断者

① 朱文锋.中医诊断学[M].上海：上海科学技术出版社，1995：193.

与被诊断者双方交换意见以便明确诊断目的、要求以及其他相关的想法或诉求，也包括在诊断过程中诊断者与被诊断者探讨问题，解释各自的意图和阐述所持的理由等，还包括教学诊断结果的意见交换以及对书面诊断报告的解释、说明或补充。

姚文忠等人对学校诊断结果的表达方式做了较为深入的研究，指出口头交换意见时，诊断者要采用低姿态，说话要客观，表达要明白易懂，语言要清晰，听别人讲话时要全神贯注，委婉而明白地说话是诊断者的基本格调；在交换意见时，诊断者要善于使用疑问句和设问句，少用反问句，建立相互信任的友好关系；口头交换意见宜采用多种方式与途径，如相约交谈、自然见面时聊天、预约拜访或谈话、开小型座谈会或专题会、借题发挥式的演绎谈话等，但都要考虑邀请参与谈话者的时间安排，都要考虑谈话者对问题的兴趣和知情度，都要了解谈话者喜欢的情趣和风格①。总之，在教学诊断过程中以及在对诊断报告的解释与说明中，诊断者都要以学习者的心态、简明得体的语言、灵活机动的方式与被诊断者、相关访谈者口头交换意见。

教学诊断报告具有结论书的性质，要反映教学诊断活动的基本轮廓以及对诊断者所提问题及其原委的分析与评价，强调教学问题的关键性影响因素，突出改进措施中的焦点问题发展解决策略，明确矫正建议中的有效保障措施。教学诊断报告是共构书面意见与专家诊断意见的有机结合，具有规范的书面报告要求：教学诊断报告的内容包括诊断人员、诊断时间、诊断名称、诊断目的、诊断内容、诊断方法、现状描述、诊断分析、诊断结果、诊断建议、功效保障、诊断说明以及未尽事宜等项目，每个诊断报告应只有一个主题，聚焦问题，坚持一事一议的原则，如果在同一诊断活动中发现了多个问题，则要对每个问题有针对性地出具诊断处方，且在诊断报告的诊断建议项目中分别提出改进措施与有效保障意见。教学诊断报告篇幅2000字左右为宜。YY教师教学诊断报告如表3-7所示。另外，教学诊断结果还可以以报告会的形式呈现，如现场

① 姚文忠，刘一，刘裕权．学校诊断[M]．成都：四川教育出版社，2004：227-230.

报告会、教研总结会、谈话会、调研报告会、阶段总结会或终结报告会等。

表 3-7 YY教师教学诊断报告

项目	内容
诊断人员	研究者、YY教师、YY教师所教学生
诊断时间	X年X月X日
诊断名称	教学生态诊断
诊断目的	1.发现并分析教学中存在的问题; 2.针对存在的问题提出改进建议; 3.通过教学诊断提高教学成绩。
诊断内容	1.诊断教师教学能量输入情况以及教学常规状况; 2.诊断学生学习能量输入情况; 3.诊断师生“教与学”的关系; 4.诊断生生“学与学”的关系。
诊断方法	1.访谈法、三角分析技术等,全面了解YY教师教学相关资料; 2.问卷调查法、听课等,深入了解YY教师教学生态状况; 3.辨病论治技术、标准差距图技术等,分析YY教师教学问题内在机理; 4.归纳法,总结对YY教师教学诊断的结果。
现状描述	1.学生的学与教师的教、教师帮助与学生求助不和谐; 2.学生之间的学习行为不合拍,学生之间的帮求有阻隔; 3.学生课前准备不充分、课堂学习状态不佳、课后措施不力。
诊断分析	1.师生“教与学”的关系失调,师生适合度较低,主要表现为学教不适和师生帮求不谐两种情况。在“教与学适合度”项目中,仅有第二条“有些符合”教学常态,其余4条均为“完全不符合”或“很不符合”;在“帮与求有效度”项目中,所列的5个具体要求“完全不符合”或“很不符合”教学常态。从本质上说,师生关系是以需要为基点、以信任为前提、以平衡为关键、以共赢为目的的协商性共生合作。调研发现,造成师生“教与学”关系失调的原因是多方面的,但师生之间缺少沟通、教学策略不当是重要原因。

续 表

项目	内容
诊断分析	2.生生关系异化,生生适合度较低,主要表现为学习行为不合和学生帮求不应两种情况。在"学与学适合度""帮与求有效度"项目中,所列的所有具体要求"完全不符合"或"很不符合"教学常态,这意味着YY教师所执教班级学生与学生之间"学与学"的关系尚未建立,无法形成学习共同体。访谈发现,造成生生之间"学与学"关系异化的直接原因是学生之间竞争的恶化,间接原因是学生独立自我意识的增强与家庭、社会环境的影响,教师不当引导以及教学策略是重要原因,但归根结底是应试教育文化的蔓延与戕害。 3.学生学习动力欠缺,主要表现在课前准备不足、课堂学习状态不佳与课后措施不力三个方面,严重影响了学生作为教学系统动力要素的能量输入,也在一定程度上影响到师生适合度。究其原因,主要是教师引导不到位、教学策略不当。 4.YY教师的教学生态诊断中的"教师教学"专项诊断,只有"课后措施合理度"分项中的第5条(课后也能与学生有较多的接触,深入了解学生需要)得分为2分,意为"很不符合",其他14条具体条款均在3分以上。YY教师的教学常规诊断,也没发现特别突出的问题,只是"教学内容"项目的第1条和"教学效用"项目的第5条得分为2分,其他各项目各条目的得分均在3分及以上。这恰好与学生学习、师生关系、生生关系等其他3个专项诊断结果相符,也在一定程度上揭示了师生关系失调、生生关系异化和学生学习动力欠缺的原因。
诊断结果	1.YY教师教学的病象主要表现为"教学成绩一直不突出",而病因主要表现为师生"教与学"关系失调、生生"学与学"关系异化与学生学习动力欠缺三个方面。 2.YY教师的教学问题,病位表面上看似学生及其学习方法、学习习惯,实际上几乎都在于教师及其教学策略;病理在于由教师的错误观念而引起的教学策略不当行为,导致师生"教与学"关系失调、生生"学与学"关系异化,并进而引发师生之间、生生之间的适合度降低,而教师疏于指导、忽视督查的行为又加剧了学生学习动力欠缺的程度,从而致使教学效用不高,便很自然地出现了"教学成绩一直不突出"的客观现象;病性则明显属于故意性、原则性、实践性、非合理性和真实性教学疾病;病机在于教育教学观念的改善与教学策略的优化;病势变化轨迹隐蔽性缓慢发展,但内在力量很强大,病程较为漫长且不易在短时间内改变。 3.治疗的原则应当是在病理分析的基础上抓住病机、铲除病因、调整病位、截断病势、改变病性,防止病变恶化。

续 表

项目	内容
诊断建议	1.针对师生“教与学”关系失调症状，要加强师生沟通与交流，优化教学策略，构建以需要为基点、以信任为前提、以平衡为关键、以共赢为目的的协商性共生合作师生关系。 2.针对生生“学与学”关系异化症状，要引导学生树立科学的成功观，强调同学之间的情谊与缘分，引导学生建立互助友爱的同学关系，构建基于民主合作的生生关系。 3.针对学生学习动力欠缺病症，要改变教学策略，引导学生养成做好课前准备、课堂上积极参与和课后及时复习的良好习惯，发动学生与教师一起制定相应的教学规则，加大指导与督查力度。
功效保障	1.功效保障在于教师转变观念，坚持生本原则，与学生形成学习共同体。 2.功效保障在于教师优化教学策略，深入了解学生、引导学生，打造学生学习共同体。 3.功效保障在于教师要有耐心、有信心、有爱心，加大检查督导力度，切实提高学生的学习动力，构建和谐的师生关系。
诊断说明	1.为了保障诊断效果，一定要在功效保障条件下实施诊断建议。 2.如详见诊断分析数据，请索要。
未尽事宜	效用验证宜持续跟进，及时反馈诊断信息并做好进一步改进。

四、教学诊断验证反馈

验证反馈是教学诊断十分重要的环节，也是教学诊断的重要保证。诊断是治疗的前提条件，医学上十分重视验证与修正诊断环节，将治疗的过程视为落实诊断、验证诊断、改进诊断的动态发展过程。对于教学诊断而言，必须坚持在教学实践中开展教学诊断活动，必须坚持在教学诊断活动中实施教学实践，即一方面要坚持在教学实践中发现问题，明确教学诊断目标，分析教学问题产生的内在机制，出具正确的诊断处方；另一方面又要根据诊断处方的具体要求，明确教学干预行动跟进措施，制订行动时间表，坚持在教学实践中采行诊断干预行动并不断改进、反馈矫正。

（一）教学诊断实践跟进

依据教学诊断处方而采取实践跟进行动，才能有效地改进教学实践，并在教学实践中优化教学诊断质量。黄厚江指出，有效的教学诊断必须有持久的实践改进，教学问题的发现、分析与解决，都离不开最终解决问题的处方和依据处方而进行的实践改进措施，强调教学诊断的实践改进措施具有鲜明的针对性，并根据被诊断者的不同类别提出了不同的实践改进办法：对于工作不久的处于专业发展起步期的年轻教师，要采取“连续诊断”的跟进办法，通过教学诊断，帮助这类教师建立教学的基本规范、掌握基本的教学技能；对于比较成熟的处于专业发展期的具有一定经验的教师，要采取“聚焦问题”的跟进办法，提炼出关键性的问题，然后展开充分的讨论和有力的指导；对比较优秀的专业发展处于“高原期”的骨干教师，可以采取“促进特色形成”的跟进办法，引导他们形成追求风格的意识，帮助他们找到自己专业向更高点发展的方向。

需要强调的是，黄厚江所指的“实践改进”是针对教学诊断而言的，而研究者所指的“实践跟进”是针对依据教学处方所开展的教学实践而言的，尽管如此，黄厚江所指的“实践改进”与研究者所指的“实践跟进”的基本精神是一致的，通过教学实践跟进一方面验证处方、改进教学诊断，另一方面也改进教学实践、实现教学诊断目的。因此，实践跟进是实践改进的前提与基础，实践改进是实践跟进的必然结果。

实践跟进使诊断出的优点和特色得以充分发挥与发展，偏差与不足得以及时矫正与弥补。在实践跟进过程中，要注意以下三个问题：第一，落实诊断建议，被诊断者要根据诊断处方的要求与建议采取相应的跟进措施，如果被诊断者在实践跟进过程中发现有些诊断建议很难实施或存在问题，一定要及时与诊断者联系，以确保实践跟进措施的正确性、科学性与可行性；第二，发挥被诊断者的积极性，在实践跟进过程中，要充分激发被诊断者的主体作用，发挥被诊断者的主观能动性和实践跟进积极性，并且在实践跟进过程中不断提高被诊断者的教学自我诊断能力，提倡被诊断者在诊断处方现有框架下的积极探索与不懈追求，甚至鼓励被诊断者在实践跟进过程中对发现的问题进行积极的尝试分析、解决；第三，收集相关资料，被诊断者要注意收集与诊断效果相关的资料，坚持对诊断效果和实践跟进过程中遇到的新问题进行持久的观察、记录，注意保存在实践跟进过程中萌生的新想法、新思路、新方法等，以便为教学诊断反馈矫正提供科学的、充分的、可靠的证据。

为此，向YY教师递交了教学诊断报告之后，研究者当即向YY教师口头表达了上述三个需要注意的问题，YY教师便立即投入实践跟进阶段：第一，由YY教师向学生开诚布公地说明教学诊断的结果，获得了学生的认可与支持；第二，为学生召开了教学诊断实践跟进讨论会，重点对学生之间的“学与学”关系、师生之间的“教与学”关系做了深入探讨，并达成了共识；第三，YY教师邀请研究者为其执教的两个班的学生分别做了学法研讨会，研究者与学生一同研讨了学生作为教学系统动力要素的重要性以及提升学生动力机制的途径与方法，获得了学生的一致赞同；第四，由YY教师与研究者一同指导学生画出了每次考试成绩曲线图，并帮着学生制订出了切实可行的学期目标、学年目标与学段目标，并明确了实现目标的途径与方法，获得了学生的极大支持。

（二）教学诊断反馈与矫正

反馈与矫正是优化教学活动的手段，教学诊断反馈与矫正是教学诊断活动的重要组成部分，是措施跟进的直接结果，也是教学诊断处方的自然延续，更是提高教学诊断质量、优化教学实践的重要策略，诊断、实践、反馈、矫正的不断循环，才可确保认识不断升华，达到对被诊断者更准确更深刻的认识。本书中的“反馈”是对被诊断者在依据诊断处方开展教学实践中的信息反馈；“矫正”一方面是指按照信息反馈进一步修正诊断处方，另一方面也指依据信息反馈来进一步矫正教学实践中的偏差或缺陷。因此，反馈是矫正的前提，矫正是反馈的结果，反馈与矫正不仅是调控教学质量的有效手段，也是教学诊断的重要环节。

当然，教学诊断中的反馈与矫正要遵守适时反馈、及时矫正，真实反馈、准确矫正，主动反馈、自觉矫正，矫正反馈、反馈矫正等原则。同时，教学诊断中的反馈与矫正一般分为收集资料、进行分析、制订改进措施、重新实施等四个步骤。教学信息反馈渠道很多，教学过程中的备课、上课、作业批改、辅导、考试、评价等都是反馈的主要渠道，如备课时充分估计、上课中勤于捕捉、板演时注意收集、答问中随机提炼、作业里逐一分析、阅卷中仔细归类、讲课后及时小结、复习时注意强化、家长牢骚中合理吸取、学生不满中选择借鉴、同事提醒中深刻铭记、领导批评时虚心接纳、调查了解中勤于整理等①。

因此，构建教学诊断反馈与矫正操作策略，需要多渠道全方位探索反馈途径，寻找多样化矫正方式，促进目标达成，充分发挥反馈的双向功能，强化教师的调节意识与反馈意识，适时建立反馈与矫正档案。同时，在教学实践跟进阶段，很有必要根据需要在充分发动学生参与的前提下制定相应的教学规章制度并且将规章制度落实到底，以保证教学的效果、效益与效率。

YY教师在实践跟进过程中，发现先前研究者开具的诊断建议由于太抽象、太笼统而无法落实。本着焦点解决发展策略和先易后难的原则，在发动学生积极参与讨论的基础上，YY教师与研究者一起将诊断处方提供的3条诊断建议进行了具体化，结合学生意见，制定了相应的教学规章制度，由于对学生的规定列举了14条，对教师的规定列举了18条，因此被学生称为“32条‘军规’”，如表3-8所示。

① 汤文华.反思性教学的实施及其策略研究[J].教育与职业,2009(32):94-95.

表3-8　教学规章制度

要求项目	学生	教师
课前准备要求	1.在课前准备好学习用品； 2.做好课前预习，并标画出重难点； 3.勤学好问，搜集相关学习资料。	1.上课前查看用品准备情况； 2.上课时检查预习情况，并及时通报； 3.布置好预习内容，并做好预习指导； 4.组建预习检查小组，及时检查，及时通报。
课堂学习要求	4.积极主动参与课堂，亮出自己； 5.围绕学习目标开展合作学习、自主学习与探究学习； 6.不迟到、早退，不做与学习无关的事情； 7.有针对性地投入学习，充分利用课堂有效资源。	5.为学生参与课堂提供相应的舞台； 6.帮助学生设立学习目标，为学生合作学习、自主学习与探究学习提供机会； 7.加强学法指导，帮助学生订立学习计划； 8.认真上课，平等待人，为学生的学习创造良好的环境； 9.优化教学过程，采取多样化教学策略，及时反馈，提高教学效率。
课后措施要求	8.及时回顾课堂学习内容，及时复习、巩固； 9.独立按时完成作业； 10.自主编制题目进行自我测试以检查学习效果； 11.主动向老师、同学请教疑难问题。	10.上课时检查上节课内容； 11.检查作业，并及时通报检查结果； 12.每周交一次自主检测试卷，并通报检查结果； 13.及时总结反思，走进学生，了解学情； 14.成立课外学习小组，鼓励学生积极向师生问问题。
互助学习要求	12.师生、同学之间互帮互助、分享成功经验； 13.以双排前后桌为单元，建立学习互助小组； 14.同学之间团结友爱，互相提醒，促成问题发现与解决。	15.定期召开学法研讨会，分享成功经验； 16.对学习互助小组做好指导与督查； 17.鼓励学生提出问题，沟通渠道多元、形式多样； 18.每节课后，都要找1~3名学生谈话，了解学习，答疑解难。

在临近高考、跟踪研究行将结束之时，研究者又对YY教师做了一次访谈和教学生态诊断：YY教师的感言是“不改革，只能原地打转；改革，才有好转的希望”，自我评价是“不努力一把，还真不知道自己有多

优秀”；学生的评价是“对我们要求很严格，但我们知道YY教师所做的一切都是为了我们好”；同行评价为“YY教师靠的是一股犟劲、拼劲”；学校领导的评价是“YY教师终于安心教学啦，如这次高考能超额完成指标，YY教师今年评上高级职称应该问题不大”；教学生态诊断“教师教学”总分60分（其中课前准备充分度21分，课堂教学有效度18分，课后措施合理度21分），“学生学习”总分55分（其中课前准备充分度18分，课堂学习有效度16分，课后措施合理度21分），“师生关系”总分39分（其中教与学适合度19分，帮与求有效度20分），“生生关系”总分36分（其中学与学适合度17分，帮与求有效度19分）。尽管YY教师改进的空间还很大，依然存在着很多问题需要进一步诊疗，但各项考查结果都比以前有了很大的改善。

第四章 教学诊断的深度反思

刘云杉教授指出，我们的教育改革，常常改的是病名，而不是病症，教育一定是从自己的制度文化民情中真实生长出来的，我们需要尊重传统与常识。正因如此，反思本质上是对“经验”的反省与思考，而经验包括直接经验与间接经验，直接经验就是基于实践的体验，间接经验就是基于实践的知识与技能。杜威把反省思维视为哲学思考的工具，认为反省思维是对问题反复、严肃、执着地沉思，而反省思维包括面对困惑的意识和主动摆脱困惑的思维两个阶段；文雪、梁薇将实践性、批判性与发展性分别视为教育反思的向度、深度与效度。教学诊断的深度反思不仅是教学诊断理论阐释、实践应用之后的自然延续，也是推动教学诊断研究走向纵深发展的必备动力，更是教学诊断循证实践的根本要求与必备措施，其核心是“解决理论与实践中的问题”。教学诊断反思的对象不仅仅是教学诊断实践问题，也是教学诊断理论问题，“反思”意味着改进与完善，至少意味着改进与完善的努力。

第一节 教学诊断“三对关系”

教学病理学相关理论是教学诊断研究与实践的认识论依据。石鸥认为，教学病理学是一门研究实际中教育教学本身对理想结构系统的偏离及对理想功能作用的偏离的学问或学科，既要建立、证明一套知识体系，更要创建新的思维方式、行动方式；既要重视对物质世界规律、社会和个人发展价值体系的传承，更要探索学生如何在特定情境中有效内化学校教育规定掌握的公共的、外在的经验；既要建构理想的教学模式和教师专业发展路径，更要关注常态的、真实的教学问题和教师面临的各种困惑。这就需要在运用教学病理理论开展教学诊断实践过程中既要坚守循证实践路线，又要遵循持续改进思维，而厘清诊断主体与诊断客体、教学诊断与医学诊断、教学实践与教学诊断等“三对关系”是循证实践持续改进的关键。

一、诊断主体与诊断客体关系

按照马克思主义主体客体观，主体、客体与媒介是实践活动和认识活动的三大要素。不可否认，主体与客体的关系问题是哲学史上的一大理论难题，辩证唯物主义以实践为中介，实现了主体与客体的辩证统一，为人们提供了正确的认识论路线①，即主体与客体是对立统一关系，主体与客体相互联系、相互制约，并在一定条件下相互转化。教学诊断主体与客体也以特有的连接方式与转化机制遵循着哲学意义上的主体与客体之间的动态平衡。

（一）诊断主体与诊断客体的连接方式

教学诊断是基于教学实践的活动，这种活动作为影响主体与客体的“媒介”，既是一种认识活动，又是一种实践活动。因此，教学实践活动是教学诊断主体与客体的连接点与纽带。从这个角度来看，教学诊断不仅仅是对教学的诊视与判断，更是对教学的认识突围与实践重建。一切认识活动、实践活动本质上都是主体通过媒介对客体施予的一种“力”，这种“力”始自主体而作用于客体，客体“受力”后发生的变化又通过媒介反作用于主体，以引起主体的变化，从而实现认识活动、实践活动动态平衡发展的运行质态，而这个作用与反作用的过程就是信息反馈与

① 何海涛．主体与客体辩证法的演进路径［J］．哈尔滨师范大学社会科学学报，2014（6）：8–10.

矫正的过程，更是引起变化、不断改进、趋向完善的过程。教学诊断主体与客体是以教学为基点、以教学诊断为媒介的改造与被改造、反映与被反映的关系。

但是，由于主体与客体转化定律的存在，决定了教学诊断主体与客体在一定条件下相互转化的可能性；由于主体活动的方向性、选择性和调控权取决于主体所持的价值观与审美观，这就决定了以科学的价值观与审美观为指导思想开展教学诊断研究与实践的必然性。教学诊断以现代教育教学价值观为指导，以教学病理理论、医学诊断理论和课堂生态理论为理论来源，以教学实践为基点，为以不同的教学诊断层次为诊断主体和诊断客体提供适宜的连接方式，实现诊断主体与诊断客体的最佳匹配，以满足诊疗不同类型教学疾病的需要。

教学诊断主体可以是执教教师本人、教师同行、所教班级的学生、学校领导，也可以是学生家长、社会专业人员、教育教学专家、教育行政人员等，但根据学科特点、师生成长现实需要与教学诊断运行机制，对不同层次教学诊断的主体提出了一定的建议：教学常规诊断以执教教师本人为主，学生参与，教师同行协助；教学生态诊断主体以教师同行为主，学生参与，教师协助，家长支持；教学文化诊断主体以教育教学专家为主，学生参与，教师协助，家长支持，社会人员配合。

应当强调的是，在现有条件下，上述三个不同层次的教学诊断，只有得到学校领导的默许、认可甚至推动，才能更好地促使师生自发性质的具有教学干预行为的教学诊断活动成为校本教研活动。教学诊断客体可以是教学目标、教学内容、教学策略、教学效用、教学媒介等，也可以是教师、学生及其相互关系，还可以是教学显性文化与隐性文化。本研究根据教学诊断的特点，对不同层次教学诊断的客体也提出了相应的建议：教学常规诊断以教学目标、教学内容、教学策略与教学效用为客体；教学生态诊断以教师教学、学生学习、师生关系、生生关系为客体；教学文化诊断以教学物质文化、教学制度文化、教学行为文化、教学精神文化为客体。值得注意的是，教学本身是一项十分复杂的社会实践活动，因而在教学诊断过程中，应当根据实际需要创造性地开展教学诊断活动。

（二）诊断主体与诊断客体的转化机制

在认识活动和实践活动中，主体与客体的对立性主要表现为二者在实践关系中改造与被改造的对立和认识关系中反映与被反映的对立；主体与客体的统一性主要表现为二者的互相规定性和一定条件下的互相转化律，客体的主体化和主体的客体化是主体与客体之间统一关系的最概括的科学表述[①]。但主体与客体的相互转化需要一定的条件，这种条件包括主体客体化的条件和客体主体化的条件，且二者相互联结、相互影响，共同规定了主客体相互作用的向度、力度、强度与速度。因此，认识活动与实践活动是主体和客体对立统一的基础，也是主体与客体相互联结的过程，更是主体客体化和客体主体化的过程。

在教学诊断活动中，诊断主体是具有能动性的人，诊断客体是教学系统及其要素，诊断主体通过对诊断客体的诊断活动实现干预目的，从而引起诊断客体的变化，而诊断客体的变化也势必引起诊断主体的变化，并成为进一步提升教学诊断质量的重要驱动力，从而实现了主体客体化与客体主体化的统一。尤其当教学诊断客体是“人”的时候，比如在教学生态诊断中，教师、学生、师生关系与生生关系是诊断客体，“人”所具有的客观能动性，决定了作为诊断客体的“人”不会被动地、消极地“接受”诊断，而是会以积极或消极、主动或被动的心态“迎接”诊断，从而影响教学诊断质量。因此，诊断主体客体化与诊断客体主体化的运转机制，决定了教学诊断的复杂性与艰巨性。

研究发现，影响教学诊断质量的关键因素有四个：一是诊断主体的能动性与诊断能力，二是诊断主体与诊断客体的适合度，三是诊断主体客体化与诊断客体主体化的速度与品质，四是诊断客体的复杂性等。诊断主体的能动性与诊断能力其实就涵盖了诊断态度、诊断方法、诊断过

① 王永昌.论主体的客体化[J].求索,1991(6):42-47.

程、诊断策略、诊断标准、诊断步骤和诊断技术等；诊断主体与诊断客体的适合度主要以“需要”为核心，包括诊断目的、诊断方法、诊断过程、诊断标准、诊断模型等彼此之间的适合程度；诊断主体客体化与诊断客体主体化的速度与品质主要是指诊断主客体之间的有机统一与正向影响；诊断客体的复杂性既指教学系统本身的复杂性，又指教学诊断的层次不同而诊断客体也不同，也指教学本身的不同课型，还指不同学科的教学。

教学诊断主体与诊断客体的转化机制具体表现为诊断客体为诊断主体提供信息反馈、诊断主体根据反馈信息予以矫正的干预行为，这种干预行为是以教学实践为中介、以诊断主体客体化和诊断客体主体化为基本运行质态。本书中的“教学”是一种泛指，没有对不同学科、不同课型的教学实践提出相对应的诊断标准，因为尽管不同学科、不同课型的教学目标、教学内容、教学过程、教学策略显然都各不相同，但主要区别在于教学流程，其实教学要素、结构与功能的发挥都是一样的。

二、教学诊断与医学诊断的关系

教学病理理论、医学诊断理论与课堂生态理论是本研究的理论依据，分别为本研究提供了认识论、方法论与实践论，成为教学诊断研究与实践走向规范化、学科化的重要理论依据。在教学诊断实践中，课堂生态理论成为重构教学的重要指导思想。虽然教学诊断与医学诊断关系十分密切，但二者也存在着本质的区别，在教学诊断实践中，不可生搬硬套医学诊断技术与方法，更不能将医学诊断直接等同于教学诊断。

（一）教学诊断与医学诊断存在必然联系

教学诊断的本质是将医学诊断引进教学结果，是医学诊断与教学实践相结合的产物。一提起“诊断”，人们往往就立刻想到了医生通过望、闻、问、切等方式诊断病情，为实施治疗提供证据，但如今“诊断”已被广泛应用到了很多领域，如心理诊断、机械故障诊断、工程技术诊断等。王增祥提出，生理学上的看病诊断，从早期的看、听、摸、问，发展到现在的物理、化学等先进仪器和先进方法，使诊断过程日趋科学化，诊断结果也随之更加准确。但是教学诊断不仅没有医学诊断那样的先进设备和科学仪器，而且诊断程序也还没有形成规范化的步骤①。

医学诊断尤其是中医诊断的理论基础来源于阴阳五行学说，阴阳五行学说由阴阳学说、精气学说和五行学说三部分组成。阴阳平衡观与阳气主导观是阴阳学说的基本观念，阴阳的相互依存与互根、阴阳的相互对立与制衡构成了阴阳动态平衡的运行态势，阴阳的消长变化与相互转化构成了事物变化、发展的动态平衡性，太极图是对阴阳学说的高度概括与精练总结；精气学说认为精气是宇宙的本源，宇宙是一个由精气组成的有机整体，宇宙万物的产生、变化与发展都始于永恒的精气的运动变化；五行学说之“五行”，是指木、火、土、金、水五类事物的运动变化及其相互联系，五行的相生相克维持着事物之间的动态平衡，五行的相乘相侮则为五行之间的生克制化遭到破坏后出现的异常现象②。总之，阴阳五行学说以阴阳学说为指导、以精气学说为基点、以五行学说为核心，整体和谐、动态平衡、互相转化与制约是阴阳五行学说的核心思想。

教学诊断最早形成于西方国家，最早来源于反馈理论。反馈是控制论的一个极其重要的概念，就是由控制系统把信息输送出去，又把其作用结果返送回来，并对信息的再输出发生影响，起到控制的作用，以达到预定的目的。但是国外教学诊断研究出现了两个极端③：一是就教育的大的方面进行评估，二是对诸如查课方法、步骤等微观的领域进行“临床指导”。从根本上来说，教学诊断来源于医学诊断，医学诊断的不断发展改进了教学诊断，为教学诊断提供了很多有益启示。严先元指出，可以把教学诊断大致理解为对教学系统的“病症”“病因”“病理”进行分

① 王增祥.教学诊断[M].北京:华文出版社,1995:8.
② 张九田,张英.阴阳五行学说与医院绩效管理[M].广州:广东人民出版社,2010:8-9.
③ 王增祥.教学诊断[M].北京:华文出版社,1995:10.

析推断的一种实践过程。

第一，作为医学诊断理论基础的阴阳五行学说，尤其是阴阳五行学说所隐含的整体和谐、动态平衡、互相转化与制约的思想，包含着丰富的教学意蕴，对教学诊断具有重要的启示价值。阴阳五行学说视角下的师生关系是对立、互根、消长与转化的关系，教师只有与学生一起成长才能有效提升教学质量，实现学生发展的教育旨归；阴阳五行学说视角下的教学活动是一个完整而又复杂的整体，只有遵循教学活动各要素之间五行相生相克与相乘相侮的基本规律，才能实现教学发现人、唤醒人、发展人的目的。

第二，望、闻、问、切等中医诊断方法为教学诊断提供了新的思路。"四诊"是认识疾病不可缺少的手段，通过对疾病资料的收集和综合分析，能够透过现象看本质，找出疾病的内因和外因，掌握疾病发生发展的规律。教学诊断的"五诊合参"就直接来源于中医"四诊"，是教学诊断最实用、最经济、最给力的诊断方法，教学诊断的其他方法都根源于中医"四诊"。

第三，中医诊断中的判病辨证，为教学诊断提供了规范的诊断步骤和过程。中医诊病与辨证的步骤可分为追询病史、探求病因、落实病位、阐明病机、分清病性、详悉病势与确定证名，其实就是辨证思维的七步法[①]；教学诊断以中医辨证思维步骤为依据，根据学科特点和现实需要，将教学诊病辨证步骤确定为抓病象探病因、找病位释病理、分病性明病机、理病势判论治等4个步骤，规范并明确了教学诊病辨证的步骤；中医诊断过程一般包括搜集临床资料、分析评价临床资料、提出初步诊断意见、验证或修正诊断等4个环节，为教学诊断过程提供了有益借鉴。本研究将诊断过程规范为资料收集、分析判断、出具处方、验证反馈等4个环节。

第四，教学疾病的分类，也在一定程度上借鉴了疾病证名的要求。中医证候的命名，一般都是依据病因、病位和病机，尤以三者综合为佳；

① 郭振球.中医入门一本通——名医教你学中医[M].长沙:湖南科学技术出版社,2012:24-26.

教学疾病的命名也在很大程度上借鉴了中医对疾病命名的方法。

第五，中医学的未病先防与既病防变策略为教学诊断提供了“防病”与“治病”的新思维；中医论治方法为教学诊断提供了治疗疾病的新方法。中医论治以辨证为依据，除病因、理病机、调病位、截病势、改病性等是依证立法的主要内容；教学疾病治疗以生态课堂理论为指导规范，灵活运用中医论治辨证方法，以实现学校教学系统的健康发展。

（二）教学诊断与医学诊断本质不同

教学诊断与医学诊断关系十分密切，医学诊断为促进教学诊断规范化、科学化、可持续化发展提供了很多有益的启示与做法，但二者的区别也是很明显的，在教学诊断实践中，不可将二者等同，更不可将医学诊断的技术与方法直接应用到教学诊断实践中。医学诊断历经两千多年的不断积累、总结与发展，已经成为一门独立而又成熟的学科，但教学诊断尤其是教学诊断研究与实践才刚刚起步。

教学诊断依据教学病理理论分析教学疾病的病象、病因、病位、病理、病性、病机、病势等，目的是理解并掌握教学疾病的内在机制与运行质态；医学诊断是依据医学病理理论，在对人体疾病的病象观察、病因分析、病位落实、病理诠释、病性分辨、病机把握、病势判断等基础上，得出诊断结论，为疾病治疗提供科学而又准确的证据。但是，教学疾病与生理疾病存在着本质的区别，这也决定了教学诊断与医学诊断的根本不同。教学疾病与生理疾病病理、病性上的重大差别，铸就了教学诊断与医学诊断的本质区别。

第一，教学诊断的依据是通过对收集的相关资料的分析与判断，采用以现代教育教学价值观为核心的教学诊断标准与教学现状进行比对，得出二者的差距，再进一步分析病因、病性、病位等，从而得出准确的判断；医学诊断的依据是运行四诊辨证以及辅助检查对症状体征、临床表现等予以分析综合，从而实现判病论治的目的。

第二，教学诊断的目的是总结教学特色、发现并解决问题，助益于发展学生的核心素养、促进教师专业发展；医学诊断的目的只是为治疗做准备，是治疗的前提条件。

第三，教学诊断的原则是主体协同原则、生态发展原则、问题诊断原则与人本教育原则；医学诊断的原则是整体察病、诊病辨证、辨证论治、诊法合参等。

第四，教学诊断的方法有很多，主要有考试测试法、听课评课法、课堂观察法、临床指导法、现场观察法、问卷调查法、录像分析法、师生访谈法、团体会诊法、五诊合参法，而诊断操作技术主要有三角分析技术、教学差距图技术、5W1H技术、程度坐标技术、SWOT技术以及关键词检索法等；医学诊断方法主要有望、闻、问、切，八纲（表里、寒热、虚实、阴阳）论证以及实验室检查等。

第五，尽管教学诊断以及不同的层次对相应的诊断内容有一定的规定性，但总体来说，教学诊断的内容主要包括教师、学生、人际关系与课堂文化；医学诊断的内容主要包括诊法、辨证与诊病等三部分内容，但医学诊断的具体内容十分繁多而又复杂，要视具体的病情和诊断需要而定。

第六，教学诊断标准较为笼统，尽管对教学不同层次的诊断研制了不同的诊断标准，但总体来说，大都是对教学现状的主观性判断；医学诊断也对不同的病情诊断设立了具体的诊断标准，但这些标准是具体而又严格的，如对上呼吸道感染的标准是“一定要有发热和上呼吸道急性炎症”，且“发热” 的时间界定为大于2天，体温界定一定要大于38℃。

第七，教学诊断主体是教师、学生、家长、学校领导、教学诊断师、教学专家、教研室行政人员以及社会热心人士，专业性不是很强；医学诊断的主体是专业人员，主要由执业医师来担任。明确了教学诊断与医学诊断的区别，这就要求在教学诊断研究与实践中，一方面要实现对医学诊断的有效借鉴，另一方面不能将教学诊断与医学诊断混为一谈，更不可直接将医学诊断的方法、技术运用到教学诊断的研究与实践之中。

三、教学实践与教学诊断的关系

教学诊断研究与实践一直强调“教学中的诊断”与“诊断中的教学”，并且为实现教学诊断与教学实践的有机结合做了种种努力。但是，教学诊断与教学实践的关系到底是怎样的？这个问题如果解决不好，就难以在教学实践中开展教学诊断，也难以在教学诊断中推进和改善教学实践。教学诊断与教学实践的关系密切，都立足于现实、指向于发展。

（一）教学实践是教学诊断的前提与基础

教学诊断具有双重任务，一是通过诊视发现教学特色，总结教学经验；二是通过分析发现教学问题，提出问题解决之道。教学诊断的双重任务一方面规定了与教学评价的本质区别，另一方面也指明了与教学实践的密切关系。教学实践为教学诊断提供了舞台；教学诊断研究本质上是对教学实践的理论干预，而教学诊断实践本质上是对教学实践的干预行动。教学实践是师生在教学生态系统内相互联结、相互作用的社会实践活动，这就决定了教学诊断将教学实践视为一个完整而又复杂的生态系统的必然性与必要性。

教师与学生一起构成了教学生态系统的活力要素，活力机制本质上是一种动力机制。在教学生态系统中，教师与学生之间、学生与学生之间相互联系，构成了教学生态系统的组织结构要素，而组织结构机制能够保持教学生态系统的有序发展。恢复力机制其实是一种调控机制，能够保持教学生态系统的动态平衡发展。从教学生态系统的运行机制可以看出，对教学生态系统的理解与把握，直接决定着教学诊断的质量，而对教学实践的全息性的诊视与判断，是教学诊断的重要手段。因此，教学实践不仅为教学诊断提供了生存与发展的“土壤”，为教学诊断提供了坚实的实践基础，还为教学诊断提供了研究对象、实践内容，成为教学诊断研究与实践的重要前提与基础。离开了教学实践，教学诊断理论研究将会失去根基；离开了教学实践，教学诊断实践也就失去了价值。

教学实践是教学诊断的前提与基础，这就要求教学诊断研究与实践要遵循课堂生态理论的要求，将教学置于生态系统的视角开展工作，并以打造生态课堂为教学重建目标，坚持以教学实践为中心，以深入研究教学的目标、内容、方法、效果为切入点，以改造并重构教学文化为重要任务。

教学诊断需要深入研究教学现状，深刻把握教学问题。调查发现，当前教学中存在“教师倦怠”“学生懒惰”“师生不谐”等现象。通过进一步访谈发现，当前，教学中最突出的问题是以分数论“英雄”，拜分主义特别严重；最严重的问题是没有“学科味”，课堂充斥着大量的习题训练、解题指导；众多先进教学模式的出现，都离不开以提升教学质量为旗号的分数提升的本质，否则只能被现行的教学评价机制淘汰。因此，当前教学的最大问题是应试教育，最严重问题是拜分主义，最紧迫问题是教育的功利性。教学诊断只能在一定程度上解决教学本身的问题，却无法从根本上解决当前教学所面临的应试教育问题和应试教育文化。

教学诊断要求努力优化教学结构，切实提升教学品质。尽管应试教育文化势力与实力强大，但教师所从事的“育人”职业决定了教师尚有一定的自由裁决权。通过教学诊断来优化教学结构、提升教学品质，是一线教师能够做到的，这也正是一名合格教师的有限性大作为。教学实践中存在的问题，对教学诊断提出了严峻的考验，也正揭示出问题解决发展的方向与路径。

（二）教学诊断是教学实践发展的重要保障

根据教学存在的问题，本书提出了教学诊断策略；针对当前教学诊断存在的问题，深入分析了产生问题的原因在于教学诊断思维单调、教学诊断能力不足与教学诊断体系缺失等。尽管教学诊断依然存在着很多问题，甚至在诊断实践中难免受到应试教育文化的“胁迫”与“阻力”，但这正昭示出教学诊断作为一种新生力量的存在，正预示着在应试教育文化充斥的环境中有一股强大的力量正在冲击着现存的秩序。

教学诊断以实践事实、政策法规和科学理论为主要依据，以坚持时代性与现实性的统一、个性化与普适性的结合为指导思想，分层级研制了教学常规诊断标准、生态诊断标准与文化诊断标准，对于推动教学发展具有重要的意义与价值。实践证明，通过教学诊断，可以及时发现和解决教学实践中出现的问题，保障教学实践顺利开展，而且通过运用教学诊断思维为核心的教学干预行动，可以及时矫正教学实践中的问题，从而提升教学品质。

教学诊断标准化紧紧抓住“人”的因素，促使教学面向生活世界、超越生活世界、走向科学世界[①]。对教学诊断标准的研究，为优化教学创造了适宜的“小环境”，这就为构建和谐的生态课堂提供了有效保障。党和国家的教育目的是培养德智体美劳等全面发展的社会主义事业建设者和接班人。学校教育是教育体系的主阵地，教学是学校教育的中心工作。因此，积极开展教学诊断活动，积极推动教学诊断的标准化与规范化建设，是促进教学实践发展的重要保障。在教学诊断研究与实践中，必须正确认识教学诊断和教学实践的关系，实现“教学中的诊断”与“诊断中的教学”的有机结合，从而达到教学诊断与教学实践的完美统一。

第二节　教学诊断“三个结合”

在教学诊断研究与实践中，人们对诊断主体与诊断客体、教学诊断与医学诊断、教学诊断与教学实践等三对关系感到疑惑的同时，还面临着更多的疑难问题：如何实施教学自我诊断？教学自我诊断与他人诊断有什么区别？如何将教学自我诊断与他人诊断相结合？如何在教学诊断过程中实施学习诊断？教学诊断与学习诊断是什么关系？在教学诊断过

① 南纪稳．教学世界：生活世界与科学世界的双向二重化[J].华东师范大学学报（教育科学版），2015(3)：1-6.

程中，如何做到教学诊断与学习诊断的有效结合？如何提高教师开展教学诊断的自觉性？为什么有的学校建立了诸多相关规章制度却收效甚微？如何做到教学诊断自觉与建章立制的有效结合？等等。上述疑惑集中反映出教学诊断研究与实践亟需解决的问题，这就要求切实做到“三个结合”。

一、教学自我诊断与他人诊断相结合

教学自我诊断的主体是“我”，是执教教师，客体是“教学过程中的诸要素”，根本目的是促进师生的共同发展。教学他人诊断的主体是“他人”，包括除执教教师之外的诸如教师同行、学生、家长、教学专家、学校领导以及社会专业人员等所有人，客体包括与教学相关的课堂生态、课堂文化等。大体来说，教学自我诊断对应常规诊断的内容，而教学他人诊断主要对应生态诊断与文化诊断的内容。教学自我诊断与他人诊断的结合，是优化教学品质的必然要求，也是教学诊断研究与实践的客观需要，更是落实学生核心素养、提升教师专业能力的需要。

（一）教学自我诊断与他人诊断的结合点

自我诊断与他人诊断是教学诊断的两种基本方式。黄厚江将自我诊断称为自省诊断，认为自省诊断是最有效的诊断方式，自省诊断最有意义的是在平时的教学中，诊断者可经常进行自我教学诊断；他人诊断是非执教者对教学活动进行的诊断，由于采取的是旁听者的眼光，所以观察会更冷静更全面，分析也会更客观更深入[①]。严先元指出，教学自我诊断是一种通过反思而发现病症、试图对症下药的批判性思考，将自我诊断视为一种自主性思维行为。在某种意义上可以说，教学他人诊断只有内化为执教教师本人对自己教学的干预行动，才能真正发挥教学诊断的功能，从而实现教学诊断的目的。由此可见，教学自我诊断在整个教学

① 黄厚江.语文课堂教学诊断[M].南京:江苏教育出版社,2011:53-60.

诊断体系中具有举足轻重的地位。

教学自我诊断与他人诊断相结合，即通过他人诊断来促进自我诊断发展，提升教师的自我诊断能力；通过自我诊断来提高他人诊断的质量，以便提高教师整体的自我诊断能力。但应当强调的是，教学诊断研究与实践所秉持的以现代教育教学价值观为诊断依据，坚持主体协同、生态发展、问题诊断与人本教育等原则，正是教学自我诊断与他人诊断的联结点。

不管是哪种教学诊断方式，在研究与实践活动中，必须坚持现代教育教学价值观的指导，必须以现代教育教学价值观为诊断依据，必须坚持教学诊断的三大基本原则。在教学自我诊断中，除了要坚持主体协同原则、生态发展原则、问题诊断原则外，还要坚持有效性原则、合作性原则、时效性原则与发展性原则，而教学他人诊断也需要坚持主体协同原则、生态发展原则、问题诊断原则，同时也要对被诊断者予以充分尊重，发挥被诊断者的主体精神，推动被诊断者的可持续发展。

（二）教学自我诊断与他人诊断的结合方式

教学自我诊断与他人诊断的结合，才是教学诊断健康发展的必由之路，而实现二者最佳结合的方式是在教学他人诊断中要给予执教教师充分的话语权，甚至要将执教教师纳入诊断主体之列；在教学自我诊断中也要充分给予诸如教师同行、学生等他人充分的话语权，尤其要给予学生充分的话语权，甚至要将学生纳入诊断主体之列。本研究过分关注了他人诊断，在方法选择、模型操作、作业步骤、实施过程等方面基本上都是基于教学他人诊断来设计的，致使在教学诊断过程中缺少了执教教师的“声音”，这是不符合教学及其诊断规律的。

教师与学生是一切教学活动的主体，教师与学生也理应成为一切教学诊断最基本的主体，鉴于绝大多数教学疾病的病源都是教师，因此，执教教师的话语权应当得到充分的尊重。重视执教教师在教学诊断中的地位与作用，是实现教学诊断之目的的重要保证。对教学自我诊断方法与步骤的研究，也理应成为本研究的重要研究内容，其实教学自我诊断可分为自我诊视、自我判断、自我改进、自我验证等四个环节。应当指出的是，教学自我诊断实施的前提是执教教师具有较高的教学自我诊断学力，而教师侪辈之间的互助合作诊断、由教育教学专家参与的多元主体合作诊断是提高执教教师教学自我诊断学力的有效途径。

二、教学诊断与学习诊断相结合

问卷调查显示，高达83.27%的教师和72.62%的学生都认为教学诊断应当关注学生及其学习活动，本书尽管一直在努力将学生及其学习活动纳入教学诊断内容，但在研制教学诊断标准时却总是倾向于对教师及其教学活动的诊断。其实，本研究并没有将学生及其学习活动排除在外，将教学诊断与学习诊断相结合，理应成为教学诊断研究与实践的有效策略。

（一）教学诊断是学习诊断的重要保障

教学本身就是基于课堂的“教与学”活动，教学本质上就是师生之间思维互动、智慧共生、心灵相通、情感共鸣的过程。事实上，教学的本质决定了教师在教学活动中的指导、组织、引领与推动作用，教学诊断对学习诊断具有重要的保障作用，而学生学习的效果、效率、效益在很大程度上决定了教师的教学效用。黄厚江指出了教学诊断的“学生视角”，即在教学诊断中，站在学生的立场上，审察教师的教学活动是否一切为了学生，是否能有效地为学生的学习服务。黄厚江所指的教学诊断的“学生视角”，本质上不是“学习诊断”，只是教学诊断诸多视角中的一种。严先元针对学习困难学生的诊断，深入研究了学习困难学生的鉴别、分类与特点，探讨了搜集诊断对象的资料、认真分析与诊断、选择具体的诊断技术等诊断方法，提出了以“能力的知识观”为诊断依据、以“任务分析”为诊断技术等诊断策略。尽管上述有关学习诊断的研究似乎已经超越了本研究的范围，但是教学诊断十分重视学习诊断。从教学诊断实践来看，针对教师及其教学活动的诊断，是开展学习诊断的重要保障，学习诊断本就是教学诊断的应有内容。

教学诊断不仅疏通了学习诊断的渠道，而且有效地保障了学习诊断的顺利实施。毕天章等人以心理诊断、品德诊断与学习诊断等三部分为主要内容，试图构建教育诊断学的理论框架、范畴体系和方法体系，深入分析了学习过程、学习目标结构、学习困难学生的分类、学习诊断方法的选择和选用等，着重对学习能力与学习方法进行了论述。但是，事实证明，仅靠对学习问题的诊断往往效果甚微，因为在以班级授课制为主要组织形式的学校教育中，学生的学习是在教师的组织、指导、引领下开展的，教师的这种重要作用决定了教师必须担负起与其作用相一致的责任与义务，而教师又往往是教学问题、学习问题的主要制造者，这就决定了对教师教学问题的诊断必须先于对学生学习问题的诊断，这也就说明了教学诊断是学习诊断的重要保障。那么，教学诊断是如何保障学习诊断的呢?

首先，利用教学常规诊断，规范教学常规，围绕教学目标选择正确的教学内容，采用适当的教学策略以顺利实现教学效用最大化，从而促进学生以正确的学习目标为导向、以适切的学习内容为依托、以适当的学习方法为手段，着力解决学生思维中未解与理解的矛盾，以实现学习效用的最大化为目的。于永昌指出，从未解到理解是求索的无限性和确认的有效性的统一，从未解到理解的创新是一切教学实践活动的根本门径，而教学常规诊断就是为学生实现从未解到理解的飞跃创造条件。

其次，利用教学生态诊断，平衡发展教学生态。在复杂而又开放的教学生态系统中，师生作为活力要素注入系统的能量，直接决定着课堂生态发展的速度与强度；师生关系、生生关系作为组织结构要素内部的适合度以及与系统整体的适配程度，直接决定着课堂生态发展的质量与效率。因此，要提高师生活力、优化师生动力机制，必须实施主体性教学，确保师生教与学的自主性、主动性与创造性；要改善师生、生生关系，提升人际协调机制，必须实施对话性教学，在对话中实现思维生成与创新，加强教师与文本对话和教师主体间教学研究对话，提高学生和教师主体间的对话质量，提高学生与学生主体间的对话品质，提高学生自我理解与反思文本的对话能力①。

最后，利用教学文化诊断，优化教学文化环境，以优化教学组织文化，在推行“主体-对话”教学的基础上实施关心教学，为学生的学习与成长创造和谐、民主、温馨的环境。如果说教学的本质是主体间的指导学习，那么主体间的本质就是关系。“关系”是人的生命的存在方式，关心与被关心是人的需要，而关心具有双向性、专注性与非功利性。关心教学包含了榜样、对话、实践与证实等四个交互进行的组成部分：榜样即教师的身教；对话即师生之间、生生之间的信息交流；实践是关心教学实践与关心伦理实践；证实就是对最可能与真实情况发生联系的动机加以确认，证实的运用在于如实地欣赏与真挚地批评②。

（二）教学诊断是对“教与学”的诊断

李茵等人针对“如何理解教学”问题，提出了“教比学更难”的命题，认为一个称职的教师兼有双重身份，拥有两套本领：教师不但是“让学”者，更是学习者；教师要让学生学，更要让自己先学，而且教师要学的比学生多得多——教师得学会让学生学。教学通过教师的引导、启发促进学生觉醒，而引导、启发是教学的重要手段，离不开师生主体间基于关心的对话与倾听；学生觉醒是教学的重要目的，也是促进学生自主发展、主动发展的根本推动力。学生觉醒的重要标志是主体精神的发现、主动意识的提高、自主观念的增强和自觉行动的实现，但学生的觉醒离不开师生主体间基于选择与探究的对话、启发与讨论。

教学诊断意味着“对话”，这种对话不仅仅是诊断者与被诊断者的对话，更是基于师师主体间、生生主体间、师生主体间的以文本为中介的

① 于永昌.生态化教学[M].沈阳:辽宁科学技术出版社,2012:326-331.

② 于永昌.生态化教学[M].沈阳:辽宁科学技术出版社,2012:373-382.

从未解到理解的对话，因而对话不仅仅是教学的表现形态，也是教学本身[①]，更是教学诊断的本质要求。教学诊断意味着“选择”，于永昌针对“反教学的生态现象普遍存在”的现实，发出了“解放教学生产力”的深情呐喊，由教学对人的选择到人对教学的选择不仅是教学客观规律的内在要求，更是人类历史发展进步的必然趋势。教学诊断通过对教学系统诸要素及其关系的诊视与判断，祛除病患，“选择”出适宜解放教学生产力的观念、角色和行为，保证教学生态系统的动态平衡发展。教学诊断意味着“探究”，而要探究就离不开师生的主动参与，更离不开学生作为学习者的主动参与。

于永昌指出，作为教育者，是通过人的生命的未完成性而指导儿童的全面发展性，通过人的生命的未确定性而引导儿童的自主创造性，通过人的生命的未特定性而开发儿童的积极进取性，通过人的先天的不完善性诱导儿童的学习自觉性。教师的“指导”“引导”“开发”与“诱导”，本质上就是引领与推动学生并和学生一起进行的“探究”活动，这种探究活动以教学诊断的方式来实现对现实与未来的“选择”，而启发与讨论是推进探究活动向纵深发展的基本策略。教学诊断既然是对“教与学”的诊断，那么，如何在教学诊断过程中实施学习诊断？如何做到教学诊断与学习诊断的有效结合？

第一，针对教学常规诊断而言，在诊视与判断教学常规性状况的时候，应当以学生的视角来审视教学设计与教学实践。教学的根本矛盾是教与学的矛盾，应当由教师教什么、怎样教、教到什么程度转变为教师应当教学生学什么、怎样教学生学什么、教学生学到什么程度；教学的主要矛盾是学生的理解与未解的矛盾，因而理解是教学设计的核心元素，基于学生需要的弹性预设、动态开放性预设与学程预设，是教学设计的基本要求；教学的常见矛盾是教学设计与教学实践的矛盾，静态的、刚性的、封闭的基于教程的教学设计是一种落后的、腐朽的、反人性的枷锁，而动态的、柔性的、开放的基于学程的教学设计才能有效促进学生

① 于永昌.生态化教学[M].沈阳：辽宁科学技术出版社，2012：326-327.

的健康发展，而由教学设计、教学实践落实到学习设计、学习实践，是实现教学有效性的根本途径。

第二，针对教学生态诊断而言，在诊视与判断教学生态状况的时候，应当将学生也纳入诊断主体之列并充分听取学生的意见与建议。在教学生态诊断实践中，为了节省时间与精力，针对“教师教学”的专项诊断调查都是采用执教教师自我评分的方式，很容易造成执教教师的“造假行为”，无法窥探执教教师的“教师教学”真实面貌，因而应当采取问卷调查、师生访谈与现场观课等方法，实行教师同行诊断、学生参与诊断与执教教师自我诊断相结合的方式，这也是诊断主体多元化的根本要求；要重视教学问题的正面导向功能与问题解决之道的提示作用；在教学生态诊断过程中，应当更加关注教学主要矛盾的解决途径。

第三，针对教学文化诊断而言，在考查教学文化状况的时候，尽管本研究提出了以专家诊断为主要主体的意见，但是从教学文化诊断指标来看，也需要采用现场观察、师生访谈、调查问卷甚至团体会诊等方法对教学物质文化、教学制度文化、教学行为文化、教学精神文化等进行诊视与考查。从本质上来讲，教学的主体创造了教学文化，规定了教学文化的内涵、特点以及运行质态选择，而教学的主体是教师与学生，但由于教师的指导者、组织者、合作者、引领者、推动者功能，决定了教师在缔造、发展教学文化中的主导性地位，同时也要发挥学生的主体能动性，至少要以正确的渠道来反映问题，将教师的“权利”限定在科学、民主、规范的框架之内。

三、教学诊断自觉与诊断制度相结合

自觉是指行为主体对某事物有所认识而觉醒、觉悟。教学诊断自觉是指教师对于投身于教学诊断活动的积极意识与自发行为，本质上是积极参与教学诊断活动、主动提高教学自我诊断学力、自觉探索研究并实施教学诊断活动。制度是实现某种功能或特定目标而要求大家共同遵守的办事规程或行动准则等一系列规范体系，教学诊断制度特指保障教学诊断顺利实施的一系列规范体系，包括明确具体的教学诊断标准、诊断机制、诊断规章等。在教学诊断研究与实践中，教学诊断自觉与诊断制度关系的重要性越来越凸显。看似完善的与教学诊断相关的规章制度并不能完全保障教学诊断活动的顺利实施，缺少与教学诊断相关的规章制度却又无法保障教学诊断活动的实际效果：如何处理教学诊断自觉与诊断制度的关系，如何才能做到二者的有机结合，成为教学诊断研究与实践的重要反思内容和亟需解决的重要问题。

（一）教学诊断自觉与诊断制度相结合的必要性

教学诊断自觉与诊断制度相结合的必要性，从根本上来说，是由教学诊断研究与实践多元化的理论依据、理论借鉴决定的。教学诊断研究在坚持以教学病理理论、医学诊断理论与课堂生态理论为理论依据的前提下，也会不可避免地运用到布鲁姆教育目标分类理论、加德纳多元智能理论、知识分类顿悟机制以及建构主义理论等。布鲁姆教育目标分类理论揭示了学生知识缺陷的根本原因，强调开展相应补救教学的重大意义；加德纳多元智能理论强调学习者智能与个体的差异性，要求推行个性化教学与诊断；知识分类顿悟机制是学习诊断技术的心理学核心基础，其核心概念是问题中心图式，顿悟思维的机制被视为中小学学生学科能力发展障碍的突破口；建构主义理论揭示出人与环境的相互作用涉及“同化”与“顺应”等基本过程，而真正有意义的补救教学应该是基于建构主义理论下的有效教学。

由此可见，教学诊断有效借鉴了哲学、教育学、心理学、医学、社会学、系统论、生态理论等多学科理论，诊断目标的设定、诊断依据的确立、诊断标准的研制、诊断内容的厘定、诊断方法的选择、诊断方式的采行、诊断技术的运用、诊断程序的安排、诊断过程的规范、诊断效果的反馈以及疑难杂症的焦点解决等问题都需要一套既适合教学规律与特点又适应教学诊断需要的规范性体系，促进教学诊断过程的顺利实施和目标的顺利实现，而现代性是教学诊断研究与实践的核心特征与最重要的内在要求。

对教学诊断现状的调查发现，诊断规范缺失是当前教学诊断存在的重要问题之一，而诊断制度不完善是其重要原因。教学诊断制度保障了教学诊断研究与实践顺利开展，也对教学诊断研究与实践提出了必须遵规实施、依章推进的要求，还对教学诊断制度的研制提出了要密切结合教学诊断实践需要的客观要求，更对教学诊断研究与实践提出了必须将诊断自觉与诊断制度相结合的现实问题。

（二）诊断自觉与诊断制度有效结合的关键

不可否认，教学诊断活动是在学校缺乏法治环境、存在急功近利心态、应试教育大背景下进行的，这对教学诊断研究与实践提出了更多的挑战。出于对优质教育资源的激烈争夺，家长们抱着不能让孩子“输在起跑线上”的想法，尽量让孩子“抢跑”，但是“抢跑”就真的能赢吗？[①]回答是否定的。在学校教育领域，“没有教不好的学生”“只有不会教的老师”已经成为一种被广泛宣传介绍的教育经验，甚至被一些学校管理者奉为批判和指导教师行为的理论主张和教育口号[②]，事实上真的这样吗？回答是否定的。为了提高学生考试成绩，教师对学生“严管死看”“严跟死拼”，这样做真的有效果吗？回答是否定的。

尽管国家三令五申大力实施素质教育，不得用行政命令为学校下发升学率指标，但是一些地方教育行政管理部门依然将升学率作为考核学校教育质量的最大标准，学校依然用分数作为评价师生的唯一准则。急功近利的教育心态，究其原因都是一种面对现实的恐慌。章乐指出，恐慌是现代人的一种“社会性格”，屈从权威、丧失信任以及自私蔓延是其基本症状，面对“恐慌人”的存在，学校教育担负起了更多的责任与义

① 张羽，黄振中.“抢跑”真的能赢吗?——小学数学校外辅导对校内教学和数学思维培养的影响[J].教育发展研究，2014，33(18)：7-12.

② 范远波.慎提“没有教不好的学生”[J].当代教育科学，2014(6)：20-23.

务，应该提供一个相对安全与平静的场所，应该引导学生追寻美德与智慧，培养学生的风险意识，构建学习共同体①，加强学校教学诊断，做到依法治校、依法治学、依章发展。

教学诊断是在应试教育背景下对学科教学的一场改革，而这场改革是对传统学科教学的一场博弈，这就决定了教学诊断是在“夹缝”中进行的有效教学干预行动。教学诊断自觉本质上是诊断主体的一种内在的自我发现、自我发展与自我完善的意识，其基本流程为偶然发现问题—自发分析问题—自觉解决问题。教学诊断自觉以问题为主线、以发展为主体、以教学诊断思维为核心，而理论自觉、研究自觉、实践自觉、文化自觉与生命自觉等是教学诊断自觉的基本形态。教学诊断制度本质上是为教学诊断提供良好的外部环境保障措施，意在激发、引导、推动、规范教学诊断的顺利实施。只有适合教学诊断实践需要的规章制度才能切实发挥引导与规范功能。

教学诊断自觉与诊断制度都立足于教学实践，都着眼于教学诊断，都意在提高教学质量，促进师生的共同发展。由此可见，尽管二者都针对教学诊断，但其联结点却只能是教学实践，离开了教学实践，二者也就都丧失了存在的根基。教学诊断自觉是从诊断者的角度提出的一种自我突围、自我重构、自我完善、自我发展，而教学诊断制度是从诊断环境的角度提出的一种外在限制、外在调控、外在引导与外在规则，只有这种外在的制度约束被教学诊断者内化为一种自我规范，只有这种内在的自我需要被教学诊断制度外化为一种环境保护，才能真正实现教学诊断自觉与诊断制度的有效联姻，并势必孕育出科学化、现代化、规范化与学科化的教学诊断体系。因此，基于需要的诊断自觉外化与诊断制度内化，是教学诊断自觉与诊断制度的有效联结方式和方法，也是教学诊断自觉与诊断制度有效结合的关键，而积极推进教学诊断的文化自觉、理论自觉、研究自觉、实践自觉与生命自觉，是教学诊断最具现代性的

---

① 章乐.“恐慌人”与让人复归平静的教育[J].华东师范大学学报(教育科学版),2014,32(3):63-68.

强大的动力源泉。

第三节　教学诊断“三大关键”

在教学诊断实践中，研究者与实践者明知道通过教学诊断不可能立竿见影，但急功近利的心态也不可能在短时间内改变，甚至由于对教学诊断的过分信任与依赖还会加重急功近利的心态，试图将教学诊断视为提高学生考试分数的救命稻草，这不能不使人深思：如何提高教学诊断的品质？提高教学诊断的内在品质是其存在、发展与壮大的前提条件，本质上是其内涵发展问题，而内涵发展强调的是事物内在“质”的发展，即教学诊断本身的“底气”“硬气”与“骨气”。教学诊断本身的“底气”来自诊断策略的“简”与诊断效果的“快”，而教学诊断“简”“快”的决定性因素在于以下三点：一是问题聚焦、焦点解决、焦点发展，采用教学焦点解决发展短程诊疗；二是团体会诊、聚集议事、规程协商，在教学会诊中使用罗伯特议事规则；三是多元主体、学力提升、群体合作，切实提高主体的教学诊断学力。

一、实施教学焦点解决发展短程诊疗

根据教学诊断必须凸显见效快的现实需要，应将脑科学、焦点解决短程心理疗法和主体间动力理论等基本原理进行有效整合并运用到教学诊断之中，由此研究者提出了“教学焦点解决发展短程诊疗”的概念。教学焦点解决发展短程诊疗重视“问题症状”的正向功能，肯定并尊重生命个体的力量，把合作与沟通作为解决问题的关键。教学焦点解决发展短程诊疗，必须以针对性、简约性、常态性为基本原则，采用焦点问题发展导向的短程治疗策略，构建教学健康的运行质态。

（一）构建多元主体协同动力聚合机制

教学焦点解决发展短程诊疗突出“焦点解决”和“短程诊疗”，必须聚合教学主体的动力，坚持多元化主体协同策略。教师和学生是教学的主体，而教师与学生的协同、学生与学生的协作是聚合教学主体动力的有效途径，也是教学焦点解决发展短程诊疗的重要前提。群体动力学理论十分重视社会个体行为的变化，并认为社会个体行为的变化是某一时间内的内外因相互作用而必然产生的结果。库尔特·勒温进一步指出社会个体在合作性群体中具有较强的工作动机与变化可能，由此强调群体目标在人际吸引中的重要指导作用，因为群体目标的设置会促使社会个体形成动态性的指向群体目标的现实合作观①。因此，在教学焦点解决发展短程诊疗活动中，要挖掘、发挥师生的主体性动力，就要在师生共同协商的基础上确定师生都认可的群体目标，以群体目标为导向的师生合作、生生合作才更有效。

群体目标的实现是社会个体主体性的彰显与个体之间协同的结果，马克思主义有关“人学”的理论就一直在强调人的主体性的重要性，坚持教育教学必须以尊重和发展人的主体性为目的，尊重人的自我发展与自我完善。事实上，教学是“人”与“人”的互动与交流，而教学活动是以信息差异动态互补为机制的主体间动力的彰显，更是主体间关系的重构，这就要求教学焦点解决发展短程诊疗必须在肯定师生的共生合作关系、重视诊断群体目标的前提下突出“发展”之旨归。

当然，“发展”不只是学生的发展，而是以教师发展为着眼点、学生发展为落脚点的师生共同发展。如果说马克思主义人学理论重视“人”的主体性，而协同学理论则重视“关系”，强调“人”与“人”的联结、协同与合作的重要性，这对教学焦点解决发展短程诊疗提供了很多有益的启示。教学焦点解决发展短程诊疗必须构建诊断多元主体协同动力聚

① JOHNSON D W, JOHNSON R T, HOULUBEC E J. Circles of learning: cooperation in the classroom [M]. Minnessota: Interaction Book Company, 1993: 23-26.

合机制才能更好地发挥协同效应，为此应当首先发现并明确教学所存在的问题，师生合作确立群体目标、协商解决方案，将师生的自我诊疗与彼此诊疗融为一体，促成教学焦点解决发展短程诊疗的自觉化、常态化与有效化。

（二）采用成果为本动态目标生成机制

基于成果的教学本是一种教学方式，重视学习目标的导向作用，突出学生的主体地位，注重学生能力的提升，并将学习的成果作为重要的证据，简约性、实用性与有效性是成果教学遵循的基本原则，通过确定精准目标、明晰学习现状、抓住关键价值链与付诸行动等环节实现目标向成果的转换[①]，将以成果为本的教学理念移植到教学焦点解决发展短程诊疗中，为提高诊疗效果提供了新的思路。教学焦点解决发展短程诊疗必须坚持以成果为本的原则，将既定问题的解决作为诊疗的成果，将发现问题、分析问题与解决问题作为诊疗的目标，并在实现目标的过程中再将自动生成的新目标作为下一阶段诊疗的结果，实现诊疗新旧目标的生成更替与新旧结果的往复循环的统一，从而形成独立而又开放的诊治循环圈，从而推动教学系统的螺旋式上升。

采用成果为本动态目标生成机制，更离不开“人”与“人”的关系，Z理论就将组织的成功归结为“关系”的成功，而人与人之间的“成功关系”是信任、微妙性和密切性。不可否认，信任关系本身就是一种强大动力，师生之间、生生之间关系的微妙性与密切性是健康课堂的重要标志之一，因而允许教师、学生拥有基于一致目标的主动性、自主性与创造性是提高教学效果的关键性因素，也是教学焦点解决发展短程诊疗有效性的重要保证。

教学焦点解决发展短程诊疗的核心策略是设置以动态目标为导向的“奇迹问题”，而这一“奇迹问题”的解决又以实现的成果为证据。以“奇迹问题”来引导诊断者将诊治的焦点集中于精准问题，并指向于未来

① 沈军.管理教练:以成果为导向的价值管理模式[M].南京:江苏人民出版社,2011:1-140.

情景与问题解决，这种“奇迹问题”是以清晰而又明确的诊疗目标为“灯塔”，清晰而又明确的诊疗目标具有有意义、小而可行、具体积极等特点[①]。因此，教学焦点解决发展短程诊疗必须以成果为本，以动态目标为导向，重视诊断者与被诊断者的“关系”，从而实现诊疗效果的显著性、时效性与持久性。

（三）实施科学用脑修炼干预诊治策略

实践证明，要实现教学焦点解决发展短程诊疗见效快的愿景，就要运用以科学用脑为支撑的修炼干预诊治策略，确保干预技术的科学性与现代性。科学用脑其实就是以科学的方法使用大脑以实现既定目标的一种策略性干预技术，是友善用脑、U型理论等相关理论与现实实践相结合的产物。友善用脑本是新西兰教育家克里斯蒂·沃德所倡导的一种以创设科学用脑环境为手段的生本教学方式，该教学方式以学生为中心，坚持“学生所有制”，所谓学生所有制其实就是一种理念，该理念肯定学生的学习需要与学习动力，但学生学习才能的发挥是以“自己的方式”为前提的[②]。教学焦点解决发展短程诊疗也要坚持以“自己的方式”来实施，而这种“自己的方式”的本质就是独特性、实践性与有效性。

发现问题、设定目标、探索例外、信息反馈、实践验证是教学焦点解决发展短程诊疗的五大环节。发现问题是诊疗的首要步骤，也为持续诊治选好了标的。设定目标其实就是为诊治提供方向，也为发挥群体动力做好了“焦点”突破之准备。探索例外就是寻找“例外情形”，本是焦点解决发展短程疗法中常用的一个寻找问题未出现之时的“例外”，这就为诊断者提供了一种化态度为办法、化当下问题为未来指向的积极乐观的技术性手段，也是一种使用非病理性手段针对“当下”来追忆“过去”

① 帕森斯.学校里的焦点解决治疗：将理论转化为实践[M].杨红梅，陈保华，译.北京：中国轻工业出版社，2013：1-148.

② 克里斯蒂·沃德.“友善用脑”：加速学习新方法[M].王斌，等译.天津：天津社会科学院出版社，2003：1-357.

以开启未来之门的绿色通道。信息反馈就是反馈信息，诊断者通过搜集到的反馈信息来确定问题解决之决策。实践验证就是将诊断结果、解决问题的建议诉诸实践，在实践中检验，并将发现的问题再次进行诊疗与改进。

U型理论是美国学者奥拓·夏莫提出的一种旨在提升自我修炼的革命性领导方式，以感知正在生成的未来为核心，以思维、心灵与意志的全面开放为武器探索自然流现之源，同时也为教学理论、学习理论开辟了一条崭新的革命性道路。教学焦点解决发展短程诊疗汲取U型理论之营养，通过提升诊断者的自身修炼与素养，针对既定问题的焦点发展与未来生长来确定干预措施，着眼于“当下”问题、落脚于“未来”发展才是教学焦点解决发展短程诊疗的精髓与核心。

二、研制校本教研会诊规则

《教育部关于加强和改进新时代基础教育教研工作的意见》要求创新教研工作方式，加强关键环节研究，突出全面育人主题，强化校本教研。教学诊断活动在一定程度上铸就了校本教研新景观，但在校本教研会诊活动实践中出现的一些问题不容忽视：或者众说纷纭、难以断论，或者由主持人一言堂，难以保证校本教研会诊的时效性。这就需要引进有效的议事规则，以保证团体会诊活动的民主科学与低耗高效。罗伯特议事规则（Robert's Rules of Order）以标准化的议事规范和个性化的制度设计增强了集体决策的科学合理性，提升了组织运转的效率，降低了沟通决策的成本[①]。因此，制订并遵循校本教研会诊特别议事规则，成为教学诊断与校本教研联姻的“三大关键”之一。

（一）教学诊断校本教研化问题

教学诊断是以教学治理为核心的有效教学干预行动，但在利用诊断

① 罗伯特.罗伯特议事规则[M].10版.袁天鹏，孙涤，译.上海：上海教育出版社，2008：2.

技术、借助诊断模型对教学进行诊断的过程中，需要与校本教研结合起来，借助于校本教研自我反思、同伴互助、专业引领机制[①]，而校本教研会诊活动是其常态化的运行质态。教学诊断的校本教研化是教学诊断发展的必然，注定会铸就校本教研新景观。从根本上来说，校本教研会诊是教学诊断与校本教研联姻的必然产物，也是对巴班斯基所创造的教育会诊的进一步学科化、应用化与发展化。校本教研会诊是以校本教研为依托，由学科教研组组长主持，教学专家、学校领导、班主任、任课教师、部分家长、部分学生、部分社会人员等多主体共同参与的学科教育教学团体会诊活动。但是，现场观察发现，在校本教研会诊活动中经常存在以下三个方面的问题：

第一，话语权不平衡。发言权往往只被占少数的教学专家、学校领导霸占，家长与社会人员纯属点缀，连最具发言权的教师与学生也保持沉默，甚至成为教学专家和学校领导的批判对象，好端端的校本教研会诊活动竟然变味为师生批判大会，由此做出的决策必定是霸道的、武断的，甚至是错误的。

第二，问题不聚焦。校本教研会诊活动的日程安排与运行走向完全决定于教学专家、学校领导的思维导向，往往出现前一问题尚未解决、后一问题随即跟来的现象，严重削弱了校本教研会诊在问题解决过程中的针对性与有效性。

第三，程序不规范。由于话语权不平衡和问题不聚焦，尤其是缺少程序规则和议事规则，导致校本教研会诊要么野蛮争执、人身攻击，要么随声附和、丧失自我，演变为一场闹剧。校本教研会诊的闹剧现实，亟需话语权的平衡、问题的聚焦与程序的规范，而罗伯特议事规则为校本教研会诊活动提供了一套可供借鉴的规则，必然成为改变校本教研会诊活动的闹剧现实与规范诉求的有效手段。

① 严先元.教师怎样作教学诊断[M].长春:东北师范大学出版社,2007:65.

（二）校本教研会诊的罗伯特议事规则

罗伯特议事规则在校本教研会诊活动中的应用研究，要探讨并理解罗伯特议事规则的本质内涵，深入理解其原则、程序，为研制与遵循校本教研会诊特别议事规则提供有益借鉴。罗伯特认为，人们应该使用相同的议事规则，无论是在同一个地方的不同组织里，还是在不同的地方之间，人们需要一套新的议事规则。“程序正义优先于结果正义”是罗伯特议事规则给我们的最大启示，“三纲五常”是对罗伯特议事规则的高度概括：“三纲”是指尊重多数者的权利（多数者的意志可以约束少数者）、少数者的权利（只要有一名动议、一名附议即可成立动议）和缺席者的权利（必须满足法定人数并事先告知），“五常”是指要遵守一人一票原则、一时一件原则、一事一议原则、多数票决定原则和法定人数生效原则①。任何以“通用议事规则”为基础而运作的协商会议，都可以通过正式程序以书面的形式再制定特别议事规则，规定了会议的程序由动议、附议、陈述议题、辩论、表决与宣布结果等六部分组成，其中在会议辩论期间，要遵循文明表达、一时一件、限时限次和发言完整等四大铁律。

罗伯特议事规则的实质就是在特定环境中为公正平衡和正当维护各参与方的利益而设计的精妙程序，而在建立标准化的议事规范的同时也为个性化留出适当的空间正是罗伯特议事规则的核心思想②，这就为破解当前校本教研会诊活动高耗低效提供了有益启示。伴随着“互联网+”时代的到来，教学的本质由师生主体间的单向指导演变为师生主体间的相互联结、相互作用与相互影响。

校本教研会诊是诊断者对师生教与学活动和师生关系的诊视、判断，以教学诊断专家、一线教师、家长以及社会工作人员等多元主体为前提，通过召开教学诊断会议对重要而又紧迫的教学问题予以集体诊断，从而通过整合教育力量而形成教学合力，其本质是由教学诊断主体针对教学

① 罗伯特.罗伯特议事规则[M].10版.袁天鹏，孙涤，译.上海：上海教育出版社，2008：2-3.

② 罗伯特.罗伯特议事规则[M].10版.袁天鹏，孙涤，译.上海：上海教育出版社，2008：4-5.

活动而召开的教学特别会议，这种教学特别会议必须遵守特别议事规则（General Parliamentary Law），否则，团体会诊活动就无法完成优化教学品质、促进师生发展的使命，而罗伯特议事规则是一套完备而又简明的会议规则，因此，将罗伯特议事规则作为团体会诊活动的通用议事规则，并根据实际情况制定特别会议规则，是现代校本教研会诊的客观要求。

（三）校本教研会诊特别议事规则应用

应用罗伯特议事规则助益于校本教研活动的实践策略，以深入学习和理解罗伯特议事规则为前提，以研制和遵循团体会诊活动特别议事规则为关键，以落实多元化主体协同协商会议为重点。校本教研活动是教学诊断的载体，而团体会诊作为教学诊断的重要方法，进一步扩大了参会主体与讨论对象，原有的一套由班主任提出问题、参与人员各抒己见、班主任一锤定音的做法显然已经不适应现有形势发展的需要。因此，将罗伯特议事规则应用于校本教研会诊活动并制定、遵循相应的特别议事规则，本质上就是对教学诊断的规范与保障，而学习罗伯特议事规则是研制并遵循校本教研会诊特别议事规则的前提条件。

学习罗伯特议事规则，首先要领会规则的重要性；其次要深刻理解罗伯特议事规则作为通用议事规则的核心原则，而谨慎仔细地平衡组织和会议中个人与群体的权利是其核心原则，其实质是通过适当的措施保护上述各项权利①；最后要掌握罗伯特议事规则的议事策略，包括权力平衡、权力制约、辩论说服、集体意志、动议明确、议题单一、维护秩序、规范程序、就事论事、拆分议题等。同时，“互联网+”时代的到来，为学习与使用罗伯特议事规则提供了多样化的渠道，可以充分利用现代技术制作成声情并茂的微课，通过互联网平台进行学习与反馈。

罗伯特议事规则的强大生命力，主要体现在其承认团体组织、会议主体将罗伯特议事规则作为通用议事规则的基础上，根据具体情况制定的特别议事规则的优先性，校本教研会诊作为诊断教学的会议，必须依

① 罗伯特.罗伯特议事规则［M］.10版.袁天鹏，孙涤，译.上海：上海教育出版社，2008：1.

据罗伯特议事规则的核心思想和基本原则建构一套适合自身运行机制和目标追求的特别议事规则。根据罗伯特议事规则的基本要求，借鉴袁天鹏的《南塘十三条》，结合校本教研会诊的实际需要，本研究制定了《校本教研会诊特别议事规则》，具体如下：

第一条，主持人由教研组组长或社会开明人士担任，执行会议程序，保持中立，参会人数不少于5人；

第二条，中心议题来源于教学实践且明确、具体，分析与讨论紧紧围绕中心议题；

第三条，所有参会人员一律平等，采取自由发言原则，但每人发言限时3分钟；

第四条，发言人在发言时要面对主持人，只能就事论事；

第五条，主持人应及时中止违规发言者、偏题跑题者、人身攻击者的发言；

第六条，所有参会者必须每人至少发言1次，但对同一动议发言不超过2次；

第七条，主持人要在会议最后梳理参会者发言并提议表决，为了能够探寻最优问题解决之道，必须由参会者三分之二以上举手赞成方可通过决议，否则不予通过，主持人当场宣布决议结果；

第八条，会议全程录音，会后由主持人整理并发布发言摘要和决议结果。

上述《校本教研会诊特别议事规则》可以简称为“校研会诊8条”。实践证明，“校研会诊8条”能够有效地解决校本教研会诊活动中话语权不平衡、问题不聚焦、程序不规范等问题，从而提高了校本教研会诊活动的效率、效益与效果。在依据“校研会诊8条”进行的校本教研会诊活动实践中发现，吸收家长、学生代表参与校本教研会诊活动，由教研组组长或社会开明人士担任主持人，构建多元主体民主协商议事机制，真正落实“校研会诊8条”的相关规定，是保障校本教研会诊活动有效性的关键因素。

三、提升师生主体诊断学力

《关于全面深化新时代教师队伍建设改革的意见》要求全面提高中小学教师质量，强调建设一支高素质专业化的教师队伍，而教学诊断是教师专业发展的核心能力。教师与学生构成了教学的主体，学力是师生在教与学的活动中所表现出来的一种学习发展力，这种学习发展力的核心就是学习发展胜任度，包括领导诊断力、执行诊断力与开创诊断力等三个方面，但都内化在师生教与学的实践之中，是一种只能在实践中才能显身的无形的"力"①，因而教学诊断学力本质上是一种行动力，这种"力"的形成与发展是以教学诊断思维的存在与发展为前提条件的，提升教学师生主体诊断学力，是保障教学诊断有效性的重要途径。

（一）提升教学主体领导诊断力

领导诊断力是指在教学诊断过程中，能够自主地进行策划、管理、审视、判断的能力，是教学主体诊断学力中最重要的能力。教学诊断尽管属于微观领域对"课堂教学"的诊断，但其本身是一项系统工程，不仅需要关注教师教什么、为什么教、教得怎样，还要关注学生学什么、为什么学、学得怎样，而诊断的诊视与判断功能又使其担负了更多的诸如总结教师教学特色、发现问题并探索问题解决之道、验证诊疗效果并不断改进的责任，这就离不开对教学诊断的策划管理、实施、策略选用、效果检验、实践跟进、理论提升等一系列工作调配与业务安排，而完成上述工作并不仅仅是教师的事情，也是学生的事情，从根本上来说是所有诊断者的事情。

教师与学生是教学诊断的直接利益相关者，因而教师与学生的领导诊断力直接决定了教学诊断的常态性科学化与科学性常态化。常态性科学化强调的是教学诊断常态的正确性与科学性，而科学性常态化强调的

① 孙德芳.学力概念的意蕴与发展[J].教育科学论坛，2013(10)：11-13.

是教学诊断的科学性必须成为师生的一种自觉行动力。根据教学主体的分类，教学师生主体诊断学力可分为教师教学诊断学力与学生学习诊断学力等两大类，由于教学本身就是教与学的统一，因而教师教学诊断学力与学生学习诊断学力关系极为密切。从根本上来说，只有将教师教学诊断学力转化为学生学习诊断学力，才能实现教学诊断的根本目的。针对教师教学诊断指向客体的不同，教师教学领导诊断力包括教师诊断同伴教学的领导诊断力、教师教学自我诊断的领导诊断力和教师诊断学生学习的领导诊断力等三个方面，而首要任务是学习教学诊断相关理论，明确教学诊断的概念、方式、原则以及实施途径与方法，并且师生一同构建充满生机和活力的教学诊断共同体。

（二）发展教学主体执行诊断力

执行诊断力是指在教学诊断过程中，能够适合诊断团队做好既定目标指向的特定任务的能力，是教学主体诊断学力中最关键的能力。如果说领导诊断力是诊断主体为了实现组织预定诊断目标依靠自身魅力积极推进诊断活动的行动力，系统性、能动性、预见性与服务性是其最鲜明的特征，那么执行诊断力就是诊断主体对诊断活动既定规划的贯彻落实力度，具有目标性、动态性、危机性与适合性等特征。在教学诊断活动中，诊断主体必须有明确的目标，而诊断目标适宜以阶梯状递进方式来呈现，即将长远目标与当下目标相结合，通过目标指引保证诊断执行力的一致性；执行诊断力的动态性主要是就诊断活动的动态而言，诊断活动在不断推进中接近并实现诊断目标，也可能生成新的目标，但为了保证诊断效果必须按照轻重缓急的程度优先解决重要而又紧迫的问题；执行诊断力的危机性本质上是一种责任、一种担当，更是一种压力，这种压力来自外界的奖惩机制，更来自以“拯救”为核心的“良心”；执行诊断力的适合性主要是指诊断主体与诊断活动的适合性，只有做适合自己做的事情，才能充分发挥诊断主体的特长与优势。

在教学诊断活动中，主体执行诊断力主要包括教师执行诊断力与学生执行诊断力，而师生的协同与合作是凝集、提升执行诊断力的关键性因素。为此，为了有效提升主体执行诊断力，第一，要认清教学诊断的重要性、必要性与可行性，统一思想认识，提高克服困难的信心。第二，要加强合作与沟通，构建和谐的诊断主体间的关系，明确发力方向、方位以及重难点。第三，要辨清诊断学力的分类，为提升诊断执行力找准着眼点。对于教师而言，主要是提高教师诊断同伴教学、诊断自我教学与诊断学生学习等三种情况，因而教师的诊断执行力的着眼点是教师侪辈、执教教师本人和学生等；对于学生而言，主要是提高学生诊断同伴学习、诊断自我学习与诊断教师教学等三种情况，因而学生的诊断执行力的着眼点是同学、自己与教师等。第四，教学诊断活动方案的制定与诊断项目的确定，应当在充分尊重全体诊断主体的前提下充分加以调研、分析，落实民主与平等，坚决避免专制与武断，只有这样，研制的诊断方案才能得到全体诊断主体的认同，才能确保全体诊断成员将诊断方案落实到底，才能有效提升全体诊断主体的执行诊断力。

（三）增强教学主体开创诊断力

开创诊断力是指在教学诊断过程中，能够独立地直面困境并运用创新性思维重新开拓新途径的能力，是教学主体诊断学力最核心的能力。诊断主体“开创诊断力”的“开”意指“开拓”，即面对教学诊断过程中的困难与挫折，诊断者有勇气另辟蹊径探寻突围之路；“创”意指“创建”，即在教学诊断过程中能够根据具体情况调动一切资源灵活机动地构思与重建新的问题解决之途径。之所以开拓诊断力是教学主体诊断学力最核心的能力，主要是因为教学诊断活动本身具有复杂性。教学本身就是由教师、学生、教学材料、教学策略、教学环境等多要素构成的复杂而又开放的系统，既具有预设性，更具有灵活性，甚至有很多“意外”发生。教学诊断就是对这种既具有确定性又具有不确定性的教学进行干预，这也就决定了在教学诊断活动中有很多不确定因素需要诊断者去面对，再周密的诊断计划也很难“计划”到那些“意外”的出现，而在教学诊断活动中一旦出现“意外”，如果诊断者深感束手无策或惊慌失措，势必会影响教学诊断的质量。由此可见，提升教学诊断主体的开创诊断力具有重要的现实紧迫性与必要性。

如何提升教学诊断主体的开创诊断力呢？第一，要培养诊断者的教学诊断思维，提升教学诊断思维品质；第二，要掌握教学诊断的内涵特征、主要视角、主要方法以及操作模型，还要灵活运用教学诊断标准；第三，要把握教学疾病的主要类型、诊病辨证步骤以及规范的实施过程，掌握教学诊断干预技术。总之，要提高诊断者的教学诊断能力。

从教学诊断的实践来看，当前诊断者的开创诊断力确实不容乐观，需要在实践中分类培养。第一，要提升教师诊断同伴教学时的开创诊断力，坚持与同伴协商探索优化措施，突出解决焦点问题，探寻教学诊断“盲点”，并以同伴为参照反观审视自我；第二，要提升教师诊断自己课堂的开创诊断力，以中小学、幼儿园教师专业标准为参照，以学科课程标准为依据，切实提高以自我感知、自我反思和自我改进为核心的行动力；第三，要提升教师诊断学生学习的开创诊断力，与学生结为“学教同盟”，打造充满生机活力的学习共同体，并与学生一起开启教学诊断的心灵之旅；第四，要提升学生诊断同伴学习的开创诊断学力，引导生生之间合作与沟通，加强对学生的指导，引领学生掌握学习诊断的方法和技术；第五，要提升学生诊断自己学习的开创诊断学力，学生能够自我诊断学习是教学诊断的本质要求，教师要为学生提供展示风采的机会，引导学生树立学习诊断意识，坚持学习诊断与学习实践的有机结合；第六，要提升学生诊断教师教学的开创诊断力，学生诊断教师教学其实是构建师生学习共同体的客观要求，也是师生共同发展的重要保障，这就需要构建和谐的师生关系，促使教学诊断活动常态化[①]。

① 尹达.主体教学诊断学力的内涵、原则及策略[J].教师教育学报,2015,2(5):21-28.

第五章　教学诊断的推动方案

教师在教学诊断研究与实践过程中，总感觉眼前似乎有一双无形的大手在指挥、操纵甚至蛊惑着方向性选择，总感觉身后也似乎有一双无形的大手在推动、激励甚至指使着路径性选择，总感觉内心深处似乎还有一双无形的大手在策划、计谋甚至盘算着策略性选择。其实，眼前的那双大手正是要面对的以拜分主义为重要特征的应试教育文化，身后的那双大手正是要推行的以为了学生的全面发展为重要特征的素质教育文化，而内心深处的那双大手正是试图在应试教育文化与素质教育文化夹缝中努力反思、探索、发现的不竭动力，也是试图在丰满的理想与骨感的现实夹缝中努力突围、创新与重建的永恒追求。因此，必须实施教学诊断评价促进措施、采行教学诊断智力支持策略、探索教学诊断制度保障路径，从而构建以教学诊断保障体系为核心的长效机制。

第一节　教学诊断评价促进措施

《国务院办公厅关于新时代推进普通高中育人方式改革的指导意见》和《中共中央国务院关于深化教育教学改革全面提高义务教育质量的意见》是新时代推进基础教育改革的重要纲领性文件，中小学在推动自身特色发展的过程中，其可为之处在于，积极开展以教学诊断为基本内容的校本教研活动，切实改进对教师、学生与教学的评价机制，推行发展性教学评价，才能有效保障教学诊断的实施，才能实现教学诊断的常态化发展。教学诊断要求教学评价具有动态性、发展性、人性化和规范化，只有发展性教学评价才有可能担此重任，实现由“以教定学”到“以学定教”的转变，并成为教学诊断研究与实践的牵引力。

一、推行教师分级发展评价

调查发现，制约教师参与教学诊断热情的最大障碍在于学校对教师的评价机制。教育部曾先后颁布了《关于积极推进中小学评价与考试制度改革的通知》《教育部关于改进和加强教学研究工作的指导意见》等相关规章制度，将考试评价改革与校本教研改进作为推动新时代“后新课改”进程的配套措施，但当前校本教研竟然成了学校的“花瓶”，名目繁多的各类考试依然是评价教师的唯一“标准”，因而推行教师分级发展评价，是教学诊断的有效保证。

（一）教师分级发展评价的内容

适应教师发展的阶段性和职业发展的过程性要求，发展性教师评价的内容分级设置，对教师的专业发展具有指导意义。发展性教师评价依据教师专业标准和学科课程标准的相关要求，致力于教师的专业发展，而教师专业发展的阶段性决定了教师在不同的发展阶段有不同的需要和技能水平。因此，促进教师专业成长的教师评价应具有权变型特征，即根据教师的专业发展阶段采取不同的教师评价策略①，将教师专业发展划分为“从新手到熟练”“从熟练到成熟”“从成熟到卓越”三个阶段②，对不同发展阶段的教师提出了不同的标准化要求。正如靳健教授所言，外行的高端设计者、外行的权威教授、外行的行政管理者以及追求拜金主义的“明星”教师扰乱了教育的健康发展。教师发展分级评价量规的研

① 汇亮．关于权变型教师评价的思考[J]．教育发展研究，2010(2)：60-63．

② 中小学教师专业发展标准及指导课题组．中小学教师专业发展标准及指导：语文[M]．北京：北京师范大学出版社，2013：7-8．

制，必须从师德素养、专业素养、教学能力、科研水平以及团队精神等五个方面来下手。

第一，教师应当具有良好的师德素养，秉承符合新时代精神的教育教学理念，而爱岗敬业、关爱学生是一名合格的教师职业道德的重要体现。《中共中央关于坚持和完善中国特色社会主义制度　推进国家治理体系和治理能力现代化若干重大问题的决定》要求加强师德师风建设；《中共中央国务院关于全面深化新时代教师队伍建设改革的意见》把“突出师德”作为全面深化新时代教师队伍建设改革的基本原则之一，强调着力提升思想政治素质，全面加强师德师风建设，要求广大教师以德立身、以德立学、以德施教、以德育德，坚持教书与育人相统一、言传与身教相统一、潜心问道与关注社会相统一、学术自由与学术规范相统一，争做“四有”好教师，全心全意做学生锤炼品格、学习知识、创新思维、奉献祖国的引路人。

第二，教师应当具有扎实的专业知识、丰博的通识知识以及必要的教育学、心理学知识。教师的专业素养集中体现为科学知识的广博性与精准性，广博深厚的文学素养与文化素养，是时代对教师的特定要求，而扎实的学科专业知识和教育学、心理学知识是教师具有从事教学工作胜任力的根本保证。

第三，教师应当具有较强的教育教学能力，且教学效果明显。教师的教育教学能力本质上是教师的专业实践力，教师教书育人的功能指向指导并促进学生的学习与发展。

第四，教师应当具有较强的反思能力、科研意识和教科研能力。教师的教科研能力与教师本人的专业发展密切相关，其有效提升途径在于教师的自我反思力与自我诊断力的提升。

第五，教师应当具有较强的团队精神和终身学习能力。教师分级发展评价根基于现实，指向于发展，充分关注教师专业发展的内在需要，以实现教师的专业发展为根本目的。《中共中央国务院关于全面深化新时代教师队伍建设改革的意见》要求开展中小学教师全员培训，促进教师终身学习和专业发展；《中共中央关于坚持和完善中国特色社会主义制度 推进国家治理体系和治理能力现代化若干重大问题的决定》把“构建服务全民终身学习的教育体系”作为满足人民日益增长的美好生活需要的重要措施。

（二）教师分级发展评价的策略

教师分级发展评价，必须承认并尊重教师的主体性与能动性，这正是教师分级发展评价的“发展性”价值。教师是教学设计的承担者，也是教学的主体，并在教学实践中发挥着引导与组织功能。教师分级发展评价必须尊重教师的主体性，尊重教师成长的阶段性与不平衡性，调动教师的积极性与创造性，从而促进教师的可持续发展。因此，教师分级发展评价的策略包括动态目标问题导向策略、过程诊断评价促进策略、评价主体多元协同策略、客体解释自我促进策略、优势互补螺旋上升策略、效果验证多样发展策略等，提高教师的教学自我诊断能力，从而促进教师的专业化发展。

同时，构建以教师自我评价为主，学校领导、教师侪辈、学生与家长等共同参与的评价体系，落实主体协同发展评价机制，是教师分级发展评价的必由之路与必然要求。教师分级发展评价的方法主要包括教师自我评价、教师互相评价、学生评价、家长评价、学校评价以及教师专业发展档案袋等，而“等级 + 评语 + 建议”是教师分级发展评价的实现方式。教师分级发展评价的实施，还应注意处理好重视过程与结果的统一、学生合格率与提高率的结合、横向比较与纵向比较双线评价相结合等三个方面的问题。

教师分级发展评价的过程可分为收集相关材料、分析评价材料、提出评价建议、教师自我解释、修正评价建议、寻找解决途径等六个环节，而评价主体的多元化、评价内容的综合化、评价结果的解释化是教师分级发展评价最突出的三个特点。通过对教师采取分级发展评价的办法，给予教师充分的发展空间以实现自主发展，确保教师有时间教研、有空间诊断、有胆量实验、有勇气冒险，从而保障教学诊断的顺利实施。

二、实施学生学业成就分层发展评价

教师与学生是教学的两大主体，伴随着对教师评价机制的改变，教师就会给学生“松绑”，也会对学生给予更多的“宽容”，这是由学校组织文化决定的。在教学诊断实践中，学校除了要切实改进对教师的评价机制外，还要运用发展性教学评价，切实改变以考试分数为评价学生唯一标准的不良习性，实施学生学业成就分层发展评价，确保学生从“考试”怪圈里挣脱出来，真正成为学习的主人，成为有觉悟、有思想的“人”，从而促进教学诊断的顺利实施。

（一）学生学业成就分层发展评价的内容

正如教师一样，学生是有差异的，而尊重学生的差异性是学生学业成就分层发展评价的重要依据。学生学业成就分层发展评价内容的分层设置，本质就是尊重学生个体差异，并为落实因材施教原则提供保证。值得一提的是，美国十多年前就研制了包括英语、数学、科学、应用学习等学科能力表现标准，为教师准确检测学生的学习情况提供了依据。例如，美国研制的高中英语学科能力表现标准，涵盖了阅读和写作、听说和观察、英语语言规则、语法和用法、文学、公文、实用性文件等七个方面的内容，但我国目前学科能力表现标准尚处于空白地带。

当然，美国研制的学科能力表现标准只是为检测学生的学科能力表现提供了一个普适性的最低标准要求，今后我国研制学科能力表现标准也应该分层设置，尊重学生的个性差异，并适应分类高考、高中教育多样化发展的现实需要。我国部分地区已经对分层教学做了有益的尝试并取得了一定的效果，这也为学生学业成就分层发展评价提供了现实实践经验。

学生学业成就分层发展评价标准的目的是激发学生的学习动力，引导学生的自主化发展。因此，学生学业成就分层发展评价的内容应当包括以下五个方面：第一，学生应该具有正确的发展观和学习观；第二，学生学习态度积极、认真，具有明确的学习目标；第三，学生学习具有主动性，能够在教师的指导下自主开展学习活动；第四，学生的学习过程有效，学习方法适合，学习效果明显；第五，学生应该具有较强的合作能力与反思能力。学生学业成就分层发展评价充分尊重学生的个性差异，以挖掘学生的潜能、唤醒学生的主体意识为己任，遵循主体性原则、发展性原则与教育性原则，注重过程性，加强导向性，以促进学生的健康发展为根本目的。

（二）学生学业成就分层发展评价的策略

学生学业成就分层发展评价指向于培养学生的自我评价能力，学生的主动是教师指导的前提条件，学生是学习的主动承担者，在学习实践中居于主体地位，是学习实践的真正主角。教师的一切教育教学活动，只有合情、合理、合适、合规地转变为学生的学习活动，才能真正发挥教育教学的功能效用。一切忽视学生主体性的教育教学活动注定会导致教育教学的低效甚至无效。

在发展性学生学业成就分层评价中，应坚持价值评价与知识评价相结合、内在评价与外在评价相结合、现实评价与长远评价相结合、质性评价与量化评价相结合等策略[①]。学生学业成就分层发展评价即以挖掘学生主体性发展为目的并对学生的学习实践活动作出引导性的评价，承认学生之间的差别是其前提条件，通过发展性评价来实现依性而教、依能而教、依龄而教、依情而教等因材施教的目的，促进全体学生的多元化、多样化、个性化、自主化以及全面化发展，为学生拟定适合学生自己发展的教育教学方案，采取多种有效措施指导、鼓励学生挖掘并利用自我潜能，激励并引导学生实现自我发展。但在现实中，由于学校以考试分

① 龙睿赟.硕士研究生思想政治理论课教学评价内容与指标体系建构[J].重庆高教研究，2013(6)：96-100.

数作为评价教师优劣的唯一标准，导致教师也把考试分数当作评价学生优劣的唯一指标，这种“压力”的转移致使教师体罚学生成为一种常态。2019年12月，中共中央办公厅、国务院办公厅印发了《关于减轻中小学教师负担进一步营造教育教学良好环境的若干意见》，进一步为教师安心、静心、舒心从教创造了良好环境。

学生学业成就分层发展评价的方式与方法很多，最为常见的是学生学习过程档案袋评价法和常态表现评价法。尤其应当引导学生自主地参与到评价中来，引导学生学会评价的基本方法，协助学生研制自我评价量规，帮助学生掌握评价的形式，倡导学生自我评价、同学相互评议、小组成员评价、组际协同评价、全班民主评价、师生交互评价等，尤其要帮助学生掌握“优点 + 问题 + 原因 + 措施”的评价语式，构建以教师指导评价为前提的学生发展评价共同体机制，竭力为学生的评价多提供几把“尺子”，彻底打破传统教育教学评价“一卷定高低”的违背人性发展的做法。学生学业成就分层发展评价的过程可以分为搜集相关资料、总结优点或发现问题、设定努力目标、寻找解决策略、措施实践跟进等五个环节。实践证明，“等级 + 评语 + 建议”也是学生学业成就分层发展评价的有效方式，这就杜绝了以分数为唯一依据的传统评价标准，学生在这种发展性评价中找到了尊严与努力改进的方向。

三、落实教学分类发展评价

当前由于一些学校充斥着重管理、重结果、重共性、重权力、重分数的应试教育文化，而教研活动、过程引导、个性彰显、民主人本、自主发展等课改理念却备受漠视，严重摧残了学生的人性发展。教学分类发展评价依据发展性教学评价的基本要求，坚持以学生为本，以发展性为指向，秉承多元评价、注重过程、促进发展的基本理念，势必会为教学诊断的顺利实施提供良好的外部环境与内部运行机制。

（一）教学分类发展评价的内容

教学分类发展评价的本质是尊重不同学科、不同学段之间的差别，满足学生多样化、多元化发展之需要，以教学分类发展评价标准为依据，引导教学的健康发展，以真正实现以评促教、以教促学、以学促成之目的。研制与开发教学分类发展评价的标准，必须遵循不同学段以及不同学科的特点，尤其要凸显学科教学的现实需要，从而提高学生的学科核心素养。教学分类发展评价，必须以评价教师是否担负起学生学习的唤醒者、促进者与合作者的功能为着眼点，以评价学生是否担负起自主学习、探究学习与合作学习的责任为落脚点，从而实现教学评价的革命性转变。

教学分类发展评价标准量规重点应该关注以下八个方面的内容："三体目标"统合设计与落实情况、学习目标动态导向生成质态、学习内容适合满足需要状况、学习过程互补协同运行机制、学习方法机动灵活有效程度、学习环境创设和谐温馨感受性、学习反馈及时精准程度、教学主体协同适合程度等。当然，教学分类发展评价标准量规与教学诊断标准量规具有本质的不同，教学分类发展评价旨在以评价的方式改进与完善评价机制，以推动教学诊断的顺利实施；教学诊断旨在以诊断为手段来优化教学，促进师生的共同发展。正如教学评价与教学诊断具有相同之处一样，二者都有优化教师教学行为、改进教师教学质量的功能，但教学分类发展评价主要侧重于对教学优劣好坏的评判。

（二）教学分类发展评价的策略

教学分类发展评价的现实需要是由教学评价向学习评价转变，从而实现以教学为中心向以学习为中心的彻底转变，这本身就是课程评价领域的一场哥白尼式的文化转向[①]，这种转变后的名称可称为学习发展评价。易进针对这种转变曾提出过两条建议：第一，将学习评价整合转化

① 王中男.学习评价：评价领域的哥白尼式转向[J].教育理论与实践，2013，33(34)：56-60.

为教学设计与实施的必要环节；第二，对评价结果的分析与运用应突出对教学目标的追问与对教学内容的澄清[①]。事实上，教师的教学智慧主要体现在教学目标的预设、教学内容的选择、教学重点的破解、教学难点的突围、教学媒体的选用、教学策略的使用、教学时数的规划、教学过程的设计、教学评价的实施、作业布置的巧妙、板书设计的构想以及课后反思的跟进等。但是，只有将教师的智慧与机智转化为学生学习的动力，即将教师的“教”转化为学生的“学”，才能真正实现教学培养学生核心素养之目的。

教学分类发展评价应该以教学目标或教学任务为核心展开，贯彻学生自主学习与教师提供辅助相统一的要求[②]。针对教学分类发展评价来说，要根据新授课、复习课、讲评课、阅读课、写作课等不同的课型，设定不同的评价方法，其呈现方式仍然为“等级 + 评语 + 建议”。教学分类发展评价的过程可以与教学诊断的过程相一致，分为评价准备、搜集资料、分析资料、做出判断、提出建议、实践验证等6个步骤，而每个步骤都离不开教师的有效引导与学生的协同合作。因此，教学本质上是师生、生生之间智慧共享、生命成长的过程，教学分类发展评价归根结底必须以提高师生自我评价能力为核心、指向于师生的共同发展之目的。

第二节　教学诊断智力支持策略

教学诊断研究与实践，离不开强有力的智力支持，因为教学诊断不仅仅是有效的教学干预行动，更是一场自下而上的中小学校本教研革命。美国学习政策研究所提出“学校成功四要素”，即积极的学校氛围、富有成效的教学策略、社会情感发展、综合的学校支持系统[③]。开展教学诊断

① 易进.建构促进教与学的课堂学习评价[J].教育学报，2013(5)：61-67.

② 刘华.发展性课堂教学评价指标体系：构建思路及示例[J].全球教育展望，2013(3)：48-56.

③ 黄天红.美国学习政策研究所提出学校成功四要素[J].世界教育信息，2019，32(11)：76-77.

研究与实践，必须聚合利益相关者正能量，搭建教学诊断协同平台，促进教学诊断专业化发展。只有提供强大的智力支持，加大对教师的专业培训，尤其是要确保现代教育技术与教学诊断的深度融合，才能有效提升教学诊断的支撑力。

一、聚合利益相关者正能量

教学诊断研究与实践，必须依据利益相关者理论聚合教育利益相关者正能量。中小学教育根据各方利益相关者的能力、责任感和意愿等，组建包括政府、学校管理人员、师生、家长、校友、社区人员和捐助人等人的学校教育利益相关者委员会，通过理顺内部机制来实现学校教育利益相关者多中心的合作治理，从而促进教学诊断研究与实践。

（一）师生联结推动教学诊断进程

教学诊断离不开师生联结，教师与学生是教学诊断智力的最大源泉，而推行学生治学、教师治教策略不仅可以推进师生自主化进程，也是教学诊断研究与实践的客观要求。学生与教师是学校教育核心利益相关者，是学校教育治理的重要力量，更是教学诊断的重要主体。充分发挥全校师生的主体精神与主体意识，利用师生丰富的教育资源，是学习革命成功的根本因素，也是促进师生共同发展的前提条件，而师生的有效合作是实现各自主动、自主发展的前提条件。

学生治学中的“学”主要指学习，学生作为学习权利和义务的双重承担者以核心利益相关者的身份参与甚至主导学习，充分挖掘和发扬学生的主体精神与主体意识。教师治教中的“教”主要指与教学有关的一切活动，教师作为教学权利与义务的双重承担者也以核心利益相关者的身份参与学校管理、扮演教学主体角色，其实现路径有利于重新分配教学权与行政权，完善教师评价机制，健全教师治教的法治建设，确保教师教学主体地位。厘清了师生的观念、明确了师生的角色定位、规范了师生的行动准则，才能在教学诊断中体现师生主体地位，发挥师生主体功能。

（二）家校结盟促进教学诊断发展

家长在法国被视为教育共同体的重要组成部分，法国的《教育法典》和一些教育政令都保障家长享有参与学校生活的权利；英国十分重视家长在学校教育中的作用，子女一入小学，家长就自动成为子女所在学校的家长议会成员；美国基础教育实行政府、各州教委和地方学委三级管理模式，三级管理中影响最大的是地方学委，而家长参与学校管理是地方学委制的一大特色，学委成员本身代表着家长们的利益；日本的家长教师联合会是家长和教师组成的会员间互相学习、开展活动的社会教育团体，成为基础教育中一支重要的教育力量。

教学诊断研究与实践，离不开学校与家庭的结盟与合作，更离不开校长的大力支持与家长的积极参与。校长与家长也都是学校教育核心利益相关者，更是学校教育治理的主动力量。充分发挥校长的主体责任，调动家长参与学校管理的积极性，从而全方位提升校长和家长的教育教学能力和合作品质，是有效提高学校教育教学质量、实施教学诊断的必要条件。新时代的“后新课改”，必须推进依法治校、依法治教，切实保障家长在学校教育民主管理中的地位与作用，不但是教学诊断的必然趋势，而且是学习革命的现实诉求，有助于确保教学诊断校本教研化。

（三）政社协同实现教学诊断目的

我国新时代“后新课改”背景下的基础教育改革与发展的方向是走向文化、走向个性、走向多元、走向校本[①]。必须以实践性核心问题来研制教学诊断保障措施，明确行动跟进措施，制订行动时间表，坚持在教学实践中采取诊断干预行动，加大师资培训力度。需要强调的是，政府、

① 郑金洲.基础教育改革与发展的世纪走向[J].华东师范大学学报(教育科学版),2000(3):1-10,22.

与学校有契约关系的当事人、社会团体等都是学校教育间接利益相关者，社会力量通过各种咨询委员会、评估机构、董事会等形式介入学校教育的决策和治理，发挥咨询、监督和助力作用，成为当今发达国家学校教育运行机制的重要组成部分。要充分促进社会力量积极介入，政府就要转变职能，改变角色定位；基础教育学校要改变故步自封的惯常做法，积极吸收社会力量参与治理，积极探索社会力量参与学校决策、管理模式，强化协同合作①。由此可见，搭建社会介入、政府支持协同平台，加大教师培训力度以提供强大的智力支持，是教学诊断研究与实践顺利实施的重要因素。

二、搭建教学诊断协同平台

教学诊断研究与实践，除了要得到师生、家校、政社等利益相关者的支持外，还需要运用协同学理论搭建教学诊断协同创新平台。德国理论物理学家赫尔曼·哈肯于1977年首先提出协同学概念，强调系统联结，认为系统内各子系统或各要素相互协同、相互合作与相互配合，且各子系统或各要素这种能量的聚集会形成一种超越原各自功能总和的新功能。

（一）整合有效资源打造学习共同体

教学诊断以校本教研为载体，是教研组活动的重要内容，也是教研组组长、备课组组长和全体教师所开展的教研活动。教学诊断研究与实践，就要依托教研组的力量，组建诊断团队，整合有效资源，构建学习共同体。规范化、信息化与民主化是教育现代化的重要表现，也是教学诊断的重要保障，而学习共同体的打造势必为教学诊断提供强大的智力支持，其前提条件是有效聚集、优化、整合、利用并发挥智力资源。协同学理论十分重视合作的形式与协同的内容，而组建学习共同体是构建

① 尹晓敏.利益相关者参与逻辑下的大学治理研究[M].杭州：浙江大学出版社，2010：271-283.

协同创新平台的重要内容。

需要强调的是，学习共同体并不仅仅由学生组成，而是由学习者组成。构建富有成效的学习共同体，第一，要遵循开放性原则，教学诊断既是独立的、开放的，又是系统的、合作的，杜绝教学诊断的“私有化”与“狭隘性”；第二，要遵循民主化原则，基于教学诊断学习共同体的构建，必须加强不同学科之间的合作，构建不同课型、不同学段甚至不同学校的教学诊断体系，而学生、教师、家长、教学管理人员等都是主角；第三，要遵循卓越性原则，教学诊断应突出对教学与学习质量的追求、对原有现实的突破以及对更高目标的挑战。组建学习团队的直接目的是整合有效资源，引起学校内部的变革，尤其是发展学习者的开放意识与自觉行为，为教学诊断提供智力支持，因而组建学习团队的过程其实就是有效整合资源的过程，组建学习团队、整合有效资源能够为搭建教学诊断协同平台提供丰富的智力资源。

（二）注重现实需要有效提升智力资本

任何成功的教学都是从尊重学生的个性差异开始的，而个性差异集中表现为现实需要。一个正常儿童在学习上之所以表现出个别差异，一个重要原因是其智能表现不同，而现存学校的诸如统一备课、统一教学内容、统一教学方式、统一作业布置、统一考评手段等“统一”行动严重忽视了儿童的个别差异。

教学诊断就是学校内外组织行为主体通过尊重个性差异、缔结共同目标和开展有效合作与沟通等方式，构建适合因材施教的多样化共享平台和多元化共享机制，进而实现学习目标、学习内容、学习方式与学习效果的变革。为学校特色发展提供科学的战略思维，是教学诊断的重要目的之一，这就必须坚持理论创新与实践创新，并将科学理论应用于现实实践，确保实效、高效与长效。由此可见，搭建教学诊断协同创新平台，注重基于个别差异的现实需要，可以有效提升教学诊断的智力资本，为教学诊断提供足够的技术支持与智力引导。

（三）以人为本提升教学诊断品质

教学诊断品质直接决定着诊断效果，而“人”是最活跃、最能动、最富动力的要素，只有“人”才能从根本上为教学诊断提供强大的智力支持。需要强调的是，教学质量决定教学诊断品质，因而在某种意义上可以说，教学诊断品质与教学活动质量是一致的。人本主义心理学派认为，每个生命个体都具有积极向上的愿望与追求，强调人的尊严、价值、创造力与自我实现的愿景，指出人的潜能的发挥决定了人的本性的自我实现，这就要求一切教学诊断活动必须以“人”为中心，充分尊重“人”的需要，助力“人”的自我价值的实现。马斯洛的真诚、积极关注与共情等心理咨询与治疗的原则同样适用于教学诊断领域。教学诊断要求教师从如何教转向如何学、从学习结果转向学习过程、从机械操作转向知识的理解与应用，把学习者带到学习任务中的已有知识和观念作为新教学的起点，并给予学生学习与建构的机会与时间，有效促进学生的学习[①]。

以人为本提升教学诊断品质，必须倡导科学用脑，优化教学过程。克里斯·比弗尔在实践中发现如果让孩子的整个大脑都参与了学习，那么他们的大脑就不会有时间创造叛逆行为；全脑教学法将直接教学法和合作学习法融为一体，是一项基层教育改革运动；新西兰教育家克里斯蒂·沃德认为，填鸭式教学与学习是一个紧张而破坏大脑的过程，而“友善用脑”是一种能够让教师与学生都获得成功的加速学习的新方法。教学质量与教学诊断品质互相影响、互为因果，二者都指向于师生的共同发展。

三、促进教学诊断专业化发展

教师的专业化发展决定了教学设计、教学实施、教学诊断与教学评

① 约翰·D.布兰思福特，安·L.布朗，罗德尼·R.科金，等.人是如何学习的：大脑、心理、经验及学校（扩展版）[M].程可拉，孙亚玲，万旭卿，译.上海：华东师范大学出版社，2013：2.

价的民主化、个性化、规范化建设。伴随着社会分工的细化与合作的需要，教学设计师在二战期间应运而生，并逐步在欧美、印度、中国台湾等国家或地区成为一个成熟的热门职业，且已具有较高的专业化水平。当前，我国现有的教育教学督导体制存在着行政干预过多、机动灵活性缺失、一线实践经验缺乏和工作人员专业化水平不高等问题，将教学诊断视为一种专业活动，将教学诊断师视为一种专门的职业，研究设置教学诊断师职业，是教学诊断专业化发展的最佳路径。

（一）教学诊断师专业性质

教学诊断是一项专业活动，这就决定了教学诊断师自然也是一种专门的职业。当前人们对教学诊断尤其是教学诊断的概念及其含义尚存争议，主要焦点在于教学诊断主客体方面。同时，教学诊断应以专门的教学诊断人员为主体，以教师的教学活动和学生的学习活动为客体，以总结经验或发现问题、解决问题为目的，以优化教学质量、促进师生共同发展为根本旨归。

因此，所谓教学诊断师就是依据现代教育教学价值观的根本要求，通过对教师的教学活动与学生的学习活动的诊视、分析与判断，总结特色或发现问题，并与师生一起探寻问题解决之道的专业技术人员，其工作的根本目的是提升教学质量、促进师生与学校特色发展。教学诊断师就是专门对学科教学进行诊断的专业技术人员，能够独立担负起教学设计、教学实施、教学评价等教学活动的诊断责任。

（二）教学诊断师职业信念

教学诊断师职业信念包括为人者之信念、为医者之信念、为师者之信念等三个方面。为人者之信念是作为一个“人”的基本价值观，教学诊断师首先是一个社会公民，其次才是教学诊断领域的行家里手，因而遵守社会公民基本准则、具备服务精神是教学诊断师最基本的素养要求。为医者之信念是作为医生的基本价值观，教学诊断师不但要具有医生治病救人的崇高理想，而且应具备医生的责任感、奉献与团队精神。教学诊断师的工作内容与医生为病人体检、诊断、开处方极为相似，治病救人是医生的天职，而没病防病、有病治病是教学诊断师的重要职责，所不同的是医生的工作对象是病人，而教学诊断师的工作对象是构成教学系统的诸要素。为师者之信念是作为教师的基本价值观，教师的天职是教书育人，教学诊断师必须以促进教书育人为己任。教学诊断师职业道德主要表现在师德与医德两个方面。《中小学教师职业道德规范（2008年修订）》《中国医师道德准则》规定了诸如尊重患者、关怀他人、坚持人道主义、承担责任、终身学习、平等待人以及维护职业尊严等七条具体要求，对教学诊断师具有一定的借鉴价值。

因此，教学诊断师的职业信念是为人者、为医者和为师者之职业信念的统一，集中体现为鲜明的利他性、奉献精神与责任感；教学诊断师除要遵守教师和医师的职业道德规范外，还要达到校长专业标准中的职业道德的相关要求以及心理咨询师的相关要求，切实提高自己的职业道德水平。

（三）教学诊断师从业素养

教学诊断师作为从事教学诊断工作的专业技术人员，必须具备特定的职业知识与技能才能胜任其教学诊断之工作；技能是指掌握并能运用专门技术的能力，而能力只能在运用相关知识解决实际问题中获得，本质上是对知识的内化与升华。教学诊断师作为一个独立的职业工种，具有自身独特的知识构成，包括专业基础知识与专业技术知识两大类。专业基础知识包括教育学知识、心理学知识、社会学知识、管理学知识、外语知识、计算机运用知识以及教育政策法规相关知识等；专业技术知识包括特定学科知识、特定学科教学知识、诊断学知识、评价学知识等，针对教学诊断师而言，学科知识就是最基本的专业技术知识。教学诊断师的职业知识储备必须丰厚，不但要具备系统的理论知识，更要拥有深厚的实践知识，教学诊断师的实践经验知识在一定程度上决定了教学诊断工作的质量。

《国际教学设计师能力行为标准（2013年修订）》对教学设计师的能力行为提出了22项能力指标，并将这些能力指标分为基础级、提高级和管理级三个层次[①]，对教学诊断师能力构成研究提供了一定的借鉴价值。另外，教学诊断师所从事的工作是一项技术工作，需要掌握教学诊断的理论依据、教学诊断现状，尤其应当掌握教学诊断的原则、视角、类型、标准、过程、方法、模型以及技术等专业技能。因此，教学诊断师的职业知识包括专业基础知识和专业技术知识，是教学诊断师实施教学诊断工作的最基本条件；教学诊断师的职业技能不仅包括教师的职业技能，还包括独立开展教学诊断所必需的专业方法与技术。

总之，教学诊断师的培养与专业化发展势在必行，采取教师个人努力、学校一线实践、高校统一培训、社会公开认定的方式，将教学诊断师分为基础教育教学诊断师与高等教育教学诊断师两大类，并划分为初级教学诊断师和高级教学诊断师两个级别。采用“申请＋技能测试＋面试”的职业认证形式，坚持入行高门槛、高标准、高要求的原则，积极探索教育博士专业学位教育与教学诊断师职业资格认定的有效衔接，通过建设并发挥以教学诊断师为重要组成人员的区域性教育智库对学校教育教学的研究、咨询、诊断、监督与指导功能，是现代教学诊断师职业化发展与专业化发展的有效途径，也是实现优化教学品质、促进师生与学校特色发展的必然选择。

第三节　教学诊断制度保障路径

《中共中央关于坚持和完善中国特色社会主义制度　推进国家治理体系和治理能力现代化若干重大问题的决定》要求全面贯彻党的教育方针，坚持教育优先发展，聚焦办好人民满意的教育，完善立德树人体制机制，

---

① KOSZALKA T, RUSS-EFT D F, REISER R. Instructional designer competencies: the standards (4th Ed)[M].Charlotte: Information Age Publishing, 2013: 32.

深化教育领域综合改革，加强师德师风建设，培养德智体美劳全面发展的社会主义建设者和接班人。为了督促落实教育法律法规和教育方针政策、规范办学行为、提高教育质量，中共中央办公厅、国务院办公厅印发了《关于深化新时代教育督导体制机制改革的意见》。为贯彻落实《关于深化新时代教育督导体制机制改革的意见》，压实教育督导问责制度，国务院教育督导委员会印发了《教育督导问责办法》，自2021年9月1日起施行。学校教育是人才培养的重要场所，是个体社会化的重要基地，教学是学校教育的中心工作，直接决定着人才培养的质量，教学诊断本质上是教学治理。教学诊断的规范化发展，离不开相关制度的规范与保障，归根结底在于突围应试教育文化、重建现代教育教学新秩序。因此，必须促使中小学依章办学，发挥我国区域教育智库功能，尤其要大力开展素质教育文化培育行动，彻底实现当前基础教育由“人治”到“法治”的转变，从制度上保障教学诊断的实施。

一、监督学校教育遵章依规

打造高等教育学校章程与基础教育学校章程一体化平台，是促进我国依法治教进程、实现整个教育系统动态平衡发展的有效途径。我国中小学学校章程建设是教学诊断的现实需要，也是中小学教育由人治转为法治的重要保障，因为学校章程是学校全面实行依法治校的关键，也是提高学校管理规范性与科学性、凝练办学特色的重要手段①。当前我国一些中小学处于无“章”办学和无“程”治校状态，根本原因是受以应试教育为大背景的组织文化的深刻影响，积极推动中小学依章办学、依法治校，是教学诊断研究与实践的重要制度保障。

（一）加强中小学章程相关研究与成果转化

研究发现，我国中小学章程研究极为薄弱，研究内容较为单一、表

① 陈立鹏，梁莹莹，王洪波．我国中小学章程建设现状与思考[J]．中国教育学刊，2011(1)：24-28.

面，现实实践大都观望、应付。我国中小学章程现实实践的观望与应付，直接原因就在于我国中小学章程研究的乏力与表面，我国中小学章程建设缺少理论指导与实践积累。

加强学校章程研究与成果转化，必须做到以下几点：扩大研究人员队伍，吸收并鼓励中小学加入章程研究之中，确保章程研究接地气；采用自下而上的影响机制与自上而下的研究路线，即一方面通过解读国家相关政策，采用相应的激励措施，充分调动学校教职工、家长、社会相关人员对学校章程研究的积极性与主动性，另一方面通过专业研究人员下基层调研，倾听基层声音，掌握基层现实状况，从而提高学校章程研究的针对性、科学性、有效性；设置国家重大招标课题或基金项目，将中小学章程研究与建设纳入国家、省（市、区）教育科学规划专项课题，列入国家、省（市、区）社会科学单列基金项目，再由地市（县）结合本地实际需要选定相应的子课题、子项目加以研究，国家与地方政府对中小学章程研究给予政策帮扶、智力支持与专项拨款，加大对中小学章程研究成果的奖励力度，及时解决学校章程建设中出现的新问题、新情况；加大学校章程研究成果转化力度，学校章程研究立足现实，凸显中国特色、地方特色和学校个性，是研究成果有效转化的保证；学校章程建设一方面要汲取我国历史上尤其是近代学校章程建设的经验，另一方面也要译介、借鉴国外中小学章程建设的成功做法并有效实现本土化改造，目前只有陈立鹏对新西兰中小学章程特点进行分析的文献，远远不能满足我国中小学章程建设借鉴国外成功做法的现实需求。

（二）依靠政府政策支持与强力推动依章办学

我国中小学章程建设的现实状况，更加凸显出政府作为学校章程建设的推动者、护航者和引领者的角色；对我国中小学章程的现实调研与反思，也集中反映了政府指导、督促与监管的最大作用。在当前形势下，我国中小学章程建设，更需要政府出台相应的政策加以支持，提高学校、社会、市场及其他学校利益相关者认识学校章程建设的意义，理解学校章程的内涵、特点，规范制定、颁布学校章程的程序，科学规划学校章程的内容与实施，尤其要加强对中小学章程实施的检查与监督，确保基础教育学校章程建设走向科学化、民主化、个性化、法治化和现代化之路，使学校章程真正成为学校依法治校、依法治教、自主管理的依据，成为学校规范办学的“宪章”。

要发挥政府对基础教育学校章程建设中的作用，必须首先做到如下几点：当地教育行政部门根据当地发展需要，依据党和国家的相关政策、法律，加强对校长的培训与指导，构建基于目标一致基础上的多方主体协同互助、互促、互监平台；中小学要发动全体教职员工积极参与学校章程建设，因为政府主导是以学校主动为前提条件，失去了学校的主动性也就丧失了学校章程建设的实践基础；政府部门制定相应的学校章程建设配套措施，加强指导，强化监督。

（三）加大对中小学教育教学监督力度

全社会必须充分认识基础教育学校章程建设的重要性、紧迫性与艰巨性，加大监督力度是我国中小学学校依法治校的现实需要。构建规范、合理的监督机制必须做到以下几点：（1）充分利用互联网，切实推进和完善中小学教育“互联网 + 监督”行动。充分利用互联网构建中小学教育教学监督举报平台，本身就是一种新型教育服务供给方式。（2）聚合中小学利益相关者和专业研究人员正能量，形成校长引领、家长推动、师生行动、社会人士监督的学校教育运行机制，切实发挥工会组织、教职工代表大会以及家长委员会的功能，专业研究人员在基于大数据的充分调研基础上，为中小学章程建设提供专业的研究、咨询、诊断、指导与监督，确保章程制定过程民主化、所载内容科学化、规则要求可行化、监督实施常态化。（3）运用市场运作机制，打造自由思想市场，构建政府、社会与学校监督机制，尤其是通过建设处于“第三方”的区域性教育智库和监督机制，促进政府决策的科学化与学校章程建设的现代化，是以知识经济为核心的“互联网 + 教育”时代的应然选择[①]。《关于深化新时代教育督导机制体制改革的意见》强调以优化管理体制、完善运行机制、强化结果为突破口，推动各类主体切实履行教育职责。

二、发挥区域教育智库功能

教学诊断的保障机制，只靠校内教研组的校本培训制度改进与变革是远远不够的，因为校本教研离不开学校、社区甚至社会的文化影响，因而既需要学校依章办学所创设的“法治”环境保障，又需要构建市级、县域、学校、学科等协同创新制度保障体系，还需要“第三方”对中小学教育教学监督、指导、咨询、引领的制度化。因此，积极建设并发挥区域教育智库的功能，具有很强的现实实践价值。区域教育智库建设与发展，必须突出区域教育智库为区域教育教学服务的特点，满足当前基础教育学校教学的现实需要，这是由区域教育智库的功能所决定的。

（一）发挥区域教育智库的研究与咨询功能

区域教育智库是一种新型的教育教学研究与咨询机构，以服务于特定区域基础教育学校的教育教学改革与发展为目的，“新”是区域教育智库的主要特征。区域教育智库的生存形式、工作内容、运行机制与智力资本之“新”，构成了区域教育智库“新颖”的质态选择。区域教育智库以服务区域基础教育阶段的学校教育教学为目的，市（地）财政专项拨款、各学校缴纳的会费和社会捐赠是区域教育智库的主要经费来源，通过市（地）教育行政机关的组织推动，选聘当地退休权威教师或退休教育行政官员为主要领导，其主要人员构成为教学设计师、教学评估师、一线教师代表、区域中小学（幼儿园）校长（园长）及部分家长代表等。

区域教育智库工作内容主要包括以下三个方面：（1）对特定区域内

① 尹达，田建荣．我国基础教育学校章程：历史沿革、现实反思与改进策略[J]．现代教育管理，2016(5)：43-48.

基础教育学校的办学目标、办学规模、办学特色、办学质量等提供相应的咨询服务；（2）对特定区域内基础教育学校的教学目标、教学设计、教学过程、教学效果等提供诊断服务；（3）对特定区域内基础教育学校的财务管理、人事管理、教师管理、学生管理等提供评估服务。但是，区域教育智库的工作内容与地方教育行政机关的教育督导、地方教育局教研室的教学指导以及学校内部自行组织的教学检查具有本质的不同。地方教育行政机关的教育督导是依据国家的教育方针政策、规章制度对下级学校教育教学工作进行监督、检查、评估和指导；地方教育局教研室的教学指导是以听课、评课、座谈、调研和评议等为主要形式来定期对辖区内所属学校教育教学工作进行专项指导的教育教学研究活动；学校内部自行组织的教学检查是对教师的教学设计、教学过程、作业批阅、教学效果等情况所开展的专项教学检查评比活动。

（二）凸显区域教育智库的监督与指导功能

区域教育智库是一种特殊的基础教育教学监督、指导机构，以推进基础教育学校实施素质教育为根本旨归，“特”是区域教育智库的重要特征。区域教育智库以所属性质、核心价值、制度保障、影响路径等方面的“特”，铸就了区域教育智库“特殊”的质态选择。张武升认为，中国特色新型教育智库的显著特点是独立性与非独立性统一、学术性与政策性统一、现实性与前瞻性统一、市场性与非市场性统一、营利性与非营利性统一，而区域教育智库除此之外还具有半官半民、区域服务、结果公告、联通上下等特点。

区域教育智库肩负的一个重要历史使命就是传播素质教育文化、消解应试教育文化，其核心价值在于策略的可行性、作业的独立性、影响力的深远性、执行力的快捷性。区域教育智库的正常运转与健康发展，靠的是完备的咨询机制、科学的学校公约、规范的议事程序、民主的决策标准与强大的舆论影响等。地方性教育智库所采行的自下而上的影响路径和自上而下的观念引导，保证了信息的畅通与影响力的传播，即一方面挖掘、发扬了师生的主体意识与主体精神，另一方面转变了校长的治校理念与行事风格，保障了当地学校的整体变革与发展。

（三）重视区域教育智库的诊断与评估功能

区域教育智库是一种笃实的诊断、评估机构，坚持以理论指导实践、以实践提升理论的原则，以优化基础教育学校教育教学、推进特色学校的健康发展为目的，“实”是区域教育智库的基本特征。区域教育智库以过程干预机制、操作技术、诊断效果等方面的“实”，形成了区域教育智库笃实的质态选择。区域教育智库的干预机制其实是特定区域基础教育学校的教学实践与教学诊断干预行动之间相互联结、相互作用的过程。

区域教育智库选派的教学专家以其引领性、指导性与权威性来影响教师侪辈诊断与执教教师的自我诊断，并促成教师与学生的自我反思与教学改进，从而推动师生的共同发展；区域教育智库的技术操作本质上是对基础教育学校教育教学的干预行动，坚持理论与实践相结合，以实现诊断结果的及时反馈与诊断效果的实践跟进，从而有效优化基础教育教学品质。因此，区域教育智库是基于教育公平旨在促进特定区域基础教育学校特色发展、推动素质教育实施的创新与发明，尤其是全国区域教育智库的联结协同与互助发展，必将成为政府、社会、市场与学校的新纽带，有力地促进我国基础教育学校的健康发展。

三、培育素质教育文化氛围

教学诊断的实施，一方面需要其本身的专业化发展，另一方面也需要学校改变对教师、学生和教学的评价机制，更离不开社会素质教育文化的滋养。素质教育的实施是推动我国中小学教育内涵式发展的必由之路，而时至今日，在现代教育中依然弥散着“科举幽灵”。应试教育盛行的根本原因在于教育的公平性问题[①]，实际上应试教育的存在具有深刻的社会根源，并不仅仅是家长问题、学校问题，而培育素质教育文化，就要依据生态系统理论，从家庭、学校与社会等三个方面入手压缩应试教育的空间。

（一）重视以家庭教育为核心的微观系统建设

《中共中央关于坚持和完善中国特色社会主义制度　推进国家治理体系和治理能力现代化若干重大问题的决定》要求构建服务全民终身学习的教育体系，强调构建覆盖城乡的家庭教育指导服务体系，培养德智体美劳全面发展的社会主义建设者和接班人；《家庭指导纲要》强调要遵循“儿童为本”“家长主体”“多向互动”的原则，注重科学性、针对性和适用性，要求家长担负起教育子女的重任。家庭教育在一定程度上决定着一个人的发展水平与速度，对人的一生发展具有十分重要的影响，家庭是个人接受教育的第一间教室，父母是个人接受教育的第一任教师。

我国推行优生优育政策，应该设立父母培训学校，在领取结婚证或准生证之前必须获得父母合格证书；孩子在3岁之前，母亲不宜参加工作，应当全程养护子女；父母必须为子女健康成长创造良好的物质条件、文化环境和心理环境；全社会都要高度重视家庭教育，保障母婴安全、儿童健康、儿童教育，全面贯彻落实《未成年人保护法》《国家贫困地区儿童发展规划（2014—2020年）》《全国家庭教育指导大纲》《关于指导推进家庭教育的五年规划（2016—2020年）》以及《全民科学素质行动计划纲要（2021—2035年）》等与家庭教育相关的法律法规。尤其我国自2021年5月31日全面放开三孩生育政策之后，加强以家庭教育为核心的微系统建设，提倡优生优育，更具有现实意义与深远影响。

① 石中英，霍少波．教育公平话语中的教育假设及其反思[J]．国家教育行政学院学报，2018(6)：10-15.

（二）健全以学校教育为核心的中观系统建设

基础教育是国家整个教育系统的基础，素质教育文化的培育，需要家庭教育思想与社会文化氛围共同作用于学校教育。对于学校教育而言，不是挖空心思套“模式”，更不是闭门造车，而是要遵循教育发展的规律，满足学生身心发展的需要，大力推进中小学的国际化进程，强力推动素质教育的实施，坚决落实高考社会化，尤其要实现普通高中与高考“脱钩”，确保普通高中安心教学[①]。学校教育对个人的发展起着延缓或促进作用，是个人接受国民教育的主要途径，而教师对学习者具有义不容辞的引领作用；将学校置于社区教育之中，充分利用社区教育资源，能够促进学校的快速发展。学校教育系统的学习革命是一场最艰难、最重要、最迫切、最关键的革命，其主体包括学生、教师、教育管理者以及各级各类教育行政部门等。

学习革命要求必须加快教育信息化进程，充分发挥现代教育技术的作用；将家长教育纳入国民教育体系，研制儿童健康服务标准和培养计划，大力提高教师、家长的教育能力；开展基于脑科学和云计算的个性化学习规划，在学校、家庭甚至全社会掀起一场卓有成效的学习革命，一方面通过学习者的学习观念、学习内容、学习目标、学习方式等的转变来倒逼教学者、管理者、评价者的改变，另一方面通过营造全社会学习的氛围来促使整个社会公民进行革命性的学习，从而彻底改变考试的指挥棒功能，真正落实党和国家有关教育教学的法规，促使素质教育的真正实现，构建终身学习、终身教育体系和学习型社会。当前，学校教育的进步与发展总是依赖于个别领导者如校长、教师、父母、管理者以及政治领袖的远见与推动。从长远来看，依法治校、依法治教、依法治学才是21世纪保障基础教育改革与发展的明智之举。

---

① 尹达，田建荣．普通高中转型发展的理念创新与循证实践[J]．教学与管理，2019(22)：1-4.

（三）完善以社会教育为重点的宏观系统建设

社会教育不仅是学校教育、家庭教育必要有益的补充，更是实现学习者个人社会化与社会个人化的重要途径。因为不管是学校教育，还是家庭教育，都是整个社会教育的一个“点”，而社会教育给学习者所展现的是整个社会的教育生态状况，并在很大程度上决定着学校教育的发展方向和家庭教育的运转状况。在新时代“后新课改”背景下，单靠学校教育这个“点”的改革不可能取得成功；只有将这个“点”放置在社会教育这个“面”上，借助于政府的有效调控行为，依靠全社会公民的学习革命，才可能获得成功。

基础教育不仅关涉国家重大教育方针政策的落实，还涉及广大人民群众对美好教育的需要。我国的基础教育尤其是普通高中教育，不可再为应试教育推波助澜，要拒绝“高考加工厂”“高考地狱”“军事化管理”式的学校，杜绝各级政府为学校下达升学指标。倡导尊重人才、按教育规律办事的社会风尚，开展一场旨在铲除应试教育文化、培育素质教育风尚的全民参与的学习革命，为基础教育健康发展提供“清净”的社会环境[①]。

教育体制改革与改革保障措施都需要政府的有效调控，而政府对教育改革与发展的有效调控方式是“掌舵但不划桨”，以实现政府调控与教育改革发展的动态平衡状态，是我国新时代“后新课改”基础教育改革与发展的关键因素。这就要求各级政府在我国教育改革与发展过程中，必须严谨慎重地制定切实可行的教育法律法规，加大执法监督力度，尤其要完善督导机制和问责机制；坚决推行高考报名社会化、教育教学评价多元化、师生发展多样化、学习革命全面化；文化馆、少年宫、图书馆、博物馆、纪念馆等社会教育机构要对全体社会公民免费开放，广播电台、电视台、电脑网络等新闻媒体要对学习革命推波助澜，尤其要设立家庭教育频道或栏目；将家庭教育、学校教育与社会教育视为一个整

①尹达，田建荣．普通高中转型发展的理念创新与循证实践[J]．教学与管理，2019(22)：1-4.

体，重视个人的历时性与可持续性发展。

《中共中央办公厅　国务院办公厅关于进一步减轻义务教育阶段学生作业负担和校外培训负担的意见》强化学校教育主阵地作用，深化校外培训机构治理；《中共中央　国务院关于优化生育政策促进人口长期均衡发展的决定》作出实施三孩生育政策及配套支持措施的重大战略决策，合力破解“不愿生”“生不起”“养不起”的难题，努力提供“孕得优、生得安、育得好”的社会服务，为实现中华民族伟大复兴的中国梦提供坚实基础和持久动力。

主要参考文献

一、著作类

[1]奥德姆.生态学基础[M].孙儒泳,钱国桢,译.北京:人民教育出版社,1981.

[2]冯·贝塔朗菲.一般系统论基础发展和应用[M].林康义,魏宏森,译.北京:清华大学出版社,1987.

[3]内蒙古医学院中医系.阴阳五行学说[M].天津:天津科学技术出版社,1987.

[4]顾明远.教育大辞典:第1卷[M].上海:上海教育出版社,1990.

[5]王增祥.教学诊断[M].北京:华文出版社,1995.

[6]朱文峰.中医诊断学[M].上海:上海科学技术出版社,1995.

[7]刘要悟.教学评价基本问题研究[M].兰州:甘肃文化出版社,1997.

[8]毕天璋,王成全,王琴.教育诊断学[M].成都:成都科技大学出版社,1998.

[9]珍妮特·沃斯,戈登·德莱顿.学习的革命:通向21世纪的个人护照[M].2版.顾瑞荣,陈标,徐静,译.上海:上海三联书店,1998.

[10]高文.现代教学的模式化研究[M].济南:山东教育出版社,2000.

[11]王后雄.化学教学诊断学[M].武汉:华中师范大学出版社,2002.

[12]王啸.教育人学:当代教育学的人学路向[M].南京:江苏教育出版社,2003.

[13]朱益明.中小学教师素质及其评价[M].桂林:广西师范大学出版社,2003.

[14]丁圣彦.生态学:面向人类生存环境的科学价值观[M].北京:科学出版社,2004.

[15]姚文忠,刘一,刘裕权.学校诊断[M].成都:四川教育出版社,2004.

[16]杨小微.教育研究方法[M].北京:人民教育出版社,2005.

[17]邓铁涛.中医诊断学[M].上海:上海科学技术出版社,2006.

[18]欧阳芬,赵卫胜.农村教学诊断[M].长春:吉林大学出版社,2006.

[19]石鸥.教学病理学基础[M].济南:山东人民出版社,2006.

[20]迈克尔·I.哈里森.组织诊断:方法、模型与过程[M].龙筱红,张小山,译.重庆:重庆大学出版社,2007.

[21]严先元.教师怎样作教学诊断[M].长春:东北师范大学出版社,2007.

[22]亨利·罗伯特.罗伯特议事规则[M].10版.袁天鹏,孙涤,译.上海:汉语大词典出版社,2008.

[23]克里斯顿·纳尔森,吉姆·贝利.教师职业的9个角色[M].刘坤,译.北京:中国青年出版社,2008.

[24]沈毅,崔允漷.课堂观察:走向专业的听评课[M].上海:华东师范大学出版社,2008.

[25]R.M.尼斯,G.C.威廉斯.我们为什么生病:达尔文医学的新观念[M].易凡,禹宽平,译.海口:海南出版社,2009.

[26]戴文君.初中历史课堂教学问题诊断与教学技能应用[M].北京:世界图书出版公司,2009.

[27]古德,布罗菲.透视课堂[M].10版.陶志琼,译.北京:中国轻工业出版社,2009.

[28]郝文武.教育哲学研究[M].北京:教育科学出版社,2009.

[29]林云.学校诊断与发展基础教程[M].桂林:广西师范大学出版

社，2009.

［30］田瑞阳，蒋桂凤，闫焕民．课堂教学问题诊断与解决：初中历史［M］．天津：天津教育出版社，2009.

［31］钟发全，陈松信．课堂新问题诊断·语文［M］．天津：天津教育出版社，2009.

［32］李森，王牧华，张家军．课堂生态论：和谐与创造［M］．北京：人民教育出版社，2010.

［33］尹晓敏．利益相关者参与逻辑下的大学治理研究［M］．杭州：浙江大学出版社，2010.

［34］张九田，张英．阴阳五行学说与医院绩效管理［M］．广州：广东人民出版社，2010.

［35］范国睿，等．共生与和谐：生态学视野下的学校发展［M］．北京：教育科学出版社，2011.

［36］黄厚江．语文课堂教学诊断［M］．南京：江苏教育出版社，2011.

［37］柳夕浪．课堂教学临床指导［M］．北京：人民教育出版社，2011.

［38］沈军．管理教练：以成果为导向的价值管理模式［M］．南京：江苏人民出版社，2011.

［39］于智敏，卢红蓉，赵凯雄．中医病机新论［M］．北京：化学工业出版社，2011.

［40］郭振球．中医入门——名医教你学中医［M］．长沙：湖南科学技术出版社，2012.

［41］李灿东，吴承玉．中医诊断学［M］．北京：中国中医药出版社，2012.

［42］栗洪武，秦立霞，龙宝新．教师实用教学技能［M］．西安：陕西师范大学出版总社有限公司，2012.

［43］夏雪梅．以学习为中心的课堂观察［M］．北京：教育科学出版社，2012.

［44］于永昌．生态化教学［M］．沈阳：辽宁科学技术出版社，2012.

［45］中国社会科学院语言研究所词典编辑室．现代汉语词典［M］.6版．

北京:商务印书馆,2012.

[46] 奥托·夏莫.U型理论:感知正在生成的未来[M].邱昭良,王庆娟,陈秋佳,译.杭州:浙江人民出版社,2013.

[47]帕森斯.学校里的焦点解决治疗:将理论转化为实践[M].杨红梅,陈保华,译.北京:中国轻工业出版社,2013.

[48]史蒂芬·柯维.高效能人士的七个习惯[M].王亦兵,等译.北京:中国青年出版社,2013.

[49]万学红,卢雪峰.诊断学[M].北京:人民卫生出版社,2013.

[50]威廉·大内.Z理论[M].朱雁斌,译.北京:机械工业出版社,2013.

[51]约翰·D.布兰思福特,安·L.布朗,罗德尼·R.科金,等.人是如何学习的:大脑、心理、经验及学校[M].扩展版.程可拉,孙亚玲,王旭卿,译.上海:华东师范大学出版社,2013.

[52]中小学教师专业发展标准及指导课题组.中小学教师专业发展标准及指导[M].北京:北京师范大学出版社,2013.

[53]班建武.学校德育问题诊断的策略[M].上海:华东师范大学出版社,2014.

[54]泰勒.课程与教学的基本原理[M].罗康,张阅,译.北京:中国轻工业出版社,2014.

[55]张孔义.语文课堂教学观察与诊断[M].杭州:浙江大学出版社,2014.

[56]迈尔-舍恩伯格,库克耶.与大数据同行:学习和教育的未来[M].赵中建,张燕南,译.上海:华东师范大学出版社,2015.

[57]张少波.事实和证据视野中的教学诊断——基于数字化视频课例的课堂教学实践研究[M].上海:上海教育出版社,2015.

[58]薛继红.教学诊断与主要教学问题例析[M].北京:北京师范大学出版社,2016.

[59]魏宏聚,申建民.中小学课堂教学设计切片诊断:上[M].北京:科学出版社,2019.

[60]张运奔.教学典型疑难问题与诊断[M].天津:天津教育出版社,2019.

二、报刊类

[1]朱文锋.论辨“病性”内容的统一[J].湖南中医学院学报,1989(2):65-67.

[2]范晓玲.课堂教学评价指标体系的系统观[J].湖南师范大学社会科学学报,1991(2):94-96.

[3]王中男.学习评价:评价领域的哥白尼式转向[J].教育理论与实践,2013,33(34):56-60.

[4]郑钢.论病理学方法与教育科学研究[J].湖南师范大学社会科学学报,1991(3):34-38.

[5]王祖浩.化学教学诊断的理论与方法[J].化学教育,1992(3):21-26.

[6]石秋杰,姚松林.物理化学的教学诊断[J].药学教育,1995,11(3):28-29.

[7]方向东.浅论病位诊断[J].辽宁中医杂志,1996(1):4.

[8]刘志军.论主体性课堂教学评价标准的建立[J].教育科学,1999,15(2):15-17.

[9]胡学军,曾松林.略论临床辨病势[J].中国医药学报,2000(6):53.

[10]李蓓春.教育:创新主体协同建构的实践活动[J].教育导刊,2000(11):1-4.

[11]卢真金.试论教学疾病的类型、表现与诊治[J].教育评论,2000(2):33-35.

[12]郑金洲.基础教育改革与发展的世纪走向[J].华东师范大学学报(教育科学版),2000,18(3):1-10.

[13]孙凯,张增田.教学病理初探——教学系统运行规律的反向研究

[J]. 商丘师范学院学报, 2001(3): 102-104.

[14]汪霞. 一种后现代课堂观: 关注课堂生态[J]. 全球教育展望, 2001(10): 51-55.

[15]周润智. 教育病理学的视域及其理论架构[J]. 沈阳师范学院学报(社会科学版), 2001(4): 57-63.

[16]毕天璋. 论教育诊断学的研究对象和学科体系[J]. 河南教育学院学报(哲学社会科学版), 2002, 21(1): 5-8.

[17]邝雪琴. 中学化学教学诊断及其改革措施[J]. 中学化学教学参考, 2002(C2): 53-56.

[18]钱静. 辨病势是仲景辨证论治的活法[J]. 江苏中医药杂志, 2002(11): 7-8.

[19]石鸥. 新世纪拒斥这样的教学论——主流教学论困境的根源及其走出[J]. 湖南师范大学教育科学学报, 2002(1): 32-36.

[20]肖川. 课程发展名词·术语诠释(三)[J]. 教育导刊, 2002(4A): 25-28.

[21]张春莉. 从建构主义观点论课堂教学评价[J]. 教育研究, 2002, 23(7): 37-41.

[22]陈时见. 课堂管理: 意义与变革[J]. 教育科学研究, 2003(6): 50-54.

[23]曾勇, 王国民, 蔡映云, 等. 临床思维的理解与培养[J]. 复旦教育论坛, 2005, 3(1): 90-93.

[24]田建荣. 采行考试是历史的选择[J]. 湖北招生考试, 2005(8): 9-11.

[25]杨庆先. 关于提高员工执行力的思考[J]. 商场现代化, 2005(21): 156-157.

[26]王彬. 课堂制度文化的诠释与重塑[J]. 当代教育科学, 2006(18): 14-16.

[27]张伟民. 教师专业发展的客观要求: 教学诊断能力及其提高[J].

教师教育研究,2006(1):12-15,23.

[28]刘克林.试论中西医双重诊断的必要性[J].四川中医杂志,2007,25(9):11-12.

[29]卢真金.教育病理学在中国的传播与发展[J].浙江社会科学,2007(6):104-111.

[30]孙凯,张增田.教学疾病及其破坏力[J].天中学刊,2007,22(1):108-110.

[31]闫蒙钢,马旭明.构建化学生态课堂的思考[J].中国教育学刊,2007(10):64-65,78.

[32]朱国伟,胡雅燕,顾晓东.高中地理生态课堂构建的策略研究[J].江苏社会科学,2007(A2):144-147.

[33]胡英.多媒体教学病理诊断与施治[J].教学与管理,2008(18):142-144.

[34]黄忠敬.课堂观察:让教师拥有一双"慧眼"[J].基础教育,2008(4):14-17.

[35]马妮.解读组织文化视野下的英语课堂教学[J].中国电力教育(上),2008(A10):218-220.

[36]宋继燕,胡秀威.浅析诊断—处方式教学[J].黑龙江教育学院学报,2008(9):70-71.

[37]王鉴,王文丽.课堂教学如何构建学生发展核心素养[J].高等教育研究,2018,39(1):70-76.

[38]吴颖民.课堂教学评价体系构建:问题与新思路[J].华南师范大学学报(社会科学版),2008(3):145-147.

[39]张德伟.日本基于心理学和精神病理学的教育病理学探析[J].教育理论与实践,2008,28(25):57-61.

[40]张伟.课堂诊断:贴近教师成长的学校科研[J].基础教育,2008(11):41-42.

[41]张泽科.叩问教育的"天道"——探访宜宾市翠屏区义务教育的本

质发展路径[J].四川教育,2008(5):4-10.

[42]胡庆芳.课堂教学诊断改进系统的重建[J].思想理论教育,2009(4):41-47.

[43]汤文华.反思性教学的实施及其策略研究[J].教育与职业,2009(32):94-95.

[44]周艳,李新.教学病理学视角下对“对话教学”实践的审视[J].安徽广播电视大学学报,2009(4):59-61,65.

[45]代天真,李如密.课堂教学诊断:价值、内容及策略[J].全球教育展望,2010(4).

[46]杜亚丽,陈旭远.多维视域下的生态课堂理论诉求[J].东北师大学报(哲学社会科学版),2010(3):157-162.

[47]汇亮.关于权变型教师评价的思考[J].教育发展研究,2010(2):60-63.

[48]刘旭东.问题意识与教师教学智慧的生成[J].教育研究与评论:中学教育教学,2010(8):92.

[49]邢玉瑞.中医辨证思维之病势分析[J].陕西中医学院学报,2010(5):1-2.

[50]袁维新,吴庆麟.问题解决:涵义、过程与教学模式[J].心理科学,2010,33(1):151-154.

[51]陈立鹏,梁莹莹,王洪波.我国中小学章程建设现状与思考[J].中国教育学刊,2011(1):24-28.

[52]管平龙.关注学习状态促进有效学习[J].小学教学研究(理论版),2011,(5):95-96.

[53]潘玉霞,汪颖,张露丹.真实性课堂远程诊断系统的构建[J].中国远程教育,2011(21):84-88.

[54]汪颖.基于专家的“农远”课堂教学反思[J].现代教育技术,2011,21(9):84-87.

[55]安文铸.“当代学校课堂文化建设”解读[J].中小学管理,2012

(9):14-15.

[56]陈丽君.问题发现研究:范式、困境与突破[J].科技管理研究,2012(12):257-262.

[57]郭吉刚,王效浣.浅谈医学影像诊断学思维方法的培养[J].医学与哲学,2012,33(12):56-57.

[58]黄江燕,李家鹏,乔刘伟.课堂观察研究的文献综述[J].长江师范学院学报,2012(12):130-134.

[59]蒋海啸.教学诊断的思考与应用:中学数学课堂教学有效性探究一则[J].教育与教学研究,2012(3):97-99.

[60]李如密,刘伦.课堂教学互动及其优化策略——符号互动理论的视角[J].教育科学研究,2012(10):51-55.

[61]卢立涛,梁威,沈茜.我国课堂教学评价现状反思与改进路径[J].中国教育学刊,2012(6):43-47.

[62]孙国春.基于教师专业标准的课堂诊断策略[J].教育科学研究,2012(9):68-71,74.

[63]王薇.基于熵理论的学校教育系统有序度评价解释模型的建立及应用[J].教育科学研究,2012(10):28-36.

[64]杨帆.大学英语听说教学病理现象的对策构想[J].南昌教育学院学报,2012,27(10):172,174.

[65]杨满玲.临床思维与临床药师[J].内蒙古中医药,2012(11):118-119.

[66]曾宪涛,邝心颖,孙燕,等.什么是循证医学?[J].湖北医药学院学报,2013(1):1-5.

[67]刘道玉.中国必须创新教育价值观[N].人民日报,2013-10-15(05).

[68]刘华.发展性课堂教学评价指标体系:构建思路及示例[J].全球教育展望,2013(3):48-56.

[69]龙睿赟.硕士研究生思想政治理论课教学评价内容与指标体系建

构[J].重庆高教研究,2013(6):96-100.

[70]宋颖.生生关系视域下的大学英语教学[J].安徽工业大学学报(社会科学版),2013(1):77-79.

[71]孙德芳.学力概念的意蕴与发展[J].教育科学论坛,2013(10):11-13.

[72]仝小林.论辨症、辨病、审因与辨证论治在临床中的应用[J].中医杂志,2013(2):93-95.

[73]王庆华.护理专业教师岗位胜任力指标体系的构建与思考[J].护理研究,2013,27(3):204-206.

[74]王薇.学校主体协同评价解释模型的建立及应用[J].教育科学研究,2013(6):50-56.

[75]王永昌.论主体的客体化[J].求索,1991(6):42-48.

[76]谢忠新,王其冰,贾晶晶.基于移动终端课堂教学评价与指导系统的设计与实现——以中小学信息技术学科为例[J].现代远距离教育,2013(5):40-48.

[77]易进.建构促进教与学的课堂学习评价[J].教育学报,2013(5):61-67.

[78]赵群筠.浅谈语文课堂教学诊断与改善[J].中学语文教学,2013(5):8-10.

[79]钟原.巴班斯基:提倡教学过程最优化[N].中国教师报,2013-5-29(11).

[80]段金菊,祁芸.面向过程的e-Learning效果评估:方法、技术及工具[J].电化教育研究,2014(10):73-81.

[81]范远波.慎提"没有教不好的学生"[J].当代教育科学,2014(6):20-23.

[82]何海涛.主体与客体辩证法的演进路径[J].哈尔滨师范大学社会科学学报,2014(6):8-10.

[83]李润洲.三维教学目标达成的知识论辨析[J].教育发展研究,

2014,33(22):6-11.

[84]刘信波.论大学英语课堂整体教学模式的建构——一个教育生态学的视角[J].湖南师范大学教育科学学报,2014(3):122-125.

[85]卢长彬.大学课堂文化建设的影响因素及策略[J].教育探索,2014(10):82-83.

[86]罗丹.生态课堂的实现途径[J].教育评论,2014(7):33-35.

[87]庞心宇.运用5WHY+5W2H分析法激发学生创新思维[J].科技创新导报,2014(18):238,240.

[88]邱莉.教师课堂情绪对教学效果影响的实验研究[J].教育研究与实验,2014(1):72-76.

[89]施久铭.核心素养:为了培养"全面发展的人"[J].人民教育,2014(10):13-15.

[90]王强.《黄帝内经》的"病机"是指病的机兆[J].陕西中医学院学报,2014,37(2):9-10.

[91]尹达,田建荣.课堂生态系统动态平衡机制研究[J].教育理论与实践,2014(20):10-12.

[92]尹达,田建荣.学校教育系统师生协商性共生合作平衡机制[J].绵阳师范学院学报,2014(10):54-59.

[93]尹达.课堂教学诊断研究总结与展望[J].教师教育学报,2014,1(6):54-61.

[94]尹达.主体协同教学:内涵、策略与价值[J].天津师范大学学报(基础教育版),2014(4):6-10.

[95]于增光,张海艳.对老中青教师课堂教学的不同诊断[J].中国教育学刊,2014(6):106.

[96]张开洲.中小学教师课堂教学诊断能力的构建——基于三维目标的视角[J].现代中小学教育,2014(7):53-56.

[97]张羽,黄振中."抢跑"真的能赢吗?——小学数学校外辅导对校内教学和数学思维培养的影响[J].教育发展研究,2014,33(18):7-12.

[98]章乐."恐慌人"与让人复归平静的教育[J].华东师范大学学报(教育科学版),2014,32(3):63-68.

[99]朱治国.生态课堂中的教师领导力分析[J].上海教育科研,2014(3):219.

[100]庄可.关于教师教学问题意识的思考[J].教育探索,2014(5):103-105.

[101]陈晓端.当代教学论框架下的有效教学行动表现[J].当代教育与文化,2015,7(4):33-37.

[102]褚宏启,张咏梅,田一.我国学生的核心素养及其培育[J].中小学管理,2015(9):4-7.

[103]丁弘正,李佳,王后雄.中学化学教师教学诊断能力的调查研究[J].化学教育,2015(1):51-55.

[104]李家成.论学生发展在班级生活中的实现——基于中国学生与班级同学关系的视角[J].四川师范大学学报(社会科学版),2015,42(1):89-93.

[105]李秀双.课堂文化的内涵、教育价值及建设途径[J].教学与管理(中学版),2015(1):5-7.

[106]李茵,黄蕴智."教比学更难"——我们该如何理解教学[J].北京大学教育评论,2015,13(2):181-186.

[107]南纪稳.教学世界:生活世界与科学世界的双向二重化[J].华东师范大学学报(教育科学版),2015(3):1-6.

[108]田建荣.论联考取消后的高中特色教学运行质态选择[J].现代中小学教育,2015(7):13-17.

[109]温儒敏.语文课要"减肥""消肿"[N.齐鲁晚报,2015-5-13(B05).

[110]文雪,梁薇.教师教育反思的三个维度[J].当代教育科学,2015(22):27-30.

[111]尹达.论地方性教育智库建设的四大核心问题[J].基础教育,2015,12(6):27-32.

[112]尹达,田建荣.自主招生新规背景下的高中创新人才培养体系的构建[J].教育理论与实践,2015,35(32):12-14.

[113]尹达."慕课现象"的本质阐释、现实反思与未来展望[J].电化教育研究,2015(5):59-63.

[114]尹达.发展性教学评价:师生共同发展的有效途径[J].华北电力大学学报(社会科学版),2015(1):117-121.

[115]尹达.国外课堂教学诊断研究述评[J].世界教育信息,2015,28(12):45-51.

[116]尹达.教学诊断思维的内涵、价值与策略[J].天津市教科院学报,2015(1):10-12.

[117]尹达.课堂教学诊断研究的理论依据及应用启示[J].现代教育论丛,2015(4):35-41.

[118]尹达.教育治理现代化:理论依据、内涵特点及体系建构[J].重庆高教研究,2015,3(1):5-9.

[119]尹达.课堂焦点解决短程治疗:内涵、原则与策略[J].聊城大学学报(社会科学版),2015(5).

[120]尹达.课堂教学诊断:"后新课改"时代课堂的有效干预行动[J].上海教育评估研究,2015(6):96-102.

[121]尹达.课堂教学诊断研究的理论依据及应用启示[J].现代教育论丛,2015(4):35-41.

[122]尹达.生态系统健康理论视角下的课堂教学自我诊断[J].现代中小学教育,2015(1):23-27.

[123]尹达.高中语文课堂教学诊断标准化策略[J].教学研究,2015(1):106-111.

[124]游旭群,杨睿娟.高等教育治理中利益相关者的角色再造[J].重庆高教研究,2015,3(2):28-34.

[125]张瑾,陈丽珍,张道海,等.互联网金融的SWOT分析及其战略选择——以余额宝为例[J].科技管理研究,2015,35(13):9-13.

[126]张武升.中国特色新型教育智库的本质特征[J].教育研究,2015,36(4):16-19.

[127]曹叔亮.大学制度行政化的病理分析及其诊疗——达尔文医学的视角[J].现代教育管理,2016(1):25-30.

[128]崔允漷.追问"核心素养"[J].全球教育展望,2016(5):3-10,20.

[129]冯莹,李佳,王后雄.高中化学教师课堂教学诊断能力的影响因素研究[J].化学教育,2016(5):43-48.

[130]靳健.谁在长期扰乱语文教育的发展方向[J].名作欣赏,2016(16):87-91.

[131]田建荣,尹达.论我国"后新课改"时代的学习革命[J].当代教师教育,2016,9(2):1-6.

[132]王晶莹,张跃.基于建模机制的中学物理翻转课堂教学效果研究[J].电化教育研究,2016(9):116-122.

[133]尹达,李焕霞.论现代课堂教学诊断体系运行质态选择[J].教学研究,2016,39(2):25-29.

[134]尹达,田建荣.我国基础教育学校章程:历史沿革、现实反思与改进策略[J].现代教育管理,2016(5):43-48.

[135]尹达.课堂文化诊断探析[J].教育导刊,2016(2):80-83.

[136]尹达.论教师问题发现学力的培养策略[J].中小学教师培训,2016(4):10-13.

[137]尹达.论教学诊断师的职业内涵、专业素养与作业策略[J].天津师范大学学报(基础教育版),2016(1):20-25.

[138]尹达.论我国"后新课改"时代的战略选择[J].聊城大学学报(社会科学版),2016(2):101-108.

[139]周改英.面向事实基于证据的化学课堂教学诊断分析——以对"纯碱纯度测定"教学的鉴赏性诊断分析为例[J].中学化学教学参考,2016(9):6-9.

[140]艾静,熊建文.基于核心素养的物理课堂教学诊断性评价体系构

建[J].物理教师,2017,38(6):2-5.

[141]段乔雨.有效教学:一种历史发生学的认识视角[J].教育理论与实践,2017,37(31):58-62.

[142]韩丽,李洋,周子佳,等.课堂环境中基于面部表情的教学效果分析[J].现代远程教育研究,2017(4):97-103.

[143]李如密,李茹.课堂教学呈现艺术:内涵、类型、功能及策略[J].当代教育与文化,2017,9(5):30-34.

[144]罗祖兵.有效教学的过程性阐释[J].教育研究,2017,38(9):99-105.

[145]尹达."新高考"的价值取向、现实挑战与路径选择[J].陕西师范大学学报(哲学社会科学版),2017,46(4):35-42.

[146]尹达.课堂教学自我诊断:过程实施、操作模型与实用技术[J].中小学教师培训,2017(2):36-40.

[147]詹秀娣,崔博.微信辅助教学对教学效果的影响研究——以高中地理为例[J].中国电化教育,2017(7):121-124.

[148]周照鹏.合理选择教学资源有效提升教学效果[J].中国教育学刊,2017(A1):170-171.

[149]陈静勉.基于教学场域的小学英语精准教学诊断[J].教育理论与实践,2018,38(32):57-59.

[150]陈琳.核心素养导向下的高中小说教学内容再确定[J].基础教育课程,2018(20):12-16.

[151]陈明哲,谭畅,牛琬婕.动态竞争的教研"合一":文化双融整合[J].外国经济与管理,2018,40(12):3-27.

[152]胡咏梅,唐一鹏.学习策略与教学策略哪个更重要?[J].北京师范大学学报(社会科学版),2018(3):41-56.

[153]石中英,霍少波.教育公平话语中的教育假设及其反思[J].国家教育行政学院学报,2018(6):10-15.

[154]杨斌.基于高中地理学科核心素养下的教学设计——以湘教版

“农业地域类型”教学内容为例[J].地理教学,2018(11):24-28.

[155]袁利平,陈川南.人工智能视域下的宽度学习及在教育中的应用[J].远程教育杂志,2018,36(4):49-56.

[156]蔡宝来.人工智能赋能课堂革命:实质与理念[J].教育发展研究,2019,39(2):8-14.

[157]曹彬彬,高树浪,王祖浩.优质课教学中的化学隐性知识研究——以“溴、碘的提取”为例[J].化学教学,2019(8):47-51.

[158]冯晓英,孙雨薇,曹洁婷.“互联网+”时代的混合式学习:学习理论与教法学基础[J].中国远程教育,2019(2):7-16,92.

[159]管然荣.四十年散文教学内容发展轨迹探索——基于鲁迅散文的个案研究[J].中学语文教学,2019(2):15-18.

[160]胡小勇,林梓柔.精准教研视域下的教师画像研究[J].电化教育研究,2019(7):84-91.

[161]黄天红.美国学习政策研究所提出学校成功四要素[J].世界教育信息,2019,32(11):76-77.

[162]贾瑜.促进学生核心素养发展的课堂教学文化变革研究——基于弗兰德斯互动分析系统的应用[J].现代基础教育研究,2019,34(2):27-35.

[163]李润洲.指向学科核心素养的教学变革[J].教育科学研究,2019(9):5-10.

[164]李小涛,陈川,吴新全,等.关于深度学习的误解与澄清[J].电化教育研究,2019(10):19-25.

[165]刘宇凌.让良好师生关系成为课堂教学效果的提速器[J].中国教育学刊,2019(7):106.

[166]石鸥.“尝遍百草”的教学诊断——评李炳煌《中小学课堂教学诊断》[J].湖南科技大学学报(社会科学版),2019,22(5):2,185.

[167]石中英.“培养什么人”问题的70年探索[J].中国教育学刊,2019(1):51-57.

[168]王鉴.论人文社会科学视野下的课堂研究方法[J].华东师范大学学报(教育科学版),2019,37(4):72-83.

[169]王鉴.跨界的能动者:教师教育者专业成长路径探析[J].中国教育学刊,2019(7):84-90.

[170]文学舟,梅强,关云素.高校本科专业教学效果影响因素实证研究[J].高校教育管理,2019,13(1):104-112.

[171]熊晴,朱德全.论核心素养时代教学内容的超越[J].教育理论与实践,2019,39(4):61-64.

[172]尹达,田建荣.普通高中转型发展的理念创新与循证实践[J].教学与管理,2019(22):1-4.

[173]于颖,于兴华.学科核心素养统领的高中信息技术教学内容结构建构[J].现代教育技术,2019,29(8):120-126.

[174]袁利平,陈川南.宽度学习的教育价值及其意义[J].中国电化教育,2019(5):34-40.

[175]张涛,李如密.重新发现教学中的空间——论教学空间的性质及价值意蕴[J].山西大学学报(哲学社会科学版),2019,42(04):89-96.

[176]张良,杨艳辉.核心素养的发展需要怎样的学习方式——迈克尔·富兰的深度学习理论与启示[J].比较教育研究,2019,41(10):29-36.

[177]赵国宏,苗莲娜.基于TPACK的小学教师信息技术应用能力发展研究[J].延边大学学报(社会科学版),2019,52(5):110-116.

[178]朱志伟.《道德与法治》活动型课堂建构[J].思想政治课教学,2019,8(8):19-21.

三、学位论文类

[1]张倩.诊断与防治:网络教学病理研究[D].长沙:湖南师范大学,2004.

[2]温小允.基于教师专业发展的数学教学诊断[D].杭州:杭州师范大

学,2007.

[3]王咏雪.中小学教师教学觉察能力的研究[D].重庆:西南大学,2010.

[4]刘萌萌.初中物理教学诊断策略研究[D].曲阜:曲阜师范大学,2011.

[5]徐锦乐.中学数学教学诊断现状的调查研究[D].昆明:云南师范大学,2016.

[6]尹达.高中语文课堂教学诊断研究[D].西安:陕西师范大学,2017.

[7]李变变.区域认知素养视角下区域地理案例教学诊断研究[D].武汉:华中师范大学,2018.

[8]任伟波.高中思想政治教学诊断应用研究[D].济南:山东师范大学,2018.

[9]王霖.高中地理课堂“问题解决”教学诊断研究[D].武汉:华中师范大学,2018.

[10]徐红梅.基于网上阅卷数据分析的高中生物教学诊断研究[D].黄冈:黄冈师范学院,2018.

[11]吴密密.地理空间素养视角下高中地理教师图像教学诊断研究[D].西安:陕西师范大学,2019.

后 记

本书是我的博士学位论文的修订稿。从选题论证、循证研究、实践改进、反思总结，到完成初稿、修改定稿、再次修订、出版成书，已历时7年有余。这期间目睹了广大人民群众从“能够接受教育”到“接受美好教育”的巨大变化，见证了党和国家从解决“落后的教育基础”到解决“不平衡不充分的教育发展”的伟大决策，经历了我国基础教育从“新课改”到新时代“后新课改”的重大跨越。因此，这次修订适应新时代教育的新变化、新要求、新起点，全面落实新时代教育的立德树人之根本任务，聚焦新时代“后新课改”基础教育学校的教学诊断领域，以新思维、新担当、新行动助力实现新时代教师专业新发展，促进落实新时代教育发展学生核心素养新目标。

回首近30年的求学之路和20多年的工作履历，从逯庄小学、商庄小学、肖梧姚小学、朝城镇中心初中、莘县一中到聊城师范学院、山东教育学院、陕西师范大学、马来亚大学，从莘县明天中学、莘县实验高中到安徽师范大学，“也有风雨也有晴”。自1999年7月大学毕业之后，我一直从事高中语文教学工作，但我仅把“教学”当作“职业”，“每天重复着昨天的故事”，对石鸥教授所说的“教学并非全都神圣”漠然视之；2009年3月，我有幸成为陕西师范大学心理学院首届心理健康教育专业硕士研究生，经由导师王有智教授指点迷津，我把“教学”当作“专业”，并且开启了“从我做起，自觉反思，寻求突破”的教学探索之旅；2013年9月，我有幸成为陕西师范大学教育学院第四届学校课程与教学专业博士研究生，在导师田建荣教授的悉心指导与热忱鼓励下，我把

“教学”当作“事业”，确立了“立足教学实践，开展教学诊断，争做教学医生”的人生奋斗目标。

在陕西师范大学读博期间，我十分敬仰各位老师的渊博学识与人格魅力。郝文武教授的教育哲学，使问题充满神奇色彩；栗洪武教授的教育史，使古代圣贤“复活”对话；司晓宏教授的教育管理理论，将枯燥的理论阐释得充满灵气；张立昌教授的课程与教学理论，使教学问题不再是问题；游旭群教授的教学心理学，使教学变得更加简单；陈鹏教授的教育法规，将生硬的文字演绎得神采飞扬；陈晓端教授和袁利平教授的国际教育发展改革，使本土国际化不再是神话；胡卫平教授的教育研究方法，让枯燥的数字现身说法；王振宏教授的教育软件运用，赋予计算机人性化；杨建华副教授的教育管理案例分析，实现了案例的现场直播；龙宝新教授的课程教学案例分析，使案例的当事人现场解说；田建荣教授的考试评价，多一把尺子就多一批好学生。

特别是我的恩师田建荣教授，不仅是我学业上的导师，也是我工作中的教练，还是我生活中的朋友。今生能遇到田老师是我的幸运，能做田老师的弟子更是我的幸运。读博期间，田老师不仅鼓励我参与了3项省部级、国家级课题，还指导我主持了1项省级课题，多次带我参加全国性学术研讨会，使我在课题研究、学术研讨中不断进步。从问题关注的视角、阅读材料的选择、有效材料的组织、文章构思的设计、注释文献的规范、文章修改的方法、投稿期刊的选取等，每个环节都凝聚着田老师的汗水与心血；尤其是对我博士学位论文写作的指导，从论文的定向、定位、选题、构思，到论证、谋篇、行文、修改，每个环节都离不开田老师的极大帮助与悉心指导，倾注了田老师的大量心血。

忘不了您与我一次次的促膝长谈，忘不了您一次次的殷切教诲，更忘不了您一次次的启迪与鼓励！多达617次的邮件往来，次次都凝聚着您的耐心教诲，更凝聚着师生大爱；论文中那数不清的红色批注，条条都蕴含着您的悉心教导，更蕴含着师生大情。您与师母时时关心我的生活，给予了我无微不至的关怀与帮助，多次关心我父母的身体，多次关注我儿子的学习，多次提醒我不要熬夜、注意身体。田老师以精湛的学术造诣、严谨的治学风格感染着我，以认真负责的工作作风、踏踏实实的做事方式激励着我，以自信豁达的生活态度、谦逊和蔼的为人风格启迪着我，您永远是我今后生活、学习与工作的楷模；田老师对我的引导、启迪、感染、激励，我永志不忘，更是我今生最宝贵的财富之一。我将会继续努力，祛除虚荣与怯懦，自信、豁达、谦逊、严谨地做人、做学生、做学问、做教师，心系家国与天下，不忘教育初心，牢记育人使命，绝不辜负您对我的殷切期望！

2017年6月博士毕业之后，我离开了生活了近40年的家乡，举家来到了安徽芜湖，变落叶归根为落地生根，从一名中学教师成长为一名大学教师、硕士生导师。当18年的基础教育教学工作仅成为自己的履历之后，我才更加发现自己与基础教育已经结下了难分之缘。我经常反思自己过去的教学，经常去中小学调研，经常与中小学教师探讨问题，经常读有关基础教育的学术著作，经常指导师范生实习，经常写有关基础教育教学的文章，甚至还去安徽师范大学附属中学当过两个学期的代课教师，越来越感觉到中小学教学治理的必要性，而教学诊断是教学治理的本质要求。因此，我决定修订、出版博士学位论文，意在为中小学教学治理提供一个理论框架与实践策略。伴随着人工智能与教学诊断的深度融合以及教学诊断的循证取向，“AI循证教学诊断”将成为今后教学诊断研究与实践的发展方向。

博士学位论文的出版，感谢安徽师范大学2020年度学术著作出版基金项目“中学教学诊断研究”（项目编号2020XJ49）的资助，感谢安徽省一流学科安徽师范大学中国语言文学学科的资助，感谢安徽师范大学科研处领导、安徽师范大学文学院领导及同事的热切鼓励与支持，感谢陕西师范大学教育学院田建荣教授的细心指导、修订建议和为拙著作序，感谢妻子和儿子的理解与支持。在出版过程中，得到了安徽师范大学出版社领导的大力支持与帮助，在此对安徽师范大学出版社和本书编辑辛新新同志致以最诚挚的感谢！同时，本书在理论研究与实践应用中参阅、吸收了很多研究者的相关研究成果，在此难以一一列出，敬请谅解，特致谢忱！

本书可供中小学教师、中小学教研员、师范院校相关专业师生、教师教育（培训）人员、教学研究人员以及教学论爱好者使用与参考，但由于当前我离开基础教育教学工作一线已经3年有余，尤其是书稿修订时间紧迫和能力水平有限，本书中必定还存在很多不足之处，敬请各位专家、学者和读者批评斧正。

二〇二一年六月三十日